JN299610

政党政治と不均一な選挙制度

国政・地方政治・党首選出過程

上神貴佳 ──［著］

東京大学出版会

Party Politics and Japan's Inconsistent Electoral Systems:
National Elections, Local Elections, and Party Leadership Selection
Takayoshi UEKAMI
University of Tokyo Press, 2013
ISBN 978-4-13-036248-1

はしがき

　本書では「政党政治と不均一な選挙制度」の関係について考察する．周知のように，選挙制度の影響をめぐる議論は膨大にあり，それらは実証的な政治学研究に重要な貢献をしてきた．従来の制度研究では制度と政治主体の関係は1対1として扱われることが多かったが，実際の状況において，政治主体が対峙しなくてはならない制度は1つとは限らない．複数の異なる制度からの影響，つまり制度の不均一に起因する諸問題を仲裁する必要に迫られる場合も多いはずである．本書執筆の動機は「選挙制度不均一」という多くの読者にとって馴染みがない概念を用いて，1994年における小選挙区比例代表並立制の導入後，政権交代を経験するなど著しく変容した現代日本の政党政治を理解する視点を示すことと，制度改革の可能性と限界を考察することにある．

　選挙制度が均一でないとは，どのようなことを指しているのか．本書では，国政と地方における選挙区定数の不均一，党首選挙の党員投票と衆議院の小選挙区との選挙区範囲の不均一にそれぞれ着目している．国政選挙と地方選挙，全国大の党員投票と300に分割された小選挙区，それぞれレベルが異なるという意味で「垂直的な不均一性」を扱う．

　選挙区定数の不均一については，1つの選挙区から当選する候補者の数が国政と地方では異なる点を指摘している．たとえば，衆議院の選挙で用いられる300の小選挙区からは当選者が1人ずつしか出ないが，市町村議会の選挙では自治体全域が1つの選挙区となり，そこから全議員が選ばれる（政令市を除く）．有力候補者の数を2人に絞り込む効果がある小選挙区制では，共倒れを避けるために1政党につき1人以上の候補者を擁立することは考えにくいが，定数が大きい市町村議会の選挙は絞り込み効果が弱いため，同一の政党から複数の候補者が立候補することもある．その場合は党内の争いとなり，政党組織は発達しにくい．また，小選挙区における2大有力候補者の政策的な立場は中心に収斂することが理論的に知られているが，定数が大きい選挙区に多くの候補者が

立候補する場合，政策的な立場は必ずしも収斂しない．したがって，国政と地方政治の両方で活動する政党は，異なる選挙制度の影響を受けていると考えられる．

一方，選挙区範囲の不均一とは，全国単位で実施される自民党や民主党の党員投票と地域的に分割された衆議院の小選挙区とでは，選挙区の地理的な範囲が著しく異なる点を指摘している．当然に予想されることではあるが，前者ではより広範な利益の代表が求められ，後者では地域的な利益の代表が求められるはずである．したがって，政党の党首が党員投票で選ばれる場合，選挙制度から受ける影響は国会議員とは異なると考えられる．

それでは，現代日本の政党政治を理解する上で，選挙制度の不均一性に着目することがどのように役立つのであろうか．一言で述べると，不均一な選挙制度は政党の組織的，政策的な凝集性に影響を及ぼすが，その効果の大きさには自民党と民主党で違いがあり，こうした違いが政治的に有利ないし不利な状況を生じさせるのである．地方議員も党員も少ない民主党と比較すると，膨大な数の地方議員や100万人近い党員が所属する自民党は国政の選挙制度のみならず，地方議会の選挙や党員投票といった異なる選挙制度からの影響をこうむる多様なアクターを抱えていることになる．したがって，党内における利益の集約は難しいが，妥協点を見出すことに成功した場合，それは広範なアクターの利益を包摂する頑強なものとなるといえよう．一方，民主党では，そもそも多様な利益が反映されておらず，利益が集約されても合意は脆弱なものに留まるであろう．このように考えると，自民党政権における統治の持続性や民主党政権における過去との断絶の強調は，それぞれの政党の性格を反映している．さらにいえば，政党組織の衰退は自民党により大きな影響を及ぼし，民主党との違いを小さくする．

日本の選挙制度改革は「政権交代可能な2大政党制」など，何らかの望ましい状態の実現を目指すものであった．このような改革を「制度工学」と総称し，そのアプローチとしての有効性を問うことも本書の重要な課題である．望ましい秩序の構想が政治学における主要な課題の1つであり続けるならば，直近の身近な改革の事例から，制度工学について再検討することも無意味ではないであろう．結論から述べると，人間の能力には限界があるから，大域に及ぶ，総

体としての，長期的で，安定的な制度変革の効果を識別することは難しい．制度工学には固有の困難がいくつも伴うといえるが，最初から不可能と諦める必要はない．実証的な政治学の研究は1つ1つ，それらを乗り越えてきたし，今後もそうあるべきと信じるからである．

　本書の構成について，簡潔に紹介しておこう．まず序章では，国会議員，地方議員，一般党員といった複数のレベルで活動するアクターが構成する政党組織という視点を示し，上記2つの選挙制度の不均一性について理論的に検討した上で，本書の概要を示す．選挙区定数の不均一が政党の組織と政策に及ぼす影響については，本書の第1部で扱われる．第1章では，定数の不均一にふれつつ国政と地方の選挙を概観し，先行研究についても紹介する．第2章では，岩手県釜石市議会を対象とする事例研究により，選挙区定数の大きな地方議会では政党の組織化が進まないことを示す．第3章では，地方議会の選挙制度が衆議院の小選挙区における政策的な収斂を妨げる場合があることを数理的なモデルにより証明し，2003年総選挙の候補者公約データによって検証する．選挙区範囲の不均一が政党の組織と政策に及ぼす影響については，第2部で検討する．第4章と第5章では，(1994年の選挙制度改革も一因となり)とくに自民党では総裁選における党員投票の実施が通例化し，選挙区範囲の不均一がもたらされたことを示す．第6章では，初の「マニフェスト選挙」となった2003年総選挙の候補者公約とマニフェスト(政権公約)のデータを用いて，その政策的な帰結を検証する．候補者公約と比較すると，マニフェストでは集合的な利益に関する記述が多く，その違いは党首選出過程の民主化が進んでいる自民党の方がはっきりしていることを示す．現代日本の政党政治に対するインプリケーションや制度工学そのものの再検討は，終章の役割である．

　あらかじめ断っておくと，本書では体系的な証拠にもとづく仮説の検証は必ずしも達成されておらず，事例の取り扱いがエピソード的な側面は否めない．自民，民主両党の組織と政策が主な分析の対象となるが，政党の地方組織を具体的な事例として扱うのは，岩手県釜石市のそれのみであるし，政策に関しては，2003年総選挙の候補者公約とマニフェストのデータに限られる．また，別掲の初出論文リストをご覧いただければ分かるように，本書の分析対象は2009年の政権交代以前である．データの収集にはさまざまな制約があり，す

べての事例を網羅するのが困難である以上，1つ1つの分析を積み重ねていくほかない．本書が積み石の1つになれるのならば幸甚である．データには限界が存在するが，議論に個別の事例を超える一般性を持たせるよう努力しているのは無論のことであり，その成否は読者諸賢の判断に委ねたいと思う．

2013年4月

上神 貴佳

目 次

はしがき

序章 「選挙制度の不均一性」とは何か……1
はじめに 1
1. 政党組織をめぐる諸理論 7
2. 日本における政党組織の特徴 16
3. 垂直的な選挙制度不均一問題 26
本書の構成 30

第1部 選挙区定数の不均一性——国政選挙と地方議会選挙

第1章 小選挙区制と大選挙区制の相違……34
はじめに 34
1. 不均一な選挙区定数 35
2. 地方政治の固有性 44
むすび 55

第2章 地方政党組織への影響……56
はじめに 56
1. 地方政治の党派性 61
2. 国政との関連性 70
3. 選挙制度の影響 83
むすび 92

第3章　不均一な選挙区定数が政策に及ぼす影響……94

はじめに　94
1. 選挙制度不均一問題と空間競争モデル　96
2. 実証分析　105

むすび　117

　補論Ⅰ　選挙制度不均一モデルの証明　119
　補論Ⅱ　メディアンの推定　124

第2部　選挙区の地理的な範囲の不均一性——国政選挙と党首選挙

第4章　小選挙区制と党首選挙の選挙区範囲の不一致 ………130

はじめに　130
1. 党首選出過程の民主化　131
2. 党首選出過程の民主化をもたらす諸要因　141
3. 党首選出手続きの概観　146

むすび　153

第5章　政党組織の変容 ………157

はじめに　157
1. 院外組織の包括性　158
2. 院内政党と競争性　167
3. 院内政党による院外組織の動員　174

むすび　183

第6章　不均一な選挙区範囲が政策に及ぼす影響 ……………188

はじめに　188
1. 政策的な分業関係　189
2. 2003年総選挙におけるマニフェストの策定過程　202
3. 選挙公約の実証分析　209

むすび　226

　補論　イスラエルの首相公選制　228

終章　選挙制度改革の可能性と限界 ……………………………………231
はじめに　231
1. 選挙制度改革における予測の難しさ　234
2. 制度研究の可能性　239
むすび　251

参照文献　257
謝辞　273
初出一覧　277
人名索引　279
事項索引　281

序章　「選挙制度の不均一性」とは何か

　……日本の選挙制度は，衆議院の制度がハイブリッドなだけでなく，参議院，地方首長，地方議会の選挙がまったく異なった制度のもとに行われていることに，その特徴がある．……政体のレベルごとに異なるばらばらな制度の下で選挙が行われるのでは，政党が自らの政策を明確に打出し，それに応じて有権者が特定の政党に帰属意識をもつようになる，政党あるいは政党システムの健全な発育を望むことはできない．

河野（2002, 148-149）

はじめに

　日本においては，1980年代後半からの政治改革運動をきっかけとして，とくに1994年に実現した小選挙区比例代表並立制の導入を中心とする選挙制度改革の効果について，これから見るようにさまざまな議論や研究が積み重ねられてきた[1]．比較政治学的にも，1990年代における世界的な民主化の進展により，民主主義や市場の諸制度に対する新たな関心が高まった（たとえば，Lijphart and Waisman eds. 1996; Zielonka ed. 2001 など）．Sartori(1996)によると，制度の影響に関する研究を基礎として望ましい国制の構築を目指すconstitutional engineeringのような野心的な発想が見られたが，政治学や経済学における制度研究の再評価と軌を一にしていたといえよう．

　このような制度に対する関心は，議院内閣制と大統領制，議会制度，選挙制度，中央銀行制度など，さまざまな対象を含み得るが，本書では選挙制度を取

---

1) 本章は，上神(2011)を加筆修正したものである．

り上げる．代議制民主主義における選挙制度の重要性については改めて説明するまでもない．ただし，選挙制度の影響と一口にいっても，その論点はさまざまである．「選挙エンジニアリング」を掲げる Norris(2004)においては，お馴染みの政党システムから女性の(過小)代表まで，多岐にわたるトピックが取り上げられている．日本における小選挙区制導入の(期待される)効果については諸説あろうが，政権交代可能な2大政党制，政党の政策中心の選挙，さらには政治主導の政権運営などの実現を挙げられるであろう(曽根 2005；飯尾 2007, 187-201)．本書における主たる関心の対象となるのは，政党の組織と政策に関する，2番目の効果である．かつての中選挙区制では1つの選挙区から複数の候補者が当選するため，単独過半数の議席獲得を目指す自民党は複数の候補者を擁立しなければならなかった．自民党の候補者が同士討ちを迫られた結果，選挙運動では政党の政策よりも候補者の選挙区サービスの比重が拡大し，派閥や後援会のような分権的な組織構成がもたらされることになった．当選者が1名である小選挙区制を導入すれば，このような問題は解消されると考えられたのである．この点について，さらにキャリーとシュガートの研究を確認しておこう．候補者選定や投票の方法，選挙区定数に注目して選挙制度を分類すると，(日本の中選挙区制が含まれる)単記非移譲式投票制(SNTV, single non-transferable vote)よりも，小選挙区制の方がはるかに政党中心の選挙をもたらすとされる(Carey and Shugart 1995)[2]．日本における政治改革も同じ論理にしたがっていたと見て間違いないであろう．

　本書では，選挙制度が政党の組織や政策に及ぼす影響の考察が中心となる．それは制度のミクロ的な基礎の解明をも目指す，厳密な意味での経済学的な新制度論にもとづくというより，むしろ伝統的な選挙制度の研究の流れに沿うものである(とはいえ，選挙制度は政党や政治家，有権者といった諸アクターの行動を外在的に制約する条件として捉えられている点で社会学的な新制度論と

---

[2] 川人(2004, 第3章)は中選挙区制と SNTV という概念上の違いを明確にした上で，それぞれの効果をめぐる既存研究の成果をまとめている．複数定数の帰結を述べるに留まる前者より，同一政党内での得票調整と組織的な対応の巧拙に着目する後者の方が実りある研究を生み出す可能性の高いことを指摘している．この点に留意しつつ，現代の日本では複数定数の SNTV が衆議院では中選挙区制，地方議会では大選挙区制と呼ばれてきた経緯を考慮し，これらの呼称も用いる．なお，川人論文の初出は 2000 年である(「中選挙区制研究と新制度論」『選挙研究』15 号, 5-16)．

は区別される).制度がアクターに影響を及ぼす側面を扱い,アクターが制度を選択する側面を扱わないという意味で「コインの片面」を見ているに過ぎないが,研究の焦点を絞ることにより,新たな知見を得ることが本書の狙いである[3]．

その際,制度が予想された効果を発揮し得る理論的な条件について,本書はある特定の見方に依拠する.従来からの研究の多くは選挙制度を「単数形」で扱ってきた．いいかえると,制度Aないし制度Bがアクターに与える影響について個別に議論が積み重ねられてきた(制度の部分均衡).選挙制度と政党制の関係に倣えば,小選挙区制は2大政党制をもたらし,比例代表制は多党制をもたらす,という議論の立て方が典型的である(デュベルジェの法則).小選挙区制が2大政党(の候補者)の競争をもたらす場合,それぞれが政策的に中央の有権者と同じ立場を取る,という議論も可能である(中位投票者定理).つまり,制度とアクターの対応関係は1対1と捉えられてきた.

しかし,現実の政治においては,制度とアクターの関係が1対1に限定されるとは考えられない．一般的に,国政レベルの議会で2院制を採用する場合,第1院と第2院とでは選挙制度が異なる方が普通であるし,国と地方でも議会の選挙制度が違うこともあるだろう．これから紹介する日本の自民党のように,党首を選出するための党員投票を全国単位で実施する場合,議会の選挙区とは地理的な範囲が一致しないことも起こり得る．選挙区の定数であれ,地理的な範囲であれ,あるいは選挙のタイミングであれ,異なる選挙職を選ぶためには,異なる選挙制度が必要になると考える方が自然である．

これら複数の選挙に政党Xが参画しているならば,政党Xは異なる選挙制度からの交差圧力を受けている可能性がある．制度A≠制度Bである,2つの選挙制度が存在する場合を想定してみよう．制度Aは政党Xを構成する下位のアクターXaに,制度BはXbに,それぞれ影響を及ぼすとする．XaとXb

---

[3] 「制度均衡 structure-induced equilibrium」を探求するが,制度自体が内生的に選択される「均衡制度 equilibrium institutions」としての側面を対象としないということである(Shepsle 1986).河野(2002, 149-154)やBowler(2006)によると,選挙制度はめったに変更されないため,制度の存続や変化を説明する作業は困難であったという．当然であるが,このことは政党や政治家が制度に影響を及ぼすという因果関係の存在を否定するわけではない．この点については,終章2.2節で再び述べる．

は支配と従属の関係にない場合，政党X内では選好が異なるXaとXbの調整が必要となる．つまり，選挙制度の扱いは「複数形」であり，制度A及び制度Bが同一のアクターに影響を及ぼすと考えなければならない（制度の一般均衡）．この問題については，先ほど紹介した河野(2002)や本書の第1部で冒頭に引用している谷口(2004)でも指摘されているが，本書の元になった共同研究の成果（第1章の第1.3節）や建林(2012)による最近の研究を除き[4]，その重要性に比して研究の蓄積が十分あるとはいいがたい（加藤 2003，第6章；同 2008）．他方，一般的な制度研究においては制度間の相互関係に注目する必要性が繰り返し議論されてきた[5]．

このような見方を受け入れるならば，制度が予想された効果を発揮し得る理論的な条件として，ほかの制度からの影響の有無を考慮に入れることが必要となる．この発想は，いわゆる混合選挙制度の影響について，小選挙区制と比例代表制の間で「連動 contamination」が発生する点に注目しなければならないことを示唆している（Shugart and Wattenberg eds. 2001; Ferrara, Herron, and Nishikawa 2005 など）．また，複数の選挙区に参入する候補者の集合体として政党を捉える「政党集約 party aggregation」という議論にも近い（Cox 1997, Part IV; Chhibber and Kollman 2004 など）．しかし，これらの議論は同じレベルの選挙に焦点を当てるのに対して，本書では国政と地方の議会のように異なるレベルの選挙に参入するアクターの集合体として政党を捉える点が異なる．さらに，アクターが同時に複数の交渉に関与するという視点は，「2層ゲーム two-level games」や「入れ子ゲーム nested games」とも重なる（Putnam 1988; Tsebelis 1991）．

本書における主要な議論は，

---

4) 本書の入稿直前に発表された論文であるが，基本的な問題関心は上記で示したものとほぼ同一である．この論文では，都道府県議会議員に対するアンケート調査を分析し，主に選挙区定数の影響を検証している．この点については，本書でも第2章で検討している．なお，本書を一読すれば分かることであるが，筆者（上神）が「政党組織を別の独立変数として外生的に捉えている」という建林論文の指摘（67ページ）は必ずしも当たらないと思う．

5) 邦語では，福元(2007)や建林・曽我・待鳥(2008)を参照．なお，青木・奥野編(1996)，Greif (2006)などの経済学的な比較制度分析や，Hall and Soskice eds.(2001)のような政治経済学的な分析が制度間の相互依存性や補完性を強調するのに対して，本書はむしろ制度間の整合的ではない影響に注目する点で異なる．政治経済学における「制度の相互作用」アプローチの説明については，新川他(2004，第6章)も参照．

・複数の異なる選挙制度の配置のなかで政党が活動する場合，その組織や政策が受ける影響の経路と帰結は，既存研究が示唆するよりも複雑である．

というものである．この主張を「政党政治における選挙制度不均一問題」として定式化する．このような選挙制度の不均一性は，国政選挙と地方選挙，全国規模の党員投票を伴う党首選挙と地域的に分割された選挙区を代表する国会議員の選挙など，レベルの異なる公私の選挙制度の違いのみならず，衆議院と参議院の国政選挙，地方における首長と議会の選挙など，同一レベルの選挙制度の違いでもあり，それぞれ「垂直的な不均一性」，「水平的な不均一性」として定式化できる．こうした作業には，理論的な貢献以外に，現実政治を理解する上でどれだけの意味があるのだろうか．

いくつか分かりやすい例を挙げよう．地方区と非拘束名簿式の比例代表制で構成される参議院の選挙制度とは異なり，衆議院の小選挙区制は得票割合以上の議席を占める政党を生み出しやすい．小選挙区制の賜物である衆議院の多数派が参議院で同様の地位を占めることができるとは限らないのである．こうした衆参の選挙制度不均一が「ねじれ国会」の発生に寄与する一因であることは容易に想像される．また，1人区から5人区までの不均一な定数を擁する参議院の地方区では，5倍を超える「1票の格差」が生じている．現状の制度を前提とすると，格差是正には都市部の定数増，農村部の定数減の両方ないしいずれか一方が必要となるが，そうした措置は定数の不均一性を拡大し，地方区の政治的な位置づけをさらに不明瞭にするであろう．これらは水平的な不均一性に関わる．

本書は中央・地方間における選挙制度の垂直的な不均一性に注目し，両者を連結する政党政治を取り上げる．なぜか．日本の政党政治が直面する最も大きな問題は政党組織の弱体にあり，それをもたらす重要な要因として垂直的な選挙制度不均一を捉えるからである．たとえば，「ねじれ国会」が発生する理由として，衆参の水平的な選挙制度不均一のみならず，垂直的な選挙制度不均一の影響を想定しなければならない．仮に参議院の選挙制度が衆議院のそれと同じ（選挙制度が均一）であったとしても，衆参で異なる選挙結果に帰結しないとは限らない．ねじれは有権者の不安定な政党支持のあらわれであり，地方を含

む政党組織の弱さに由来する可能性を否定できないからである。そこで，垂直的な選挙制度不均一を通じて，党派化が地方にまで十分に及ばない理由を検討する．

　以下では，選挙制度の研究を「複数の制度とアクター」の関係として捉え直し，自民党と民主党の組織的な違いに注目する．具体的には，衆議院の小選挙区制から予想される政党組織の強化と党内における政策的な収斂が自民党では妨げられる原因として，地方議会議員を選出する定数の大きな単記非移譲式投票制（以下，大選挙区制）と総裁公選の党員投票という2つの要因を挙げる．前者では定数が不均一であり（小選挙区制，大選挙区制），後者では選挙区の地理的な範囲が不均一である（全国を300に分割する小選挙区，党員投票の全国大の選挙区）．レベルも仕組みも異なる複数の選挙制度の影響を受けるため，自民党は多様な選好を有するアクターを抱えることになり，党内調整が難しくなる．民主党においては，地方議員や党員が少なく，代表選の党員投票も例外的であるため，選挙制度不均一の影響は小さく，小選挙区制の効果がより明瞭にあらわれる．党内調整は容易である反面，多様な利益を包摂するものではないとも考えられる．敷衍すると，自民党政権は政策的な停滞ないし安定を，民主党政権は革新ないし不安定をもたらすであろう[6]．

　政党組織のあり方と複数の選挙制度の組み合わせが，選挙制度の垂直的な不均一問題の発生如何とそのタイプを決定する．本章では，まず，政党組織に関する先行研究をまとめる（第1節）．日本の自民党と民主党を対象として，党員や地方議会議員，各種の支持団体から構成される巨大な院外組織を有する前者と，国会議員中心の政党である後者とを識別する（第2節）．その上で，選挙制度の垂直的な不均一問題を2つ扱う（第3節）．その詳細な検証については，次章以降の課題とする．

---

[6] 民主党（前）政権に対する批判はかまびすしいが，国政選挙に初めてマニフェストを導入し，政党の政策中心の選挙を展開することによって政権交代を実現した功績は大きいと考える．なぜ自民党ではなく民主党が変化を担う主要なエージェントとなったのか，この問いに答えるためのヒントを探すことも本書の課題である．

1. 政党組織をめぐる諸理論

繰り返しになるが，本書の主要な目的は，国政と地方政治，全国と地域というレベルの異なる不均一な選挙制度が政党の組織と政策に及ぼす影響について検討することにある．このような問題意識にもとづいて政党組織を分析するために，まずは「複数のレベルで活動する政党組織」という視点を導入する．その上で，各種の政党組織の類型論を整理したい[7]．

これから見るように，政党組織にはさまざまな類型がある．一般的には，幹部政党，大衆政党，包括政党，カルテル政党などが知られている．それらに加えて，専門職的選挙政党，企業政党といった比較的に新しいモデルも検討の対象とする．これらの多様なモデルは，成り立ちの経緯，選挙におけるアピールのあり方，社会経済的背景，イデオロギー，組織の構成などの違いに注目して考案されたものである．検討を要する点は，これらのモデルが党内におけるレベルの異なる組織間の調整を必要とするように構想されているか否かである．

院外組織の規模が大きくなかったり，選挙運動に際してその助けを必要としない政党においては，活動家や党員の重要性が低いために，レベルの異なる組織間の調整も必要なくなるであろう．逆もまたしかりである．日本の自民党と民主党がいずれに該当するのか，2節で改めて検討する．

1.1. 複数のレベルで活動する政党組織

ドショウワーによると，従来の研究は政党を一国単位で活動する主体として捉えており，国や地域という複数のレベルでそれぞれ活動する組織の集合体である政党の姿は見過ごされてきた(Deschouwer 2006)[8]．しかしながら，近年に

---

[7] 政党の定義はさまざまであるが，本節では，公職保持者や活動家，党員などから構成される「組織」としての政党に注目する．Key(1964)によると，政党は「組織としての政党」以外に，「有権者における政党」と「政府における政党」の3つの部分に分けられる．

[8] 先行研究の包括的な整理により，砂原(2011b)は「政党システムの制度化」という観点を提示し，中央・地方双方のレベルにおける政党間競争を総体として捉えることの重要性を主張する．本書も複数レベルにおける政党政治に注目するが，主要な分析対象は政党間ではなく政党内である．

おける地方分権と欧州統合の進展，欧州議会議員選挙の実施は，複雑な複数のレベルにわたって展開される政党間競争のダイナミクスへの関心を喚起しているという．

　軌を一にして，「複数レベルの選挙」に対する注目も集まっており，有権者の投票行動と政党の選挙戦略という2つの側面から研究されている．前者に関する邦語文献としては，日野(2009)や成廣(2009)など，後者の研究としては，Lago and Montero(2009)などが挙げられる．また，網羅的なサーベイとしては，Park(2003)や浅羽(2009)がある．これらは異なる選挙制度の影響を指摘しており，第3節で示す本書の分析視角にも近い．

　「複数のレベルで活動する政党組織」という視点は，本書における分析の基礎の1つである．そこで，議論の出発点として，ドショウワーによる考察を検討することから始めたいと思う．

複数レベルのシステムにおける政党の類型論

　まずは，そのような視点から考えられた政党の類型論を示す．次表では，異なるレベルにおける組織の有無と地域的な包括性という2次元で，政党を9つに分類している．

　第1の次元は，全国レベルと地域レベル，それぞれの選挙に政党が参加しているか否かということを示している（全国レベルの選挙を欧州議会議員選挙，地域レベルのそれを国政選挙と読み替えることもできよう）．この次元によると，地域レベルのみ(1, 2, 3)，全国レベルのみ(4, 5, 6)，全国レベルと地域レベルの双方(7, 8, 9)という，3つのカテゴリーが考えられることになる．ただし，現実的には，国政選挙ないし地方選挙にのみ参加するという政党は少ないと思われるので，双方の選挙に参加して競争する政党が研究の対象として重要となる（なお，地方選挙にのみ参加する政党としては，日本の市民ネットワーク政党が想起される）．

　第2の次元は，政党の地域的な広がりを示している．表では，1つの地域(1, 4, 7)，複数の地域(2, 5, 8)，すべての地域(3, 6, 9)という3つに便宜的に区分してある．1つの地域でしか活動しない政党としては，地域政党が挙げられる．スコットランドのPlaid Cymruやバイエルンの CSU，ケベックの地域

表　複数レベルのシステムにおける政党の類型論

		選挙への参加		
		地域レベルのみ	全国レベルのみ	地域レベルと全国レベル
地域的な包括性	1つの地域	1	4	7
	いくつかの地域	2	5	8
	すべての地域	3	6	9

出所：Deschouwer(2006, Table 24.1)

政党が該当する(日本の新党大地，大阪維新の会，減税日本もこの範疇に入る)．これらの政党は特定の地域でのみ活動するが，国政選挙や地方選挙に参加し得る．次に，複数の地域で活動する政党としては，イタリアの北部同盟，旧東ドイツ地域のPDS，バイエルンを除く地域で活動するCDUなどがある．最後に，すべての地域で活動する政党である．このカテゴリーは残りのすべての政党を含む．

このように政党を分けると，多くの事例が含まれる類型とそうではない類型があることが分かる．経験的には，表の右側の各類型に事例が集中するはずである(7, 8, 9)．しかしながら，このことは上記の2次元を無意味にするわけではない．政党の特徴を捉える新しい視点が提出されていることを評価すべきである．

政党が国政選挙と地方選挙の双方に参加するという通常の場合，それぞれのレベルで活動する組織間の垂直的な統合が最も大きな問題となる．つまり，党内における複数レベルの組織の存在は潜在的な緊張をもたらすため，組織間の関係を調整する必要が生じる．垂直的な統合の度合いを測定する指標としては，党員の所属先，党の指導者や候補者の選定，財政，地方組織の統制など，さまざまなものが考えられる．人員や資金，権限の帰属先が中央か地方か，これらがどのように分割されているかによって，組織間の関係が決まるという．さらに複雑なことに，政党が複数の地域で活動する場合は，地域間の違いを水平的に調整することが必要となろう(しかしながら，この水平的調整の問題は中央組織の強力な指導性によって解決できることから，垂直的調整の問題に解消できると考えられる)．

多様性を説明する制度的な文脈

　党内における組織間調整のあり方が多様であるということは，何よりもまず，上記の各類型への政党の位置づけを反映している．複数レベルの選挙に参加する政党においてのみ，垂直的統合が必要となることからもそのことは当然といえる．それでは，どのような要因が政党の位置づけと党内調整のあり方に影響を及ぼしているのであろうか．ドショウワーによると，公式の制度，選挙制度と選挙サイクル，社会的な異質性が重要とされる．これらの要因によって形成される制度的な文脈のなかで，政党は複数レベルの選挙への参加を選択し，地域的に展開しつつ，組織間の調整を行うからである．

　まず，公式の制度から見ていこう．ここにおける公式の制度とは，連邦制のような中央政府と地方政府の関係を定める仕組みのことを指す．具体的には，両者による権限の分担関係，政策決定における協力の必要性，中央政府の政策決定に対する地方政府の発言権，地方政府の自律性などが焦点となる．中央政府と地方政府の権限が截然と分かれておらず，政策決定過程における両者の協力が必要であり，地方政府が一定程度の自律性を保っている場合，複数のレベルで活動する政党にとって，中央と地方の組織間調整が必要となる．逆に，中央政府と地方政府の権限が分かれており，地方政府の自律性が高い場合は，地方組織の自律性が高く，それぞれのレベルの政党組織が別個に動くため，その間の調整も必要ではなくなるであろう．このような場合，そもそも別個の政党として成立する可能性も否定できない．

　次に，選挙制度と選挙のサイクルとの関係である．中央と地方で選挙制度が異なる場合を考えてみよう．いずれかの方が定数は大きく，閾値が低い場合，両者で政党の選挙戦略が異なることになる．その結果，議席獲得の見込みが高いレベルにだけ政党が参入することも考えられる．また，選挙のタイミングが一致しているか否かも重要である．国政選挙と地方選挙が同時（ないし近い時期）に行われる場合，前者の影響が圧倒的となり，複数レベルの組織から構成される政党の内部では，地方レベルの組織の自律性が弱まるであろう．選挙運動に必要な組織間の調整は中央レベルが主導することとなる．さらに，地方選挙が複数の地域で同時に行われる場合，やはり地方レベルの政党組織の自律性が低下するという．なぜなら，国単位で集計されるため，国政の文脈で理解さ

れてしまうからである．逆の場合は，地方の独自性が強まり，党内における地方レベルの影響力が強まるか，地域政党が成立することになろう．

最後に，社会的な異質性について，ドショウワーの見解を参照する．まず，社会的な多様性は分権の過程に反映されてきたという．ベルギーの言語圏に見るように，地域的なアイデンティティーを考慮に入れて分権改革が進められた結果，地域間の多様性が制度に反映され，中央と地方，地方間の党内調整が必要になった．また，社会における異質性は政党組織に直接反映されるとも述べている．

以上をまとめると，制度的な文脈のなかで「複数のレベルで活動する政党組織」が形成され，組織間のさまざまな調整が発生する．ドショウワーの分析枠組みは従来の政党論が見過ごしてきた重要な側面に対する注目を喚起しているといえる．

1.2. 政党組織のモデル

党内においてレベルの異なる組織間の調整を迫られる場合，とくに垂直的な統合が問題となることは先述のとおりであるが，党内調整の必要性とそのあり方は，それがいかなるタイプの政党であるかによっても違うはずである．

政党の目標は大衆を組織することなのか，それとも選挙に勝利することなのか，そのための手段として地方レベルにまで張り巡らされた党員組織を持っているのか，そもそもこのような組織は目標を達成する手段として有効といえるのか．これから述べるように，党員組織に依拠する労働集約的な選挙運動によって世界観の実現を目指す大衆政党と，選挙の勝利を目標にマス・メディアを駆使して資本集約的な選挙運動を行う専門職的選挙政党とでは，党内における垂直的統合は全く異なる．なぜなら，前者では中央と地方の組織間の調整が不可欠であるが，後者では党員組織の比重が大きくないため，党内調整の必要性が低いからである．つまり，ドショウワーが指摘する制度的な文脈だけではなく，組織のタイプの影響を受けることが容易に理解されよう．

政党組織のモデルについては，すでに多くの研究が蓄積されてきた．いささか旧聞に属することも多いが，制度的文脈による説明の不十分さを補うために，先行研究を再検討する．

幹部政党と大衆政党

　政党の組織論については，幹部政党と大衆政党というデュベルジェによる古典的な類型化から出発するのが定石的であるといえる(Duverger 1951)[9]．大雑把にまとめると，前者は選挙のために有力者を結集させる組織であり，後者は人材の供給や財政を党員に依存する組織である．一般的には，地方有力者の代表である議員が院内で緩やかに連携するのが幹部政党であり，特定の理念に賛同する党員から構成される組織を発達させているのが大衆政党であると理解されている．理念型では党員組織の有無が両者を識別するメルクマールとなるが，現実には両者は混淆しており，エリートや党員の役割に注目しつつ，モデルを適用することになる．

　デュベルジェによると，両者の違いは党員組織の有無に留まらず，そこから導き出されるさまざまなインプリケーションにおいても異なる．たとえば，政党の起源については，幹部政党とは普通選挙権の実現による大衆の政治参加が可能となる以前の組織形態であるのに対して，大衆政党は普選後において発展した組織形態である．また，前者は地方幹部会の弱い結合に基礎を置くために権力が分散する一方，後者は結束の強い支部に立脚しており，権力が党指導者層に集中している（指導者は間接選挙によって選ばれるため，党員による民主的な統制の実効性は低いという）．ミヘルスの「寡頭制の鉄則」も，まさに大衆政党を念頭に置いたものである(Michels 1957)．

　この点はドショウワーの議論との関連で重要である．幹部政党より大衆政党における方が党員組織の重要性が高く，党執行部の権力も大きいため，垂直的な統合が進んでいるはずである．また，幹部政党においては地方レベルの組織間の水平的な調整が難しいと考えられる．さらに，議会内における議員の集団（院内政党）に主導権があるのが幹部政党であり，議会外の政党組織（院外組織）と院内政党が均衡関係にあるのが大衆政党とされる．

包括政党と専門職的選挙政党

　デュベルジェは幹部政党から大衆政党へと発展する類型論の延長線上に，マ

---

[9] ほかには，ウェーバーによる貴族政党，名望家政党，近代的政党という発展段階説的な類型論がある(Weber 1919)．

ルクス主義やファシズムにもとづく全体主義政党を構想していたようであるが，今日の通説的な理解では，大衆政党の後に続くモデルとされるのは，キルヒハイマーが提唱した包括政党である(Kirchheimer 1966)．

キルヒハイマーによると，大衆政党や宗教政党，幹部政党からの包括政党への変化は，次のようにまとめられる．政党によるイデオロギー的主張の激減，最高指導者集団の一層の強化と社会システム全体の効率性の重視，包括政党イメージを曖昧にしかねない党員の役割の減少，特定の階級や宗教にもとづく顧客から一般の有権者への動員対象の変化，選挙における支持を求めてのさまざまな利益集団へのアクセスである．つまり，イデオロギー色を薄めつつ，特定の社会集団より広い顧客を対象として選挙の勝利を目指す，指導者層に率いられた政党像である．

このような変化を推進する背景要因としては，経済的な厚生の達成と福祉制度の存在によって集団利益の擁護が政党に求められなくなったこと，将来の厚生はさまざまな要因に依拠していることが理解されるようになり，自己利益よりも指導者の実現能力という観点から政治的な主張が検証されるようになったことが挙げられる．つまり，豊かな社会の到来と福祉国家の成立によって社会集団間の対立が和らぎ，政党は特定利益の守護者から，さまざまな利益に訴えることにより，選挙の勝利を目指す存在へと変化したといえる．

このような変化に完全に適応することは難しいが，(宗教政党が信仰者以外を対象にできないように)かつての大衆政党タイプに固執すると，政党組織の維持が困難になる場合がある．しかし，地域政党，特定の職業集団にもとづく政党，限定的なイデオロギーや綱領にもとづく政党が包括政党になることはできないであろう．また，特定の社会集団に依拠する政党間の協力関係が安定している場合も，包括政党化による競争が起こらないと考えられる．

クロウウェルによると，キルヒハイマーは彼の作品中で包括政党モデルの正確な定義を下したことはなく，明確で一貫した指標を提示したこともないという(Krouwel 2006)．ここでは包括政党の組織的な特徴として，党指導者層への権力集中と党員組織の地位の相対的な低下を確認しておく．

包括政党に見られる選挙重視の姿勢をさらに強調したのが，パーネビアンコによる専門職的選挙政党モデルである(Panebianco 1982)．まず，パーネビアン

コはデュベルジェの大衆政党モデルを元に，官僚制的大衆政党として再定式化する．党官僚制は党指導者と党員を結ぶという中心的な役割を果たしており，指導者の優越も党官僚制に依拠している．その結果，強い垂直的な組織的結合が実現されているという．

しかしながら，キルヒハイマーが指摘するように，政党による支持獲得の対象が政党固有の党員から一般の有権者に移行するに伴い，既存の党員の管理をもっぱらとする党官僚制の有用性は薄れていく．代わって，専門職（特殊な知識を持つ専門家や技術者）が党内で台頭する．これが専門職的選挙政党である．弱い垂直的な組織的結合，公職者の優越と個人的なリーダーシップ，財政面における利益団体や公的助成への依存，争点とリーダーシップの強調という特徴がある．

このような変化の背後にある要因は，社会や産業の変化によって有権者における旧来の集団意識が弱体化し，テレビに代表されるようなマス・メディアを媒介とする政治的コミュニケーションが中心となったことである．その結果，選挙運動はメディアの特性に合った，候補者個人や個々の争点に焦点を合わせるスタイルへと変化し，世論調査やマス・メディアの専門家，エコノミストなどが中心的な役割を担うようになった．

キルヒハイマーとパーネビアンコによるポスト大衆政党のモデルには，選挙の重視，党員組織の比重低下，党指導者層の権力拡大という共通点がある．再びドショウワーの議論に戻ると，垂直的統合の程度が問題となる．いずれのモデルにおいても，党指導者層が下部組織をバイパスして，有権者や利益集団と直接的に結びつくことを目指している．パーネビアンコが指摘するように垂直的な組織的結合が弱まるだけではなく，その必要性自体が小さくなっていると考えられる．

カルテル政党

包括政党モデルにすでに見られる，イデオロギーにもとづく主張の後退と党員組織の衰退という現象を踏まえて，カッツとメーアはカルテル政党という新しい政党モデルを構築した（Katz and Mair 1995）．カルテル政党の「カルテル」とは，政党間の談合関係，政党と国家の間の談合関係をそれぞれ指す．このよ

うな関係が政党組織に及ぼす影響に注目したモデルである.

まず,イデオロギーにもとづく主張の後退は政党間の政策の違いを曖昧にする.その結果,中道寄りとなった政党間のカルテルが可能となり,競争が制限される.結託した主要政党は生き残るためにそのほかの政党を閉め出す形で政府を独占する.また,党員の減少によって財政的に窮迫した政党は国家とカルテルを結ぶ(政府の独占がそれを可能とする).国家の資源と権限を用いて,政党に対する公的助成,国家権力を通じたマス・メディアへの影響力の拡大,政党活動の規制を実施する.また,カルテル政党の選挙運動は政党組織に依拠する労働集約的なものからメディアを用いる資本集約的なものへと変化しており,その度合いは包括政党や専門職的選挙政党より進んでいる.

政党組織に及ぼす影響としては,「政府における政党」,すなわち院内政党への一層の権力集中を挙げることができる.これらが政党間の結託を主導し,国家の資源と権力を左右する力を持つに至るからである.民主的な正統性を与えるために党員投票を伴う党首選出が実施される場合でも,党員は原子化され,活動家の役割は縮小されるために,党首の自律性はむしろ拡大する.一方,地方公職者に対しては,国政に対する介入を認めない代わりに,地方組織の自律性を認めるため,組織構成はエルダーズヴェルドのいう「階層支配」にもとづくとされる(Eldersveld 1964).

ドショウワーの議論との関連では,包括政党の場合と同じく,カルテル政党の垂直的統合の度合いは低いといえる.各レベルの組織は自律的に活動するというイメージである.

企業政党

クロウウェルはカルテル政党に続く類型として,企業政党モデルの存在を指摘する.イタリアのフォルツァ・イタリアとスペインのUCDを事例として,企業政党モデルを概念化したのは,ホプキンとパオルッチである(Hopkin and Paolucci 1999).

カルテル政党に至る政党組織論の展開を踏まえ,組織や選挙のあり方はその延長線上で捉えられる.すなわち,企業政党においては党員組織がほとんど存在せず,選挙運動はメディア中心であり,専門家に外注される資本集約的なも

のとなる．イデオロギー的には柔軟であり，政策は市場調査にもとづく商品開発に類似するプロセスで作られる．そして，魅力的な指導者像が演出され，その指導者が政策を訴えることになる．必然的に，組織の中心は「政府における政党」となる．

ただし，企業政党モデルとカルテル政党モデルには重要な相違点がある．企業政党は政治的起業家によって組織され，財政的にはまさに私企業によって支援される場合もあり，国家の支援を独占するカルテル政党とは根本的に異なる．新たに結成された政党であるという点がポイントである．政党再編成を経験したイタリアや民主化されたばかりのスペインにおける，制度化が十分ではない新党が考察の対象となる．

小括

このように，政党組織の類型は多様である．その多様性は，政党の起源(幹部政党，大衆政党)，政党間における政策の収斂(包括政党)，資本集約的な選挙運動の一般化(専門職的選挙政党)，社会から国家への政党基盤の移行(カルテル政党)など，さまざまな要因によってもたらされていることが分かる．その結果，複数のレベルで活動する政党にとって，党内における垂直的統合の必要性とそのあり方も異なることになる．

端的にいえば，院内政党を中心に資本集約的な選挙運動を遂行する政党はそもそも地方組織を必要とせず，(仮に存在するとしても)地方組織は中央組織に従属することになるであろう．また，党員や地方政治家，各種の支持団体から構成される組織に依存する政党においては，(党中央のイニシアティブを認めるにせよ)地方組織の意向を無視することはできないであろう．次節では，上記の議論を日本の自民党と民主党に適用して考察する．

2. 日本における政党組織の特徴

本節では，先行研究や各種のデータを参照しつつ，日本の自民党と民主党の組織的な特徴について整理する．その上で，国会議員を中心とする民主党に対して，院外における公式，非公式の組織との密接な関係をも有する自民党とい

う対照的な姿を描き出す．「複数のレベルで活動する政党組織」という捉え方は，中央と地方の組織が多層的に存在する自民党には当てはまるが，民主党には必ずしも当てはまらない．したがって，垂直的統合の必要性にも違いが生じるといえる．

前節の類型論にしたがえば，自民党より民主党の方が近年における政党組織の発展に適合的である．非常に単純化すると，自民党は党員や地方政治家，各種支持団体から構成される院外の組織を抱えており，伝統的な手法である労働集約的な選挙動員に依拠してきた．反対に，民主党は組織が発達しておらず，マス・メディアを駆使した近代的な選挙戦略をもっぱらとし，資本集約的な性格が強いといえる．もちろん，自民党もマス・メディアを通じた宣伝活動に注力しているし，民主党も地方組織の整備に熱心に取り組んでいる．しかし，このような単純化は両党の違いを鮮明にすることを可能にする．

政党組織について議論する前に，その前提条件として，ドショウワーが挙げる制度的文脈を簡潔に検討することから始めたい．

2.1. 複数のレベルで活動する政党組織の前提条件

繰り返しになるが，ドショウワーの議論においては，垂直的統合に影響を及ぼす要因として，中央政府と地方政府の関係，選挙のタイミング，社会的異質性などが重要とされる．

本書が対象とする日本の文脈においては，中央政府と地方政府の関係がとくに重要であろう．この点については，中央省庁による支配を指摘する「垂直的行政統制モデル」から，地方自治体の自発性を強調する「水平的政治競争モデル」への転換が初めて唱えられたのは村松(1988)までさかのぼるし，近年における地方分権改革の動向からも分かるように，国政が地方政治を支配しているという見方は少なくとも適当とはいえない．したがって，地方レベルは相対的な自律性を確保していると考えることもできる．

国と地方における選挙のタイミングについては，12年に一度の亥年に，6年周期の参議院議員選挙と4年周期の統一地方選挙が一致することが知られている．統一地方選挙がある年は参院選の投票率が下がるという，いわゆる「亥年現象」で知られているように，両者の間には関連性がうかがえる．しかし，近

年，統一率は3割ほどに下がってきていることも事実である．

社会的異質性は措くとして，上記の簡単な検討からも分かるように，日本では国政と地方政治が相互に切り離されているわけではないし，また，どちらかが支配的であるわけでもない．したがって，「複数のレベルで活動する政党組織」という捉え方には意味がある．問題は，すでに指摘したように，これがすべての政党に当てはまるわけではないことである．政党組織のモデルによって適合するかしないかが異なると考えられる以上，自民党と民主党はどのモデルに該当するのか検討する必要がある．

2.2. 自民党

自民党に関する研究は非常に多く，枚挙に暇がない．しかし，その性格については，国会議員を中心とする幹部政党，さまざまな利益団体との関係を有する包括政党など，多様な見方がある．また，派閥現象の説明と評価，地方組織の位置づけ，支持団体との関係など，多岐にわたる論点が存在する．

まず文化，すなわちエリートあるいは大衆の行動規範に注目して自民党の組織的な特徴を説明する方法であるが，これは権威の遵奉や（個人に対する）集団重視などの特徴を有する日本的伝統の残存に，派閥化や大衆組織欠如の原因を見出す．自発的結社としての大衆政党を引照基準として設定し，自民党組織の「遅れ」や自民党政治の問題点を指摘するという論理構成をとることが多い．理念化された西欧近代と比較して日本の後進性を強調する，いわゆる近代主義政治学に特徴的なアプローチである．

岡(1958)は「体制への癒着」という日本的伝統を指摘し，いわゆる逆コース期における保守党の体制権威（ここでは官僚制）への依存を描き出す．保守党における大衆的基盤の欠如として，公職追放によって生じた新規リクルートの官僚出身者による充足や，とくに地方選挙における無所属候補の優位を述べ，占領政策の転換による大衆政党（共産党）の挫折や公職選挙法改正(1947年，1952年)による「グラス・ルーツの鎮静」を指摘する．また，統治の官僚依存による具体的人間関係にもとづく権力闘争への埋没，すなわち体制を所与とした政権の争奪として保守党の派閥化を理解する．

スカラピノ・升味(1962)は，個人主義の欠如，暗黙の合意などの日本的風土

と，近代性の相克に注目し，本来，大衆に開かれた組織であるべき政党が政治家間の互助を目的とする閉鎖的な派閥連合体に留まっていると指摘する．そして，この政党の閉鎖的構造が院外での大衆運動(60年安保闘争)を招来したという．また，有権者側の投票行動については，「権威遵奉(ボス動員)」型から「候補者の性格・個人的関係」や「政党本位・選挙運動見聞」型の「近代的投票」へ，変化のきざしを読み取りつつも過大な期待を戒めている[10]．

次に，社会的要因に注目する説明を見てみよう．政党が国家と社会の架け橋であり続けるためには，社会のあり方にその組織を対応させていく必要がある．戦後日本の社会秩序を大きく変容させた占領軍による民主化政策や高度経済成長に伴う豊かな社会の到来，これらが自民党に与えたインパクトはどのように考えられたのだろうか．

升味(1958)によると，戦後改革による名望家秩序の崩壊は閉鎖的な伝統的小社会から人々を解き放ち，大衆社会状況を出現させたという．そこで，原子化された個人を利益還流によって統合する契機が生じた．地方の中央財源依存を再生産しつつ，議員は地方政治家を系列化することで地盤を形成し，官僚の権限争いとあいまって，中央における利権の争奪を繰り広げることになる．利益誘導・個人的地盤・党内紛争という自民党政治を特徴づける要素が，地主など旧中産階級の没落と農村の大衆社会化という文脈で理解されている点が興味深い．

時代は下り，80年代に一世を風靡した「新中間大衆論」についても付言しておきたい．村上(1987)によると，高度大衆消費社会の到来によって経済・政治・文化の各次元における階層化の力は弱まり，また次元間では整合性が低下した．その結果，管理職や専門職などかつての新中間階級は消滅し，代わって膨大な新中間大衆が登場することになった．1970年代後半からの自民復調の原因としては，主に都市居住者である新中間大衆に向けた都市基盤整備や公害対策などの利益分配によって，「利益指向型包括政党」化に成功したこと，石

---

10) これら文化による説明には難点がある．まず，派閥と後援会が伝統の産物なら，その制度化は伝統の強化を意味するが，近代的な存在と目される利益集団の増加という事実と齟齬を来してしまう．また，スカラピノらは有権者の伝統的な投票行動を強調する余り，データの解釈にバイアスを生じさせている．

油危機による期待水準の引き下げが政権への評価につながったことを挙げている．村上はキルヒハイマーなどを参照しながら，豊かな社会の到来による階級政治の弛緩を背景に，近代的大衆政党から利益包括政党へと引照モデルを転換して自民党を評価している点が注目される．

この「新中間大衆社会における自民党の利益包括化」テーゼは，佐藤・松崎(1986)による実証研究にも受け継がれ，近代主義政治学において批判されてきた自民党組織は一転して評価の対象となる．そのミクロ的基礎の解明は合理的選択理論にもとづく研究を待たなければならない．

そのミクロ・レベルの合理性に依拠する説明としては，自民党組織の特徴を選挙制度との関連で理解しようとした研究が挙げられる[11]．1947年から1993年までの各回総選挙は中選挙区制で施行されたが，この制度で議席の過半数を獲得するためには，同一政党から1選挙区あたり複数名の候補者を擁立する必要がある．その結果，候補者間の競争は激甚となり，個人的な選挙組織(すなわち後援会)が発達する一方，地方党組織の成長は妨げられる．また，党中央では総裁候補の周囲に結集した政治家の集団(すなわち派閥)が複数発生し，リーダー(派閥領袖)への忠誠と引き換えに，政治資金や政府・党・国会におけるポスト，選挙における公認・応援などさまざまな利益を供与し，選挙区レベルにおける候補者間競争を再生産したとされる．

この説自体の起源は古く，少なくとも自民党結党後数年の時点で，渡辺(1958)に見られるように当事者やジャーナリストによって意識されていたと思われる．学問的には，Thayer(1969)による自民党組織についての最初の包括的研究が，以上のロジックに依拠している．上記の佐藤・松崎らの研究も派閥・後援会の原因として中選挙区制度を挙げている[12]．

政治学研究における合理的選択新制度論の発展によって，自民党組織の説明

---

11) 網羅的なサーベイとして，前掲の川人論文(川人2004)を参照．
12) 派閥が発生する原因としては，中選挙区制度のほかに，総裁公選制度の影響も挙げておかねばならない．北岡(1990)によると，55年体制における自民党総裁は総理大臣と同義であり，戦前と比べると，政党総裁の地位が飛躍的に向上した．また，戦前は元老や重臣の信頼を得ていることが党首の資格として重要であったが，総裁公選制度によって，党内の国会議員の支持を得ていることが決定的に重要となった．そのため，有力者は国会議員を自らの派閥に囲い込むことになった．

により厳密なミクロ的基礎を与えることが可能となった．政官関係に関する主張によって日本の学会にも反響を呼び起こしたRamseyer and Rosenbluth (1993)や，自民党議員の選挙戦略が中選挙区制に依拠することを実証的に明らかにした建林(2004)はその代表であろう．本書の対象である党組織に限って前者の議論を紹介すると，中選挙区制が要求する候補者間の「票割り」のために分割可能な「私的財」が求められ，派閥は資金集散や地元への利益誘導をめぐって激しく争うことでその需要に応える．一方，プリンシパル・エージェント関係によって規制されている党幹部は，派閥レベルで提供できない党全体に対する集合財を供給する．彼らの説明は，中選挙区制が引き起こす諸問題に対する自民党組織の効率性を構造機能主義的に明らかにする[13]．ただし，有効な選挙戦略としての利益誘導は経済的に非効率であり，最終的には自民党政権の崩壊をもたらしたとの指摘もある(斉藤2010)．

自民党の院外組織

このように，依拠する説明の方法や導き出される組織の類型はそれぞれ異なるが，国会議員から構成される派閥が主要な役割を担う一方，党の地方組織は未整備であるというのが，先行研究のおおよその一致点である．しかし，これから見るように，自民党は院外において組織を作ってこなかったわけでは決してない．むしろ，党員や地方議員，支持団体が織り成す膨大な組織を抱えている．後の各章で見るように，国会議員と地方議員は集票や利益の媒介をめぐる相互依存関係を形成している．また，総裁選出過程においては，党員による投

---

[13] 河野(1991)によると，経済学的新制度主義は社会学的新制度学派とは明確に異なる．マイクロ・レベルにおける合理的な選択の積み重ねが組織を構成すると前者が考えるのに対して，マクロ・レベルにおける制度と組織の関係を想定するのが後者であるという．後者の説明にしたがうと，中選挙区制は自民党だけではなく社会党にも派閥をもたらすはずであるが，周知のように，両党における派閥の性格は全く異なる．自民党の派閥は(中選挙区制における複数の候補者間の差別化を前提として)プリンシパル・エージェント間の情報の非対称性を解消するものであり，中選挙区制における候補者と有権者の戦略的な行動から5つの派閥に収斂したと考えられる．一方，社会党の派閥はイデオロギーを反映したものに過ぎない．マクロ的な視点からは，このような違いを説明することは難しいとされる．社会学的制度論については，盛山(1995)を参照．歴史的制度論の立場から自民党の各制度(後援会，派閥，政務調査会，総裁)の起源と発展について説明するものとして，Krauss and Pekkanen(2011)がある．彼らは合理的選択理論によるアクター中心の機能主義的な説明を批判する．

票が実質的な役割を果たすようになった．この組織の特徴は，公式なものか非公式なものか，判別が難しい点にもある．

自民党の公式な組織なのか，それとも非公式な組織なのか，その曖昧な性格を最もよく表しているのが，いわゆる系列関係と後援会組織である．前者は国会議員による地方議会議員の組織化，後者は国会議員自らによる有権者の組織化をそれぞれ示している．周知のように，後援会組織においても地方議会議員が中心的な役割を果たしており，彼らないし彼女らと自民党との関わり方が重要である．

特定の自民党代議士を支持する地方議会議員はその議員と系列関係を形成しているといわれる．詳しくは次章に譲るが，系列関係については，若田(1981)や井上(1992)など，多くの研究が積み重ねられてきた．かつての中選挙区制は自民党から複数出馬する候補者同士の競争を強いたため，各候補者が支持を求めて地方議会議員をそれぞれ系列化するようになり，地方議会議員は各候補者の後援会組織において中核的な位置を占めることになった．したがって，自民党内の選挙競争を前提とする以上，地方議会議員の系列も後援会も候補者単位であり，党の組織にはなりづらい状況に置かれていた．自民党の組織のようで組織でないという，系列関係と後援会の曖昧な性格は中選挙区制時代の制度遺産といえよう．

次章で見るように，町村議会議員の多くは無所属であり，党の公認を受けずに選挙を戦っている．たとえば，2008年の集計結果によると，11,711人(全体の87.9%)が無所属である．そのかなりの部分は保守系の無所属といわれ，自民党の国会議員と系列関係にあると考えられる[14]．党派化が進んでいる都道府県議会や市区議会における自民党議員の数は，前者では1,309人(47.7%)，後者では1,742人(8%)と比較的に多い．選挙制度改革後においても自民党公認の地方議会議員は増えていないし，次章で見るように，市町村合併（「平成の大合併」）に伴う議会の定数削減は無所属の数を相当に減らした．しかし，自民党は依然として膨大な数の地方議会議員を公式，非公式に組織化しているといえる．

[14) 濱本(2010)によると，市区町村を対象とする調査の分析結果から，無党派議員のかなりの割合が自民党系と推察できるという(同論文，表8-2)．

厄介なことに，保守系無所属議員のすべてが自民党との公式な関係を持っていないとは断言できない．選挙では政党所属を明らかにしないが，党員資格を持つ候補者が存在するからである．しかし，選挙に公認候補者を立てることを政党の定義とする Sartori(1976) を引くまでもなく，保守系無所属が自らの党派性を選挙で明らかにしない以上，彼らないし彼女らの存在をもって党の公式な地方組織が成立しているとはいい切れないところに，自民党の特徴がある．

　このような曖昧な関係は後援会と政党支部との区別の難しさにもあらわれている．1994 年に小選挙区比例代表並立制が導入されたが，その目的の 1 つは中選挙区制における自民党候補者同士の相討ちをなくすことにあった．同じ政党に属する候補者間の競争は政党の政策ではなく，サービス合戦に依拠するものとなるため，Curtis(1971) や Foster(1982)，山田(1992) などが指摘するように，自前の後援組織の形成如何が選挙の帰趨を決する．このような政策不在の選挙運動のあり方は金権政治の温床となるという批判を招いた．選挙制度改革によって自民党候補者同士の争いはなくなったため，後援会組織から政党支部への移行が期待された．しかし，山田(1997) や朴(2000)，谷口(2004) によると，依然として選挙運動の中核は候補者の個人的な努力に依存する後援会であり，政党の組織が成立しているとはいいがたい．

　後援会によって組織される有権者の数は膨大な数になると考えられる．たとえば，自民党議員の後援会の中核的な支持者が党員になっているとするならば，その数は 104 万人に上る(党費を払った党員数，2008 年分の政治資金収支報告書より)．また，明るい選挙推進協会の有権者調査によると，回答者の 10.2%が「後援会に加入」としている(2005 年衆院選)[15]．

　さらに，自民党を支持するさまざまな団体のことも忘れてはいけない．小泉政権の郵政改革や民主党への政権交代により，近年，両者の関係は揺らいでいるといわれる．しかしながら，広瀬(1993) が明らかにしたように，かつて自民党と各種団体は利益と票の交換を媒介として強固に結びついていた．たとえば，Köllner(2002) によると，自民党の支持団体としては，大樹(47 万票)，軍恩連盟全国連合会(29 万票)，全国建設業協会(27 万票)，日本遺族会(26 万票)，日

---

15) 依然として膨大な数の有権者が組織されているといえるが，後援会加入率は低下傾向にある(菅原 2009, 図 1-2; Krauss and Pekkanen 2011, Figure 3.4-3.7)．

本医師連盟(22万票)など,15の組織が挙げられている(括弧内は2001年参院選における組織内候補の得票数).

前節における政党組織論の観点から,自民党と支持団体の関係を捉え直すと,包括政党モデルに該当するともいえる.このように,自民党は地方議会議員や後援会のみならず,各種の支持団体をも公式,非公式に包摂する巨大な組織を形成しており,派閥や国会議員の角逐に目を奪われていると,重要な部分を見落としてしまう.したがって,幹部政党からのみ構成されるわけではないが,院外における組織の非公式性を考慮すると,大衆政党ともいいがたく,包括政党の要素もある.近年では組織の衰退により,専門職的選挙政党モデルに該当するという意見もある(中北 2012)[16].どの純粋な理念型にも当てはまらないが,本書の議論にとって重要なことは社会の隅々まで張り巡らされた組織の存在であり,自民党と民主党を対比すると,この特徴はより明瞭になる.

2.3. 民主党

民主党成立の経緯を簡潔に説き起こすことにより,民主党は国会議員中心の政界再編を通じて形成されたことが容易に理解されよう.民主党の歴史は1996年に成立した旧民主党,1998年に旧新進党系の議員と結成した新民主党,2003年に自由党との合流によって誕生した現在の民主党とに分けることができる.以下の記述は,塩田(2007),伊藤(2008),橘編(2008)などによる.

1996年総選挙に際して,社民党と新党さきがけの一部議員によって結成されたのが,旧民主党である.社民党の村山富市とさきがけの武村正義は全議員が参加する新党の結成を目指していたが,保守系の議員が多いさきがけには社民党に対するアレルギーがあり,合流は挫折した.武村に代わって主導権を握ったのが鳩山由紀夫である.当初,新進党の船田元をパートナーとして新党の結成が試みられたが,鳩山のリベラル路線とは異なり,保守新党を志向する船田は構想から離脱することになった.結局,鳩山由紀夫と菅直人を共同代表として,旧民主党が結成された.

---

[16] 選挙制度改革が系列関係の弱体化をもたらし,自民党組織を衰退させるメカニズムについては,本書の第4章2.1節で論じている.マクロ的な要因としては,社会経済的な変化による農村部の衰退(菅原 2009)や,新自由主義的改革による公共部門の縮小,再帰的近代における個人化の進展(宇野 2010)なども考えられる.

参院選が実施された1998年には，(自由党，公明党以外の)旧新進党系の諸政党に所属する議員が合流し，新民主党を結成した．新進党の結成と解党の経緯について簡潔に述べると，同党では党首の小沢一郎による強引な党運営への反感から，離党する議員が相次ぎ，これらの議員は太陽党やフロムファイブを作っていた．さらに，党運営に行き詰まった小沢の一方的なイニシアティブにより，新進党が自由党，新党平和，新党友愛，国民の声などに分党された後，太陽党，フロムファイブ，国民の声の各党は民政党に結集した．最終的には，旧民主党，民政党，新党友愛，民主改革連合の4党が新民主党を結成することになった．新しい代表は菅であった．

　政権獲得までのところ，2003年総選挙を前にしての「民由合併」が最後の大きな再編成である．当時の代表である菅と自由党を指導する小沢の主導により，民主党の人事や政策には変更が加えられない形で合併が実現し，現在の民主党に落ち着いた．このように，民主党の歴史とは選挙への対応を契機とする国会議員間の合従連衡の歴史である．その結果，院外組織の形成は立ち後れることになる．

　たとえば，2008年の集計結果によると，地方組織の中核となる地方議会議員については，都道府県議会議員が415人(全体の15.1％)，市区議会議員が958人(4.4％)，町村議会議員は77人(0.6％)に過ぎない．しかしながら，1996年の結党以来，その数を着実に増やしている．都道府県議会においては自民党に次ぐ勢力を築いており[17]，市区議会においては自民党の半分ほどの勢力に成長している．また，無所属が圧倒的多数を占める町村議会においても，民主党の支持者は増えているのかもしれない．今後の展開については留保が必要であるが，自民党と比較すると，主力となる地方議会議員が少なく，組織は弱体であるといえよう．

　地方組織の相対的な小ささは党員の規模にもあらわれている．2008年分の政治資金収支報告書によると，党費を払った党員の数は27万人弱である．自民党に比べると圧倒的に少ない．党所属議員の後援会による支持者の組織化が十分ではないのかもしれない．地方議会議員は自ら後援会を組織するだけでは

---

17)　しかし，辻(2008)によると，依然として残存する社民党会派を無視できないという．

なく,国会議員の後援会においても重要な役割を果たすことから,民主党を支持する地方議会議員の少なさは後援会を通じた支持者(ないし党員)の結集に困難を生じさせていると考えられる.

最後に,支持団体を見ておこう.民主党の主要な支持団体としては,労働組合のナショナルセンターである日本労働組合総連合会(連合)が知られている.再びケルナーによると,2001年参院選に組織内候補を立候補させた傘下の団体としては,電力総連(25万票),自動車総連(23万票),自治労(35万票),電機連合(20万票),全通(19万票),日教組(17万票)が挙げられている(Köllner, *op. cit.*;括弧内は得票数).こちらも自民党と比べると数が少なく,労組のみという点で多様性にも欠ける.

このように,民主党の組織は発展途上と評価すべきである.2大政党の一角を占める政党として,自民党に匹敵する組織を形成し得るのか,予断を許さない.先進産業民主主義国における政党脱編成やメディア選挙の進行による組織構築の困難は,カルテル政党や専門職的選挙政党をめぐる議論においてすでに指摘されており,民主党はいかなる政党組織のモデルを目指しているのか(あるいは目指すべきなのか),容易に結論づけることはできない.前述の類型論によると,政党は自らが置かれている状況にふさわしい組織を形成するとも考えられ,その点では自民党よりも民主党の方が時代の背景に対応できているようであるが,政党組織の衰退により両党間の違いは縮小していくと考えられる.

3. 垂直的な選挙制度不均一問題

前節では,政党の類型論を念頭に置きつつ,自民党と民主党の組織的な特徴を検討した.自民党は地方政治家や党員,後援会員,各種の支持団体から構成される公式,非公式の膨大な組織を院外に形成している.その一方,民主党の組織は比較的に未発達であることを指摘した.自民党においては,複数のレベルで活動する組織間の連携が存在するため,相互の調整,すなわち垂直的な統合が必要となるが,民主党においては,その必要性は大きくないことになる.

垂直的統合に際して問題が発生するのは,それぞれの組織が異なる利益にも

とづいて行動する場合である．この場合，異なる利害，異なる選好を仲裁し，党として意思の統一を図っていくのは容易ではない．複数のレベルで活動する組織間で利益が異なる理由の1つは選挙制度にある．複数のレベルで異なる選挙制度はそれぞれのアクターに異なる影響を及ぼすからである．

本書では，主に自民党を事例として，選挙制度不均一が垂直的統合にもたらす問題を2つ考察する．最も重要な国政の選挙制度である衆議院の小選挙区制と地方議会の大選挙区制とでは定数が違い，地域的に分割された国会の選挙区と総裁公選の党員投票で用いられる全国大の選挙区とでは地理的な範囲が違う．これら選挙制度の垂直的な不均一が国会議員と地方議会議員，総裁と国会議員，それぞれの選好を異なるものとし，党内の調整が課題となることを簡潔に示す（詳しくは，第1部，第2部の各章を参照されたい）．

3.1. 地方議会議員を選出する大選挙区制

自民党の国会議員と地方議会議員は系列関係によって結ばれていることをすでに述べた．地方議会議員は国会議員の選挙運動において重要な役割を果たしている．したがって，国会議員には地方議会議員の利益を無視することは難しい．一方，それぞれの選挙制度が示唆する合理的な組織戦略や政策位置は異なる．ここでは，衆議院の小選挙区制と地方議会の大選挙区制について簡潔に考察する[18]．

まず，組織面に与える影響の相違について単純化して議論しよう．地方議会の大選挙区制においては，候補者間の地域的な棲み分けが重要となる．なぜなら定数が極めて大きいので，政党を名乗るだけではお互いを差別化できず，地盤とする地域などの違いを強調するほかないからである．その結果，地方議会議員選挙の候補者にとって，政党を名乗る誘因が小さくなり，無所属議員も多くなる．

一方，衆議院の小選挙区制は定数が1であるので，各政党の候補者は1名となる．したがって，中選挙区制時代のような同士討ちは消滅する．また，公認

---

18) なお，前掲のLago and Montero(2009)は，選挙制度の定数が複数のレベルで異なるため，政党の選挙戦略が影響を受け，デュベルジェ均衡がもたらされないことをスペインの事例を用いて検証した．

権を握る政党執行部の力が強くなり，政党中心の選挙を推進する誘因が生じると理論的には予想できる．つまり，地方議会議員選挙と衆議院小選挙区の選挙とでは，それぞれの候補者が直面する組織戦略上の誘因が異なる．

　また，候補者の合理的な政策位置に関する理論的なインプリケーションも，小選挙区制と大選挙区制とでは異なる．いわゆる「デュベルジェの法則」によると，小選挙区制は2大政党制をもたらす．2大有力候補者以外には当選の可能性がなく（機械的効果），有権者も当選の可能性が低い候補者には投票を避けるため（心理的効果），小選挙区制では2大有力候補者間の競争が見られるはずである．

　この場合，「中位投票者定理」が示すように，政策次元の中位に位置する投票者と同じ立場を取ることが最も合理的となる．直感的に説明すると，一様に有権者が分布する政策空間上では，いずれの候補者も真中に位置すれば，そこから左右どちらかの端までの有権者の支持を独占することができる．その結果，候補者の政策位置は収斂すると考えられる．

　一方，大選挙区制は定数が大きいため，多数の候補者が参入できる．「デュベルジェの法則」を拡張した「M+1法則」によると，合理的な候補者数とは定数に1名を加えた数である．すなわち，定数1なら2名，定数2なら3名，定数3なら4名……というように，当選の可能性がある候補者の数が定まるからである．候補者数が3名以上の場合，「中位投票者定理」が当てはまらないため，各候補者の政策位置は収斂しなくなる．

　このように選挙制度が異なるため，衆議院小選挙区の候補者と地方議会議員選挙の候補者とでは，それぞれの組織や政策がこうむる影響も異なるものとなる．前者には政党を主体として求心的な政策競合を志向する誘因が生じるのに対して，後者に対する党派化の圧力は弱く，勢い政党の政策的な規律も及びにくくなる．選挙制度から演繹的に導き出される理想的な政策立地も前者とは異なる．しかしながら，自民党では両者が系列関係を通じて組織的に連携しているため，異なるレベルの間で調整が必要となる．これが選挙制度の垂直的な不均一によって引き起こされる問題の1つである．

3.2. 総裁を選出する全国大の党員投票

自民党の総裁公選は党内における私的な選挙であるが，そこでは党首選出過程の開放が進み，全国大の選挙区を単位とする党員投票の実施が通例化することになった．

総裁公選は自民党の派閥化を促進する要因の1つとの指摘をすでに紹介した（脚注12）．総裁選における派閥間の合従連衡はしばしば政策不在，金権政治の元凶として世間から厳しい指弾を受け，党は脱派閥を意味する「近代化」を課題として掲げざるを得なくなった．その解決策の1つとして構想されたのが，一般党員による予備選挙制度である．得票1位と2位の候補者が国会議員による本選挙に臨むという仕組みであり，初めて適用されたのは1978年の大平正芳の選出事例であった．さすがに全国に散在する党員までは派閥に系列化できないであろうという目論見であったが，反対に派閥を地方政治家や党員まで拡散させたことは皮肉であった．

その後，党員投票は形を変えて生き残る．総裁公選における得票として直接カウントされることもあれば，公式の制度上は必要なくても自主的な予備選挙が県連単位で実施されることもあったが，実施されないことの方が多かった．画期となったのは，2001年4月の小泉純一郎選出事例である．これ以降，自民党の総裁公選では一般の党員による審判を経ないということは考えられなくなった．その原因の検討は第2部に譲るが，党首選出過程の「民主化」が進んだといえる．

ここでの問題は，党員投票が自民党内に選挙制度の垂直的な不均一を新たにもたらしたことである．衆議院の小選挙区制と比較してみよう．党員投票の選挙制度は同じく定数1の小選挙区制であるが，有権者は全国に居住しており，地理的な制約がない．得票の集計単位は全国であったり，都道府県であったりと一定していないが，全国大の選挙で行われる[19]．したがって，これら公私の

---

19) 都道府県単位で集計される場合，総裁選における当該都道府県の持ち票の割り当てはおおむね党員の分布に沿ったものであるが，完全に党員人口の比率と等しいものではない（第4章3.1節）．したがって，特定の都道府県に居住する党員の過剰代表ないし過小代表が生じている可能性は否定できない．

選挙制度は定数において一致していても，地理的な範囲が全く異なるといえる．衆議院の小選挙区とは，全国を300に分割したものだからである．

その結果，総裁公選の党員投票における候補者と衆議院の各小選挙区における候補者の間では，代表する利益が一致しないことになる．前者が日本全体に拡散している党員の集合的な利益を代表することを目指すのに対して，後者は各選挙区の有権者という地理的に限定された個別的な利益を代表すれば足りる（前述のように，後者が地元の系列地方議員の意向から自由でないならば，その傾向は強まるであろう）．なぜなら，総裁に集合的な利益を代表させることにより，議員は地元利益の追求に専念することが可能になり，政策的な分業が発生するからである．

このような利益の不一致は党内におけるさまざまな局面で問題となり得る．とくに近年の選挙では，党首のリーダーシップと政党の政権公約であるマニフェストに対する評価が重要となってきており，党首のイメージや意向を打ち出したマニフェストが作られやすい．たとえば，初めて国政選挙にマニフェストが持ち込まれた2003年総選挙では，直前に実施された（党員投票を伴う）総裁公選にて小泉純一郎が掲げた政策がマニフェストにも反映されており，集合財の性格が強い政策に重きを置くマニフェストと，狭い範囲の有権者を対象として個別的な政策を重視する候補者の公約との「棲み分け」が見られた．

前小節における選挙制度不均一と垂直的統合の問題を併せて考えると，衆議院小選挙区の候補者は地方議会議員選挙の候補者と政策的な競合の方向が必ずしも一致しないばかりではなく，総裁公選の候補者とも代表する利益の性格が異なるといえる．このようなことが起こる主要な原因は，自民党は国会議員だけではなく，（党の政策規律が及ばないことも多い）地方議会議員や全国に分布する巨大な規模の党員を抱えており，彼らの意向を無視できないからである．したがって，自民党に匹敵する組織を形成し得ていない民主党にとって，このような問題の影響は比較的に軽微であると考えられる．

本書の構成

ここでの選挙制度不均一問題の本質は，複数のレベルで活動するアクターが

相互に依存し合う一方，選挙制度の相違に起因する多様な選好を持っているため，党内における垂直的な統合が予定調和的に実現されないという点にある．

政党指導部が地方組織に対して支配的な立場にあるモデルにおいては，「寡頭制の鉄則」によって垂直的統合の問題が解決されよう．あるいは，よく整備された地方組織を欠く，院内政党中心のモデルにおいては，このような問題自体が存在しないであろう．階層支配モデルのように，複数のレベルの組織が相互に干渉せず，自律的に活動する場合も同様である．選挙制度不均一問題が発生するのは特定のタイプの政党組織においてであり，日本の場合，自民党には当てはまるが，民主党にはうまく当てはまらないことをすでに指摘した．本章以降の各章では，自民党を主要な対象として，党内における意思の集約を難しくするメカニズムを詳しく見ていく．

以下，2つの部に分けて，選挙制度の垂直的な不均一問題をそれぞれ検証する．第1部では，国政と地方政治における不均一な選挙区定数の組織的，政策的な帰結を扱う．まず，第1章では，衆議院と地方議会の選挙制度と両者を結ぶ組織的な紐帯，地方政治の特徴について，先行研究を交えて検討する．続く第2章では，岩手県釜石市議会を事例として，インフォーマルな系列関係が中心となること，地方議会の大選挙区制が政党組織の発達を抑制してきたことを明らかにする．第3章では，選挙制度不均一をフォーマル・モデルとして一般化し，衆議院小選挙区における候補者の政策位置が系列関係の影響により収斂しない場合があることを数理的に証明する．さらに，総選挙の公約データを用いて実証的に検証する．

第2部では，国政選挙と党首選挙の不均一な選挙区の範囲について，その原因と影響を扱う．まず，第4章では，党首選出過程における党員投票の定着とその意味について，各国の事例を参照しつつ検討する．それを踏まえて自民党と民主党の党首選出過程を比較し，前者において党員投票が不可欠となった結果，選挙制度不均一の素地が生じたことを示す．第5章では，両党の組織の変容を計量的に検証し，選挙制度改革の影響を示唆する．第6章では，選挙制度不均一の政策的帰結を検討する．党首の影響力が及びやすいマニフェストは集合的な利益を重視し，個々の議員の選挙公約は個別的な利害を重視するという政策的な分業関係が自民党にはあらわれていることを示す．

終章では，選挙制度改革が上記の不均一問題という予想されざる帰結をもたらしたことを踏まえ，現代日本政治を理解する上での意義，制度工学的なアプローチの理論的な可能性と限界，改革の方向性について主に議論する．

第1部　選挙区定数の不均一性
——国政選挙と地方議会選挙

　　アメリカでは，大統領・副大統領，州知事，連邦上下両院議員，そして（大半の）州議会議員が，すべて小選挙区制によって選ばれる．一方，日本の地方議会議員選挙では，複数定員選挙区制を採用している自治体がすくなくない．静岡市のケースでは，県議会選挙（静岡市区）は定数10，市議会選挙に至っては定数48の大選挙区制である．これでは中選挙区制下の衆議院総選挙と同じで，（厳密な票割りができる公明党や共産党のように，よほど強固な組織がもとから存在しない限り）各党静岡市支部にとって選挙活動のための諸リソースを蓄積するインセンティブは発生しない．……小選挙区制なり比例代表制なり，地方議会においても政党本位の選挙を徹底できることが考慮されるべきである．

谷口（2004, 97）

　選挙制度の影響は，政党システムや政党組織に留まらず，政策空間における候補者間競争のあり方にまで及ぶ．選挙制度の相違，とくに選挙区定数の違いは政党の組織や政策に相反する効果を与える可能性がある．しかしながら，一国内の各級選挙で用いられる制度が整合的に設計されているとは限らない．谷口が指摘するように，日本の衆議院と地方議会では異なる選挙制度が用いられている．したがって，それぞれに候補者を立てる政党は，不均一な選挙制度からの影響を党内で仲裁しなくてはならない．第1章から第3章においては，その帰結について検討する．

第1章　小選挙区制と大選挙区制の相違

はじめに

　日本においては，1994年，衆議院議員の選挙に小選挙区比例代表並立制が導入されたが，都道府県議会議員や市区町村議会議員の選挙では定数が複数である単記非移譲式投票制（大選挙区制や中選挙区制と呼ばれるもの）が用いられており，国と地方の議会の選挙で用いられている選挙区の定数は異なる．国政と地方政治が全く切り離されたものではなく，両者が連動するものであり，それぞれにおいて活動する政党が単一の主体である以上，国政について考察する際には，地方の選挙制度のことを，地方政治について考察する際には，国政選挙の制度のことを考慮に入れる必要があろう．そこで，第1部では上記を選挙制度不均一問題として定式化し，検証する．
　まず本章では，衆議院と地方議会の選挙区定数には違いがあり，国政と地方政治の双方における政治家が政党所属ないし系列関係によって結びついていることを改めて示す．そして，地方の選挙制度が国政レベルに影響を及ぼすことに注目した先行研究の成果を検討する（第1節）．次に，地方政治の固有性について述べる．国政と地方政治の違いは選挙制度に留まるものではない．両者が政治家間の関係を通じて連結し，お互いに影響を及ぼし合うのであれば，国政と地方政治の異同について事前に把握しておく必要があろう．そこで，地方議会における党派化の推移を検証し，異なるレベルにおける有権者の投票行動について分析する（第2節）．
　次章では，国政レベルにおける政党再編成が地方政治にまで波及していかない理由として，不均一な選挙制度の存在と，国政と地方政治のリンケージのあ

り方を指摘する．大選挙区制における候補者間の棲み分け問題や既存の(インフォーマルな)系列関係が存在するために，地方政治家は無所属を選ぶと考えられる．続く第3章では，不均一な選挙制度における空間競争モデルを提示し，実証的に検証する．衆院選の候補者が系列関係にある地方議会選挙の候補者に集票を依存している場合，その政策位置は中位投票者のそれに必ずしも収斂しないことを示す．

　選挙制度不均一問題は，政党の組織と政策を考える上で，重要な洞察を与えてくれる．第1部では，国政にのみ依拠し，地方政治の存在を考慮に入れない政党論には限界があると議論する．

1. 不均一な選挙区定数

　一国内で用いられている選挙制度は常に同一のものとは限らない．西川(2007)によると，国レベルでは小選挙区制を用いているが，地方レベルでは比例制を用いている例として，フランスがある．逆に，国レベルでは比例制を用いているが，地方レベルでは小選挙区制を用いている例として，スイスとルクセンブルクがある．一方，アメリカ，カナダ，インドなどは国と地方の双方において小選挙区制を用いており，オランダ，デンマーク，ノルウェーなどは双方で比例制を用いている．

　周知のとおり，日本の国政レベルにおいては，小選挙区比例代表並立制(衆議院)，多様な定数の地方区と非拘束名簿方式の比例制(参議院)が採用されている．地方レベルでも，小選挙区制(首長，都道府県議会の一部)，いわゆる中選挙区制(都道府県議会の一部，政令指定都市の議会)，いわゆる大選挙区制(そのほかの議会)のように多彩なバリエーションがある．

　このように国と地方の選挙制度の組み合わせは多様であり，不均一である場合が存在する．前章で述べたように，選挙制度には政党ないし候補者の行動を左右する力があり，国政と地方政治がお互いに影響を及ぼし合っている場合，選挙制度の効果がお互いに干渉することが考えられる．

　たとえば，小選挙区制は上位2候補者に得票を集中させるが，比例代表制や定数が大きい選挙区制は得票の分散を招く．小選挙区制における候補者間の競

合は求心的となるが，定数が大きくなると，反対に遠心的な競合が発生する．比例代表制は政党中心の投票を促すが，小選挙区制や中選挙区制は候補者中心の投票を促す場合がある．国政レベルの政治家と地方レベルの政治家が組織的に連携している場合，異なる選挙制度の効果が波及することによって，制度設計の際の目論見が外れることが考えられる．

1.1. 衆議院と地方議会の選挙制度

かつて衆議院で用いられていた選挙制度は，定数がおおむね 3 から 5 の中選挙区制であった．しかし，1994 年の選挙制度改革によって新たに導入された小選挙区比例代表並立制は，読んで字の如く，小選挙区制と比例代表制を組み合わせたものである．定数 1 の小選挙区が 300，定数 180 の比例区を構成するブロックが 11 あり，小選挙区は候補者に，比例区は政党に，有権者はそれぞれ 1 票を投じる[1]．小選挙区では最多得票の候補者を当選者とし，比例ブロックではドント式によって各党に票を割り振った後，名簿の搭載順位にしたがって当選者を決定する．候補者は小選挙区と比例区に重複立候補できるが，小選挙区の当選者は名簿から除外され，落選者は名簿順位にしたがう．比例区における重複立候補者の順位を同一にする場合，小選挙区の落選者の順位は当該小選挙区の当選者に対する得票割合（惜敗率）にしたがう．つまり，重複立候補した小選挙区候補者は得票最大化によって惜敗率を高め，当選可能性も最大化できる．この点は第 3 章で再び述べる．

一方，地方議会の単記非移譲式投票制についてはさまざまである．改正前の地方自治法によると，都道府県議会議員の定数は 40 人から 130 人までの間とされていた（90 条）．公職選挙法によると，都道府県議会の選挙区は郡市の区域となる（15 条 1 項）．2003 年の時点では，定数 1 から 18 まで 1,252 あるが，定数 1 の小選挙区が 44％ と最も多く，2 人区は 28.6％，3 人区は 14％，4 人区は 5.3％，5 人区は 2.6％，6 人区は 1.1％，7 人区から 18 人区は 1％ 以下の割合で合計すると 4.5％ となる（表 1-1）．

また，同じく改正前の地方自治法によると，市町村議会の議員の定数は 12

---

[1] 制度導入時の比例定数は 200 であったが，2000 年の改正により，180 へと削減された．

表1-1 定数別の都道府県議会選挙区の数

定数	選挙区数	構成割合
1	551	44.0%
2	358	28.6%
3	175	14.0%
4	66	5.3%
5	32	2.6%
6	14	1.1%
7	9	0.7%
8	12	1.0%
9	9	0.7%
10	7	0.6%
11	5	0.4%
12	3	0.2%
13	3	0.2%
14	3	0.2%
15	1	0.1%
16	1	0.1%
17	2	0.2%
18	1	0.1%
合計	1,252	100%

出所：堀内勇作氏提供のデータ

人から96人までの間とされていた(91条)．市町村は条例で選挙区を設けることができるが，政令指定都市は区の区域を選挙区としなければならない(公職選挙法15条6項)．仮に政令指定都市を90万人以上の都市とすると，それ以外の都市の選挙区定数は12から56となる．また，市の規定は特別区にも適用される(同266条1項)．政令指定都市で最大の大阪市議会の場合，2人区5つ，3人区8つ，4人区3つ，5人区5つ，6人区3つとなっている(2006年現在，以下同)．一方，神奈川県下で最も大きな町議会である寒川町議会は，定数21である．特別区(東京23区)の区議会は大選挙区制を採用しており，最大の世田谷区議会は定数52の選挙区から選出される．つまり，地方議会の選挙区と衆議院の小選挙区では定数が一致しない事例は多々ある．

　上記のほかにも，参議院は定数が2から10であり，都道府県単位の選挙区から146名，非拘束名簿式比例代表制から96名を半数改選によって選出し，知事や市町村長は小選挙区制によって選ばれるなど，日本の選挙制度は多様である．次章と第3章では衆議院の小選挙区と地方議会の選挙区における選挙競

争をそれぞれ念頭に置いているが，拡張も可能である．

1.2. 国政と地方政治の関連性

一般的に，国政と地方政治は行財政を中心とする中央と地方の政府間関係，フォーマルないしインフォーマルな政治家間の関係，中央と地方の両政府で活動するさまざまな利益集団，これらによって結びついていると考えられる．国政と地方政治の関係を説明するモデルとして「垂直的行政統制」と「水平的政治競争」のいずれが適切なのか（村松 1988），興味深い論点であるが，本小節では政治家間の関係について先行研究を検討するに留める．この場合，国政レベルと地方レベル，双方の政治家は主に 2 種類の経路を通じて関わり合っている．双方がいわゆる「系列関係」にあるか，地方政治家が国政レベルの政党に所属するか，いずれかによって両者は互いに影響を及ぼし合うと考えられる．本小節では，国政の勢力と比べて，地方政界における党の公式な組織化が進んでいない自民党と民主党を考察の対象とする．

国政選挙の候補者は系列の地方議員や地方首長を核の 1 つとして集票組織を構成し，選挙においては有権者を動員すると考えられている．国政選挙と地方議会選挙における候補者間の選挙協力について先行研究を大別すると，主に保守系政治家間の系列関係を対象とするフィールド調査や選挙結果の集計データを分析するもの，各党の地方政治家に対する質問調査によるものがある[2]．

異なるレベルの選挙における候補者間の非公式の相互協力関係を「系列関係」とすると，まずは後援会と系列の関係について整理する必要がある．そもそも後援会とは名望家秩序の崩壊に直面した保守系政治家が有権者の直接把握を目指す組織であり（Curtis 1971；邦訳，第 5 章），代議士後援会において地方政治家は中心的な役割を果たすとされる（若田 1982，第 10 章；井上 1992；朴 2000，第 4 章）．宮城県における自民党代議士の系列を事例とする研究によると，地方議員が代議士のために行う具体的な活動としては，「選挙運動の下請け，応援弁士，個人演説会設営，自分の後援会の票の『とりまとめ』，選挙対策本部役員［への就任──筆者注］」などである（井上 1992，142）[3]．代議士側からの見返

---

2) 都道府県議会の会派構成から政界再編の影響を分析した近年の研究としては，辻（2008）がある．
3) 系列における市町村長の役割については，「選挙ではあらゆる陣営からの支援（少なくとも敵対

りとしては「国政へのパイプ」が重要であるが，ほかにも「代議士の系列団体の割当，代議士後援会幹部の選挙対策本部役員(事務長，総括責任者など)就任，代議士事務所からの人手の派遣」「代議士後援会の支援，応援弁士」などが挙げられる(同論文, 144-145). また，このようなアメだけでなく，非協力的な地方議員には落選させると圧力を掛けるなど，ムチも利用されるという(朴 2000, 第 5 章).

中選挙区制の下では選挙区レベルの政党組織が発達せず(Foster 1982), その役割を代替したのは後援会であったが，そこでの系列関係は定型的，固定的なものではなかった．代議士，都道府県議，市町村議の順に形成される階層的な関係ではなく，代議士と都道府県議，代議士と市町村議のように，並列的な関係の場合もあった(若田 1981, 第 10 章). 代議士間の競争によって系列の地方政治家が切り崩されたりと，必ずしも永続的な関係でもなかった(井上 1992).

一方，系列関係に及ぼす衆院小選挙区の影響については，1996 年総選挙以降の研究がいくつか存在する．たとえば，総選挙の自党候補者は 1 名のみとなるので，地方議員が国政とのパイプ役を当該候補者に期待する場合，支持姿勢を明確にする必要に迫られる．茨城 2 区における県議らの活動は足並みの揃ったものであったという(山田 1997). 東京 17 区の場合も同様，地元区議らが「落下傘候補」に協力した理由としては，党の公認候補を支援しないことは政治生命を脅かす事態を招きかねず，国政とのパイプとしても重要との認識があったという(朴 2000, 第 5 章). また，大阪府における 1960 年 12 月から 2003 年 11 月までの総選挙と，1958 年 4 月から 2003 年 4 月までの府議選について集計データを分析した研究によると，自民党の総選挙候補者を頂点とする系列組織は，公明党や共産党には及ばないが，社会党や民社党よりも効率的に集票を行っていたという(名取 2006). また，中選挙区制におけるそれと比較すると，小選挙区制における自民党組織の効率性は高かった(組織のコントロールが強化されたのか，衆院選における自民党と公明党の選挙協力が分析結果にあらわれただけなのか，原因は不明である). しかし，静岡 1 区の実証分析によると，自民党系候補者が複数出馬し，混戦となったため，バンドワゴン効果が働かず，

行為の抑制)を必要とし，支持する代議士を公然と明らかにはしない首長が多くなっている」と，留保する見方もある(井上 1992, 154).

市議による動員は進まなかったという(谷口 2004, 第7章). そのほかにも, 小選挙区制が地方議員との系列関係を強化するとは必ずしも解釈できない研究結果も出てきている(山田 2007). この点については, 第4章 2.1 節で再び検討する.

　以上は保守系政治家に対するフィールド調査と得票データの分析の成果であるが, 各党の議員本人に対する面接ないし郵送による調査でも, 国政レベルの政治家との関係は確認されている[4]. 1974年の京都市議会議員面接調査によると, 国会議員の後援会への加入率は 50% を超える. 党派別に見ると, 自民党と共産党が 52%, 民社党 38%, 社会党 36%, 公明党 22% となっている. 府議会議員の後援会への加入率は 19.4% と, かなり落ちる(山川・藤山 1977, 222-223).

　1980年の全国自治体議員アンケート調査によると, 市区町議会議員が衆議院議員の選挙に協力した割合は 94.2% と最も高く, 参議院議員(89.5%), 都府県議会議員(66.6%), 市区町長(65.2%)の順に低くなっている. 国会議員ないし県議に対する協力については, 京都の調査結果と矛盾しない. その理由として, 県議と市議の潜在的なライバル関係が指摘されている. また, 政党別に見ると, 社会党と民社党は協力者の割合, 選対役員となっている割合が共に高い. 公明党と共産党は選対役員になっている割合が低く, 保守系無所属議員は協力者と選対役員, 共に割合は低いという. ほかの政治家からの選挙支援については, 衆院議員と回答した者の割合が 61%, 参院議員 39.5%, 道府県議 51.8%, 市区町長 22.4% となっており, とくに衆院議員との関係の深さを物語る(森脇 1984, 85-92).

　1980年から 1981年にかけては, 大阪府下 13 市の議会議員を対象とする調査が行われた. 他レベルの政治家に対する選挙協力の割合であるが, 衆院議員 93%, 参院議員 88%, 知事 65%, 府議 65%, 市町村長 55%, 市町村議 30% となる. 他レベル政治家から受けた選挙協力の割合については, 衆院議員 68%, 参院議員 53%, 知事 9%, 府議 49%, 市町村長 21%, 市町村議 22% であり, 全国自治体アンケート調査(1980年)と同様の傾向を示している(若田 1982,

---

[4] 岡山大学地方自治研究会編(1985, 38)に, これまでに実施された調査の一覧が掲載されている.

表6・2・3,6・2・5).続いて1983年には,大阪府下全町村の議会議員を対象とする調査が実施された.73.6％が衆院議員の選挙に協力と答え,参院議員に対しては64.3％,府議81.4％,知事65.9％,市町村議31.8％,市町村長56.6％との結果であり,府議との関係が目を引く.一方,衆院議員から選挙協力を受けたとの回答割合は45％,参院議員27.1％,府議42.6％,知事5.4％,市町村議21.7％,市町村長14％である(間1984,表5・3・1,5・4・1-1).この調査の回答者は府議との関係が深いようである.

1984年には,岡山大学地方自治研究会が岡山と神奈川両県の全市町村議会議員を対象として調査を実施している.国会議員後援会に加入している保守系議員は岡山が86.2％,神奈川が77.6％であり,非保守系議員の加入割合(岡山65.4％,神奈川65.4％)より高い.また,国会議員―県会議員―市町村会議員と連なる「ボス・チェーン・システム」については,国会議員と県会議員双方の後援会に加入している保守系市町村議の割合は岡山64.2％,神奈川55.7％に留まる.県議の後援会にのみ加入と答えた者の割合は岡山19％,神奈川14.8％であり,系列関係の多様性を示唆する.また,衆院議員に対して選挙協力したと回答した者の割合は93％に上り,参院議員88％,知事65％,府議65％,市町村長55％,市町村議30％よりも顕著に高く,以前の調査と同様の傾向を示している.国会議員の選挙における「票のとりまとめ」について,市町村議の影響力を否定する意見の割合は保守系の場合,岡山16.6％,神奈川12.8％,非保守系では岡山15％,神奈川5.6％に過ぎない(谷1987).

政界再編の只中である1995年に東京市政調査会が実施した全国市・区議会議員アンケート調査によると,参院候補に協力したと回答した者の割合が91.1％と最も高く,次いで県議候補89.3％,衆院候補88.3％となっている(東京市政調査会研究部1996,36).協力した候補者の所属政党が興味深い.1993年総選挙の場合,自民党議員の86.3％が自民党の候補者,12.6％が(現在は)新進党の候補者と回答したが,この調査の直前に行われた参院選では,96.7％が自民,わずか2.5％が新進と答えたに過ぎない(同書,表10).一方,保守系無所属の場合,衆院選では自民61.5％,新進28.8％,参院選では自民70.9％,新進27.3％とほとんど違いはない.衆院候補に対する協力は旧中選挙区制時代のものであるから,政界再編の影響が政党の規律を通じて地方政治に波及したとも

受け取れる．なお，衆院議員候補(ないし県議候補)から協力や支援を受けなかった者の割合は無所属議員の65%(65%)，保守系無所属では52.2%(46.3%)，民社40%(50%)，共産35.7%(8.6%)，自民30.5%(19%)，社会27%(21.6%)，新進26.7%(57.1%)，公明13.2%(8.5%)である(同書，表11)．民社と新進を除いて，衆院候補よりも県議候補から多くの支援を得ている．また，協力の相互性に着目すると，市区議らは協力するが，必ずしも支援を受けられないといえよう．

さらに，地方議員による動員効果について「亥年現象」が知られている．4年ごとの統一地方選挙と3年ごとの参議院選挙は亥年に重なる．4月に自らの選挙を終えたばかりの地方議員は，約2ヵ月後の参議院選挙において候補者のために集票活動を行っても，3年10ヵ月先に行われる自らの選挙にはメリットがないため，動員努力が鈍り，棄権率が12年周期で上昇するという(石川1995，補論)．この仮説が正しいならば，投票率の変化には地方議員による動員の効果があらわれると考えられる．集計データの分析結果によると，一定の効果を認めるもの(三宅1992，182；浅野1998)，懐疑的なもの(荒木1994，18-24)，効果の微小さを強調するものがあり(谷口2004，125-127)，賛否両論である．

1.3. 選挙制度不均一問題の諸相

本小節では，選挙区定数の不均一に起因する諸問題に取り組んだ研究について検討する．この問題自体，東京大学社会科学研究所を中心とする研究グループによって光が当てられた側面があるので，同グループによる研究を紹介する．なお，第3章の分析も，この共同研究の成果である[5]．

まず，堀内・名取(2007)は，衆議院小選挙区の有効候補者数が2へと収斂していないことに注目する．その理由として，衆議院議員と都道府県議との戦略的な相互関係を想定する．中選挙区制において競争する都道府県議は遠心的な政策位置を取ることが合理的であるため，衆院選では，小選挙区の中位投票者の政策位置から離れた第3の候補者を支援する誘因がある．実証分析の結果によると，県議選の有効候補者数が多いほど，衆院選の有効候補者数も多くな

---

5) 上神・清水(2007)，堤・上神(2007)を参照．

という関係が確認された．

　山田(2007)は，茨城県鹿島郡鉾田町を事例として，県議会議員の対立関係が衆議院議員の選挙戦略に影響を及ぼしていることを指摘する．県議会の中選挙区においては，2名の保守系議員をそれぞれ戴く政治勢力が対立しており，系列関係を通じて衆議院の中選挙区における代議士間の対立と連動してきた．しかし，衆議院における小選挙区制の導入によって，当該地域の選挙区の代議士は中選挙区時代に疎遠であった県議とも関係作りに乗り出す一方，直接に有権者を動員する試みも始めたという．つまり，従来の系列関係が相対化されたとも考えられる．

　前田(2007)は，有権者調査を利用して選挙制度不均一の影響を分析する．集計データの分析結果から，定数が大きくなればなるほど，投票の判断基準における有権者の政党志向が減少し，候補者志向が増加すると指摘する．そして，マイクロ・データの分析によっても，都道府県議会議員の選挙区の定数が大きくなるほど，総選挙において有権者は政党志向の判断基準にしたがわないことが確認できる．後者の理由について，前田は明言を避けているが，このような関係が統計的に確認されたのは興味深い．

　一方，西川(2007)は，国際比較を通じて選挙制度不均一にアプローチする．国政と地方の選挙制度が一致していないと，地方選挙の影響を受けて，国レベルのインセンティブが変わるという．なぜなら，選挙制度が候補者中心の投票を促進する程度は異なるため，不均一な組み合わせの場合，政党型のインセンティブが候補者型のそれによって影響を受け，得票のばらつきが出ると考えられる．そこで，15ヵ国を対象として政党の得票を選挙区単位で集計し，その標準偏差を国レベルで算出したものを従属変数とし，選挙制度の不一致などを独立変数とする多変量解析を行った．その結果，選挙制度が一致していない場合，政党の得票のばらつきが大きくなることが分かった．

　以上，選挙制度不均一問題について紹介した．国政と地方政治の選挙制度が異なる場合，政治家間のリンケージを通じて，お互いに影響を及ぼし合うことを実証的な観点からも認めることができる．

2. 地方政治の固有性

　国政と地方政治が異なる制度の下で作動しており，両者が連携していることを見てきた．本節では，地方議会における党派構成と地方選挙における有権者の投票行動について検証し，選挙制度に留まらない国政と地方政治の異同の一端を明らかにする．

　結論から述べると，都道府県，市区，町村と自治体の規模が小さくなるほど，無所属議員の割合が高くなり，国政レベルの政党配置とは異なっていく．また，国政選挙，道府県議会選挙，市区町村議会選挙の順に，有権者の投票行動における政党志向が弱くなる．しかし，地方議会選挙における政策投票の割合は決して小さくはない．本節の分析は，続く各章における議論の前提を検証するものである．

2.1. 地方議会における政党勢力の消長

　周知のとおり，地方議会における政党勢力の配置は国政のそれとは異なる．その最も顕著な特徴は無所属議員の多さである．ただし，無所属議員が占める割合は，都道府県議会と市区町村議会では異なる．また，その割合は，政令指定都市の議会や区議会とそのほかの市町村議会においても異なる[6]．さらに，時系列的にも変化している．まず，図 1-1a は都道府県議会における各党の地方議員数の推移を示したものである．データは総務省の『地方公共団体の議会の議員及び長の所属党派別人員調等』を参照した（以下，同様）．このデータは，選挙の際の候補者による党派の届けに依拠しており，無所属であっても党籍を持っている場合があることに注意されたい．

　都道府県議会においては，自民党が支配的な勢力であることが分かる．その占める割合はおおむね50％前後であるが，時系列的に見ると，減少傾向にある．このデータの期間においては，最高が60.4％（1980年），最低が47.2％（2002年）である．2005年において，民主党は第2党であるが，自民党との議員数の

---

6) 政令指定都市の市長選挙及び市議会議員選挙については，前田(2006，とくに260-275)．

図 1-1a　各党の地方議員数の推移：都道府県

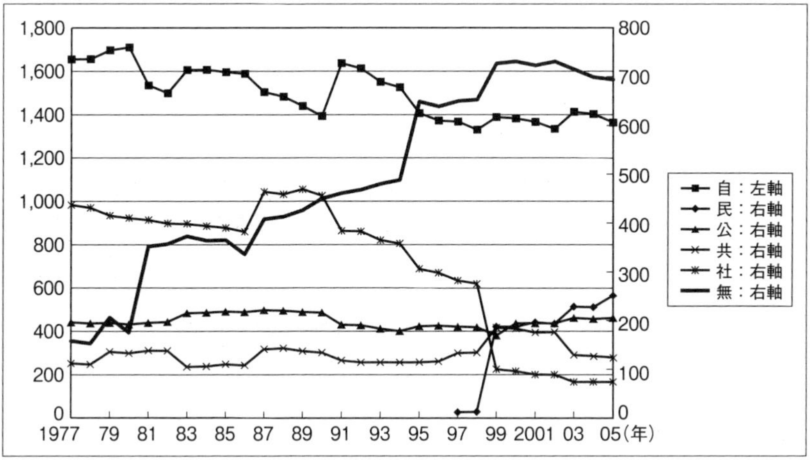

単位：人．出所：総務省

差は大きい．新進党解党後の諸勢力が合流した「新民主党」の成立後（1999年），急速に議員数を増やしたが，その後は伸び悩んでいる．社民党は政界再編期まで 15％程度のシェアであったが，その後は 3％未満にまで急速に衰退している．公明党と共産党はそれぞれ 7％と 4％程度の割合であり，変動は少ない．市区町村議会と比較すると，無所属議員が少ないことが特徴であるが，その割合は趨勢的に上昇している．1977 年に 5.7％であったものが，2005 年には 24.9％と 4 倍以上の増加を見せている．

次いで，市区レベルの議会について見ると，無所属議員が最も多いことが分かる（図 1-1b）．絶対数で見ると，2003 年までは 11,000 人から 12,000 人程度で変動していたものが，2004 年，2005 年と急増しているのは市町村合併の影響である．元々，無所属議員の多かった町村議会が合併により市議会となり，市区の議会として見ると，急速な増加をもたらしたと考えられる．それを反映して，無所属議員の占める割合は 1977 年に 53.1％であったが，2005 年には 68.3％まで増加している．

1977 年以降，自民党は最大の党派であり続けたが，その数は減少傾向にあり，1999 年には 2,000 人を割り込み，割合も 10％以下となった．同年，公明党と共産党に逆転を許している．社民党は都道府県議会と同様，政界再編期に

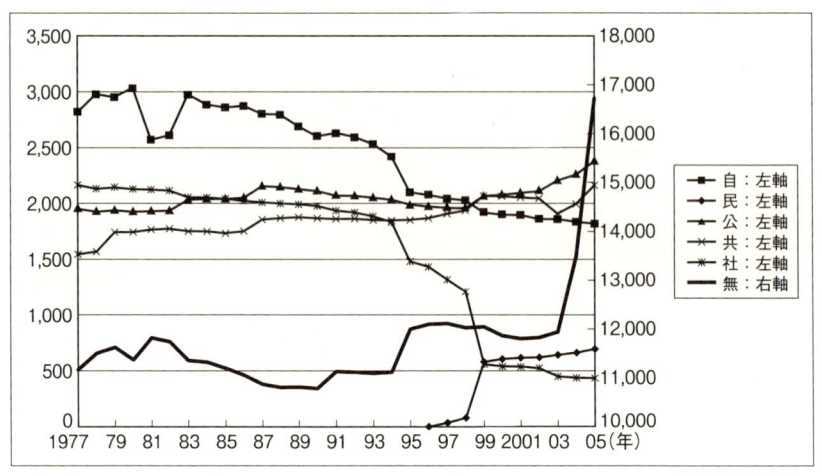

図 1-1b　各党の地方議員数の推移：市区

単位：人．出所：総務省

議員数を減じている．1988 年に 2,000 人を割り込んだ後，1999 年には 558 人と前年より半減し，割合も 3%以下となった．なお，民主党も都道府県議会と同様の推移をたどっているが，第 2 党には程遠い現状である．1999 年に増えた後は停滞している．

最後に，町村議会の党派構成について見よう(図 1-1c)．無所属議員の多さが市区議会よりも一層鮮明となっている．しかし，2004 年以降，その数は急速に減少し，2005 年には 20,000 人を切っている．1977 年以降の長期的な減少傾向は定数自体の削減と軌を一にしているが，2004 年以降の減少は市町村合併の影響と考えられる．しかし，その占める割合を見ると，90%前後で変動は少ない．

党派のなかで最も多いのは共産党である．2000 年に 2,188 人に達した後，直近の 2005 年には 1,307 人にまで減少している．しかし，割合で見ると，1977 年の 3.3%から 2005 年には 6.1%と一貫して上昇傾向にある．次いで，多い順に公明党，社民党，自民党と国政レベルとは異なっている点が興味深い．1977 年から 2005 年の間，公明党議員が占める割合は 2%から 3%でほとんど変動していないが，社民党は 2.6%(1,223 人)から 0.4%(83 人)へ，自民党も 1.9%(901 人)から 0.6%(133 人)へと趨勢的に激減している．民主党の議員数は 2 桁台で

図 1-1c　各党の地方議員数の推移：町村

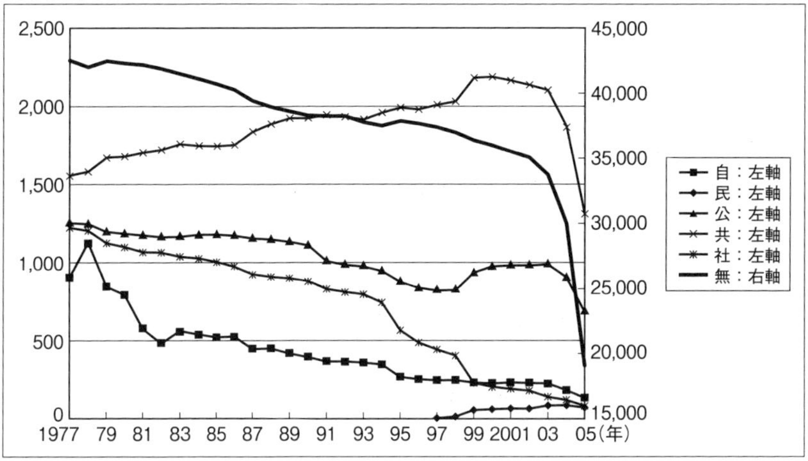

単位：人．出所：総務省

あり，全体からすると，無視できる人数である．

以上，地方議会における党派構成の推移を見てきた．都道府県，市区，町村と規模が小さくなるにしたがって，無所属議員の割合が増え，党派の勢力も国政レベルとは異なっていくことが分かる．Scheiner(2006)が指摘するように，都道府県議会においては，自民党の勢力が強い．しかし，市区町村の議会においては，自民党に所属する議員はむしろ少数派であり，公明党や共産党に所属する議員の方が多くなる[7]．町村議会における民主党の勢力は見る影もない．政界再編の影響がはっきりとあらわれているのは，社民党である．

2.2. 地方議会議員選挙における投票行動

では，地方議会議員選挙において有権者はどのような要因に依拠して投票するのであろうか[8]．国政レベルにおける政党再編の影響は及んでいるのであろうか．国政選挙と比較すると，無所属議員が多く，選挙区定数も大きいこと

---

[7] ただし，このデータでは捉え切れない自民党系の勢力を過小評価するべきではない(序章 2.2 節参照)．

[8] 1990 年代における有権者の投票行動については，JES II 調査を分析した『変動する日本人の投票行動』(全 6 巻，木鐸社)を参照．争点投票についての包括的なレビューと国政選挙を対象とした実証研究としては，谷口(2005)がある．

から，政党支持よりも候補者評価にもとづく投票選択の傾向を予想できる．また，第3章で検討する選挙制度不均一モデルにおいては，都道府県議会議員選挙における政策投票を前提としている．そこで，本小節は有権者の投票行動における「政党」「候補者」「政策」の各要因に注目して，それぞれの比重について検証する．直感的には政策投票の少なさが予想されるが，事実としては必ずしもそうではない．データは主に明るい選挙推進協会(明推協)による統一地方選挙の有権者調査を用いる[9]．注目する質問文は以下の3つである．

- 政党を重くみて投票したか，候補者個人を重くみて投票したか
- 投票した理由ないし重視した点
- 選挙で，どのような問題を考慮したか

1971年以降，統一地方選挙調査の地方議会に関する部分では，ほぼ例外なく「政党か候補者か」についての質問がある(1991年の市区町村議会議員選挙を除く)．1973年から実施されている明推協の総選挙調査にも同じ質問があるので，衆議院と地方議会の投票基準を比較できる．1995年以降の道府県議会議員選挙の調査は「投票理由」を同じ質問形式で尋ねている．1971年から1991年までの市区町村議会議員選挙の調査も「重点」を同じ質問形式で尋ねており，それぞれ回答の推移を見ることができる．2003年統一地方選挙調査については，道府県と市区町村，各レベルの議会議員選挙において「考慮した問題」を検討する．

総選挙と地方議会選挙における「政党か候補者か」質問の結果を時系列的に示したものが次の図1-2である．まず，「政党重視」から見る(図1-2a)．

一見して分かることは，衆議院，道府県議会，市区町村議会の順に「政党を重くみて投票した」と回答する者の割合が減っていくことである．時系列的に見ると，衆議院議員総選挙では40％から50％の範囲で推移している．最低となる40.6％を記録した1993年以降，緩やかに上昇を続け，2003年には47％まで回復している．道府県議会議員選挙では，おおむね20％台にあるが，1983

---

[9] 明推協データの利用については，蒲島郁夫先生に便宜を図っていただいた．記して，謝意を表する．

図 1-2a　異なるレベルの選挙における投票基準：政党

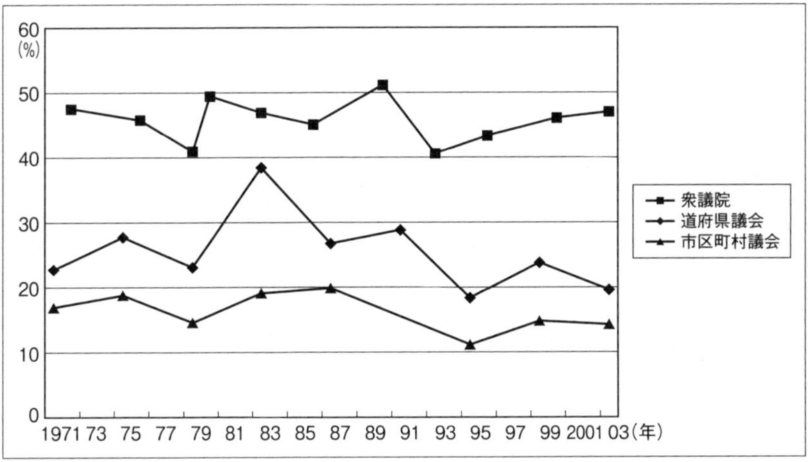

出所：前田(2007)

年には 38.4％へと突出した後に一転，1995 年には 18.3％まで低下，その後は 20％を挟む動きとなっている．一方，市区町村議会議員選挙でも 10％から 20％の範囲内で振幅を見せ，1995 年の 11.2％を底として 1999 年と 2003 年には 14％台を維持している．

では，「候補者重視」と回答した者についてはどうであろうか．以下，異なるレベル別に時系列で示した(図 1-2b)．

当然であるが，(「一概にいえない」「わからない」を除くと)「政党重視」の裏返しとなり，市区町村議会，道府県議会，衆議院の順で「候補者重視」の回答は減る．時系列で見ると，1993 年に衆議院(49.1％)，1995 年に道府県議会(70.7％)と市区町村議会(79.6％)が，それぞれ最高の割合を記録しており，「政党重視」と正反対である．また，衆議院の場合，1993 年のピークから，2003 年には最低の 36.5％まで減少している．地方議会の場合，振幅を伴いつつ緩やかに増加しているように見える．

地方議会には無所属議員が多く，選挙区定数も大きいことを考えると，衆議院との違いは首肯できる．たとえば，道府県議会議員選挙において無所属候補に投票した者のうち，「候補者重視」と回答した者は最高で 86.7％(1995 年)，最低でも 65.5％(1975 年)を占めている．一方，市区町村議会議員選挙におい

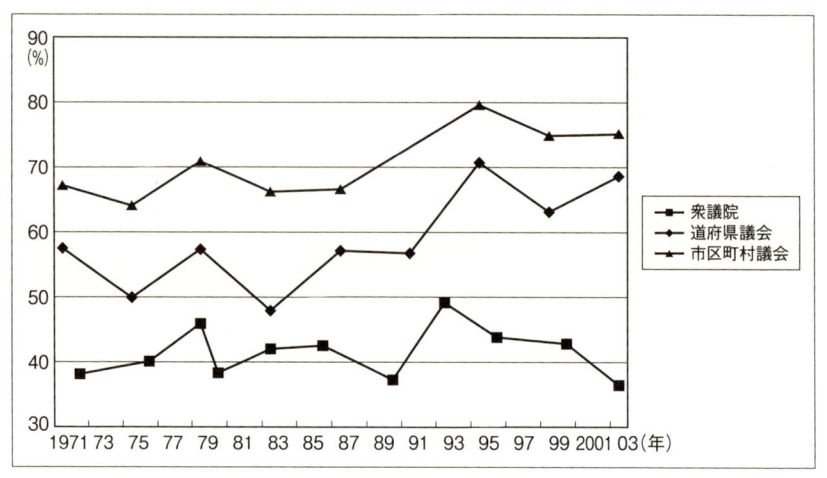

図1-2b　異なるレベルの選挙における投票基準：候補者

出所：前田(2007)

ては，最高90.8%（1995年）から最低81.4%（1975年）である．残念ながら地点情報が公開されていないので，選挙区定数との関係は検証できないが，上記の知見は矛盾するものではない．また，政界再編の最中である1995年に「政党重視」は最低を，「候補者重視」は最高を記録した．衆議院議員選挙の調査に対する回答傾向と一致している．その後の「政党重視」の回復が政界再編への適応を示すものであるか，興味深い．

　では，政党ないし候補者を重視する理由に「政策」を挙げる者の割合はどの程度であろうか．1991年から2003年の道府県議会議員選挙の調査については，「政党か候補者か」という質問に続いて「いずれかを重視して投票した理由」を選んでもらっている（表1-2a）．市区町村議会選挙には同様の質問文が存在しないので，1971年から1987年の調査にある「支持理由」質問の回答結果を「政党重視」と「候補者重視」の別に示した（表1-2b）．

　まず，道府県議会議員選挙について「政党重視」と回答した者のうち，その理由として「その党の政策や活動を支持するから」を挙げた者は，1991年の54.7%から2003年の43.3%まで10%以上も単調に減少している．反面，「他の党よりましだから」という消極的な理由が，同じ期間に24.6%から34.9%まで10%以上も増えている．つまり，政党に対する支持強度の低下と推測できる．

表1-2a　道府県議選における投票理由

政党関係を重くみて	1991年	1995年	1999年	2003年
党員だから	4.7%	7.0%	5.9%	5.0%
政策や活動を支持するから	54.7%	47.7%	48.4%	43.3%
なんとなく好きだから	12.9%	11.7%	7.8%	12.6%
他の党よりましだから	24.6%	29.4%	33.2%	34.9%
その他	1.2%	2.8%	2.8%	2.9%
わからない	2.0%	1.4%	1.9%	1.3%
N	342	214	322	238
(「政党重視」の割合)	(28.8%)	(22.1%)	(23.8%)	(19.6%)
候補者個人を重くみて	1991年	1995年	1999年	2003年
人物がよいから	43.2%	48.3%	42.7%	43.1%
政策や実績がよいから	28.0%	22.9%	26.2%	26.4%
いろいろ世話になったから	4.0%	3.4%	3.5%	3.4%
後援会に入っているから	5.3%	5.2%	5.8%	4.3%
他の候補者よりましだから	16.3%	17.2%	16.4%	16.8%
その他	1.6%	1.7%	3.4%	4.0%
わからない	1.5%	1.3%	2.0%	2.0%
N	674	826	855	833
(「候補者重視」の割合)	(56.8%)	(64.7%)	(63.1%)	(68.6%)

質問文：「県(道・府)議会議員の選挙では，あなたは，政党関係を重くみて投票しましたか，それとも候補者個人を重くみて投票しましたか」「政党(候補者個人)の方を重くみて投票した理由ですが，この中のどういうことによってですか」
出所：統一地方選挙に関する意識調査(1991年，1995年，1999年，2003年)

政界再編の影響か，政党脱編成のあらわれか，解釈は難しい．一方，「候補者重視」で「その候補者の政策や実績がよいから」という回答は変動が少ない．最も多い理由は「人物がよいから」であり，4割を超えている．この回答結果も増減が小さい．以上，道府県議会議員選挙において，政党か候補者を重視する理由として「政策」を挙げる者の割合を合計すると，1991年37%，1995年28%，1999年32.3%，2003年30.2%となる[10]．

では，市区町村議会議員選挙については，どうであろうか(表1-2b)．「政党重視」と回答した者が「支持理由」として多く挙げたものは，「支持政党の推す候補者」である．大体，20%から30%前半を占めている．「政策」と「主義

---

[10] 「党の政策や活動を支持」と「候補者の政策や実績がよい」の回答者数の合計と，「政党重視」と「候補者重視」の回答者数の合計をそれぞれ求め，前者が後者に占めるパーセンテージを示した．

表 1-2b 市区町村議選における投票理由

政党関係を重くみて	1971年	1975年	1979年	1983年	1987年
人柄	8.4%	15.5%	12.0%	16.2%	15.2%
政治的手腕	3.3%	4.2%	3.8%	3.8%	2.3%
政策	18.8%	15.9%	21.2%	12.7%	17.0%
主義主張	13.0%	8.1%	9.6%	10.8%	11.4%
支持政党の推す候補者	26.8%	31.4%	20.2%	26.5%	34.1%
われわれの立場の代表	14.2%	11.0%	16.3%	17.3%	13.3%
地元	13.0%	13.1%	15.4%	10.0%	6.1%
その他	1.3%	0.7%	1.0%	1.2%	0.0%
不明	1.3%	0.0%	0.5%	1.5%	0.8%
N	239	283	208	260	264
(「政党重視」の割合)	(16.9%)	(18.8%)	(14.6%)	(19.1%)	(15.8%)
候補者個人を重くみて	1971年	1975年	1979年	1983年	1987年
人柄	39.8%	38.9%	43.7%	43.1%	50.8%
政治的手腕	3.3%	3.6%	2.5%	2.8%	2.9%
政策	3.9%	3.1%	3.0%	2.2%	2.5%
主義主張	5.0%	4.1%	3.1%	5.0%	6.3%
支持政党の推す候補者	0.9%	1.1%	0.9%	1.8%	1.6%
われわれの立場の代表	15.8%	15.6%	16.8%	16.9%	13.3%
地元	29.0%	31.5%	29.0%	26.0%	21.1%
その他	0.5%	0.6%	0.4%	0.4%	0.6%
不明	1.8%	1.3%	0.7%	1.9%	0.8%
N	949	964	1,011	901	885
(「候補者重視」の割合)	(67.2%)	(64.1%)	(70.9%)	(66.2%)	(53.0%)

質問文：「こんどの市(区・町・村)議会議員の選挙では，あなたは，政党の力を重くみて投票しましたか，それとも候補者個人を重くみて投票しましたか」「市(区・町・村)議会議員の選挙で，あなたの支持された候補者について，この中のどの点を一番重くみられましたか，1つあげて下さい」
出所：統一地方選挙に関する意識調査(1971年，1975年，1979年，1983年，1987年)

主張」を合わせて考えると，こちらもほぼ同じ割合となる．そのほか，「われわれの立場の代表」や「地元」という職業代表，地元代表を理由として挙げる者も多い．

　一方の「候補者重視」では，当然かもしれないが，最も多い理由は「人柄」である．4割弱から5割を占める．続いて「地元」が20%から30%，「われわれの立場の代表」は10%台である．理由は，これら3つに集中している[11]．「政策」と「主義主張」は合計しても1桁台後半に留まる．データ・ポイント

---

11) 「地元」という回答の多さは，大選挙区制における候補者間の地域的な棲み分けという，次章における議論を有権者の投票行動から裏づけている．

表 1-3 地方議会選挙で重視した問題：2003 年

	道府県	市区町村
地方自治のあり方	18.3%	19.2%
福祉・医療	40.4%	41.4%
教育・文化	16.2%	20.2%
災害対策	5.8%	7.0%
公害・環境問題	13.2%	14.1%
地域振興	15.9%	20.4%
土地・住宅・交通問題	8.0%	9.3%
農業対策	5.2%	4.2%
中小企業対策	10.6%	7.1%
各種の公共施設	4.5%	7.2%
税金	22.4%	18.7%
財政再建	10.1%	8.6%
景気・物価	30.6%	24.9%
市町村合併	–	9.1%
その他	1.6%	0.9%
政策は考えなかった	17.9%	17.4%
わからない	7.5%	5.8%
N	2,012	1,522

複数回答．質問文：「県(道・府)議会議員の選挙で，あなたはどのような問題を考慮しましたか．この中にあればあげてください」(市区町村についても同様).
出所：統一地方選挙に関する意識調査(2003 年 5 月)

が少ないためでもあるが，市区町村議会議員選挙の調査結果からは明確なトレンドを見て取ることが難しい．あえて指摘するならば，「候補者重視」の回答者における「人柄」の比重増加，「地元」「われわれの立場の代表」の比重減少であろうか．国政レベルの政界再編とは無関係のようである．以上，市区町村議会議員選挙において，政党ないし候補者を重視する理由として「政策」を挙げる者の割合を合計すると，1971 年 11.3%，1975 年 9.2%，1979 年 8.8%，1983 年 9.3%，1987 年 11.5%となる[12]．

最後に，有権者が考慮した具体的な政策課題について直近の 2003 年調査の結果を見てみよう．「どのような問題を考慮したか」という質問では，「地方自治のあり方」から「景気・物価」「市町村合併」に至るまで，道府県議会議員選挙では 13，市区町村議会議員選挙では 14 の政策分野について尋ねている

---

12) 「政策」と「主義主張」の回答者数の合計が，「投票した」と答えた回答者総数に占めるパーセンテージを示した．「われわれの立場の代表」を含めると，もっと多くなる．

(表1-3).

　道府県議会議員選挙において高い関心を集めた政策領域の上位5つは,「福祉・医療」(40.4%),「景気・物価」(30.6%),「税金」(22.4%),「地方自治のあり方」(18.3%),「教育・文化」(16.2%)である.市区町村議会議員選挙もほぼ同様に,上位5つは「福祉・医療」(41.4%),「景気・物価」(24.9%),「地域振興」(20.4%),「教育・文化」(20.2%),「地方自治のあり方」(19.2%)であり,「税金」(18.7%)は6位となる.

　「政策は考えなかった」(道府県17.9%,市区町村17.4%),「わからない」(道府県7.5%,市区町村5.8%)との回答も多少存在する.逆算すると,道府県では74.6%,市区町村では76.8%の回答者が「政策を考慮した」と考えられるわけで(=100−17.9−7.5,100−17.4−5.8),この数字は政策投票の最大の推定値である.一方,2003年道府県議会議員選挙の調査については,政策投票者の数をもっと厳密に推定できる[13].投票に行ったと回答した者のなかで(N=1,214),争点を認識し,かつ政策選好にもとづいて投票したと回答した者に限定すると(N=303),25%に落ち込んでしまう(=303/1,214).これが政策投票の最小の推定値であろう.

　以上,国政選挙と地方選挙における有権者の投票行動について検証した.最も顕著な違いの1つは,政党と候補者のいずれにもとづいて投票するかにある.前小節で見たように,都道府県,市区,町村と規模が小さくなるにしたがって,議会における無所属議員の割合が増える.無所属の候補者が多いために有権者の候補者志向が強くなるのか,有権者の候補者志向が強いために無所属議員が多くなるのか,鶏と卵のように因果関係は双方向的であると思われる.

　投票理由についてさらに精査した結果,地方選挙においても,政策選好にもとづいて投票する有権者の割合は決して小さくないことが分かった.直近の調査結果によると,道府県議会の場合,最大で7割強,最低でも4分の1は政策を考慮して投票していると推測できる.

---

[13] 2003年市区町村議会議員選挙の調査では,投票理由について適当な設問がないため,推定できない.

むすび

　本章では，国政と地方政治における選挙区定数の不均一性について指摘した．両方のレベルにおける政治家が政党組織や系列関係によって結びついているならば，このリンケージを通じて，異なるレベルにおける選挙制度の効果が波及してくる可能性がある．その結果，1.3 節で見たように，衆院選候補者に対する県議の支持戦略，衆院選候補者の組織戦略，有権者の投票行動，全国的な得票の均一化ないし政党化などにも影響が及ぶと考えられる．

　政治家間のリンケージによって国政に接合される地方政治においては，選挙制度だけではなく，議会の党派構成や有権者の投票行動にも固有性がある．都道府県，市区，町村と自治体の規模が小さくなるにしたがって，無所属議員の割合が増え，国政における政党配置とは異なってくる．次章はその原因について検討する．また，総選挙と比較すると，道府県議会選挙，市区町村議会選挙の順に有権者の政党志向が減り，候補者志向が増えてくる．しかし，政策投票の割合は低くはない．第 3 章では，政策空間における候補者間の競合をモデル化し，検証する．地方議会選挙における政策投票の存在は，そのモデルに妥当性を与えるものである[14]．

　政治家の系列研究を除くと，従来の政党論が地方政治家の存在を十分に考慮に入れてきたとは思えない．衆院選において中選挙区制が用いられていた頃には，選挙制度の不均一は軽微であり，国政を考える際，地方政治に固有の要因から発せられる効果について思慮する契機がなかったといえる．第 1 部では，選挙制度不均一の観点から，地方政治家が政党の組織と政策に与える影響について考察し，党内におけるアクターとして地方政治家を位置づける．

---

14) ただし，表 1-3 には選択肢自体が存在しないことから明らかなように，そもそも地方の選挙では安全保障政策のような「ハイ・ポリティクス」が問われることはまれである（基地問題を除く）．国政選挙とは争点が重ならない可能性があり，本書における議論の限界といえる．この点については，飯田敬輔先生からご指摘をいただいた．記して謝意を表する．

第2章　地方政党組織への影響

はじめに

　なぜ，国政レベルにおける政党システムが地方政治においても再現されないのであろうか[1]．前章において見たように，党籍の有無にかかわらず，地方政治家には選挙に際して政党を名乗らない無所属が多い．とくに保守系の無所属議員は系列というインフォーマルな関係を通じて国会議員と結びついている[2]．そのため，政党の規律が及ばず，党内における垂直的統合には限界が生じてしまう．この原因の1つは衆議院と地方議会の選挙制度不均一にあるというのが，本章における議論のハイライトである．以下では，政党組織の末端を担うことを期待される地方議員の党派化を中心に，政界再編の地方政治への浸透を左右する要因を探る．

　まず，国政レベルの要因に注目する先行研究としては，衆議院の選挙制度から説明するものがある．かつて施行されていた中選挙区制においては，過半数の議席の獲得を目指す政党は1つの選挙区に複数の候補者を擁立する必要があった．同一政党の候補者が競合する結果，党組織に代わり，個人後援会が発達し，地方議員の党派化も進まなかったとされる．他方，1政党1候補者を原則とする小選挙区制においては，このような障害が消滅し，政党組織は選挙区レベルにまで浸透すると予想できる．しかし，1996年総選挙における自民党組

---

[1] 本章は，上神(2008a)を加筆修正したものである．
[2] 首長については本章の対象としないが，財政的な逼迫によって革新自治体の進出は終わりを告げ，与野党相乗りによる無党派の首長が増加したと考えられる(Scheiner 2006, Chapter 5)．また，保革相乗りについての詳しい研究としては，河村(2008)がある．

織の実証研究によると，この予測の正しさについては肯定的な評価と否定的な評価の双方がある(序章2.2節；第1章1.2節)．加えて，市区町村議会議員の党派化には差がある．全国一律に影響を及ぼす選挙制度改革によって，この違いを説明することはできない．したがって，小選挙区比例代表並立制が効果を発揮するには時間がかかるという立場を取るか，政党の地方組織の形成を阻害するほかの要因を探る必要がある．

　また，地方議員の党派性については，クライエンテリズムから説明する方法がある．政党の形成過程については，政府内のエリートが国家資源によって有権者を動員する「内部動員」方式と，院外の組織が自らの要求を政治の場に届けるために政党を形成する「外部動員」方式の2種類に分けられる(Shefter 1994)．シャイナーが指摘するように，戦後日本において外部動員方式によって政党が形成された事例は公明党以外に存在しない．自民党は正しく内部動員方式によって形成されたといえる．そのほかの政党も国会議員が中心となるトップ・ダウン式の形成過程をたどった．クライエンテリズムと財政的な中央主権により，与党の国会議員との関係を維持することが地方政治家にとって死活的に重要となる．その結果，国政レベルにおける政党再編成によって，地方政治家の政党所属も左右される．選挙区に利益を誘導できない野党に所属する地方政治家は少なくなるという(Scheiner 2006)．都道府県議会議員に占める自民党議員の割合を見ると，国会議員に占める割合よりも高く，確かにクライエンテリズムは自民党に有利に働くことを示している．しかし，この説明では，なぜ首長や市町村議会議員に無所属が多いのか説明できない．自民党代議士との関係が重要であれば，インフォーマルな系列関係に依存するのではなく，政党組織を形成する方が自然であろう．また，最も有権者に近い立場で支持と便益の交換を監視するはずの市町村議会議員において，都道府県議会議員より党派化が進んでいない点を説明できない．

　ほかには，社会経済的な要因と党派化を関連づける説明がある．曰く，「社会が発展し多様化するにつれて，政治も固有の論理をもつ領域として社会過程一般から分化する程度が大きくなり，たとえば政党化はそのひとつの顕著な現象といえる」(村松・伊藤 1980，86-87)．人口規模が大きくなり，都市化が進み，社会経済的な発展が高い地域ほど，政党が組織され，無所属議員が少ないとい

う．この議論にしたがうと，選挙区定数が異なるにもかかわらず，最も都市化が進んでいる東京23区と政令指定都市の議会において無所属議員の割合が低いことを整合的に説明できる．また，各都道府県の人口と議会における無所属議員の割合の相関係数は有意かつ負であった[3]．しかし，この仮説にも難点がある．まず，国勢調査によると，日本の人口は1975年の1億1,194万人から2005年には1億2,776万人まで増加している．第1次産業人口の割合は1975年の13.8％から2005年には5.1％まで減少しており，都市化も進展している．しかし，都道府県議会における無所属議員の割合は1977年の5.7％から2005年の24.9％までほぼ一貫して増加傾向にある[4]．市区町村議会の場合，無所属議員が占める割合は平均79.3％付近でほとんど変動がない．また，各都道府県の第1次産業人口の割合と議会における無所属議員の割合の相関関係を検証したところ，係数は有意ではなかった[5]．さらに，人口規模と無所属議員の割合に相関関係があるとして，両者を結ぶマイクロ・レベルの論理を提示できていない点も欠陥といわざるを得ない．

衆議院の選挙制度とクライエンテリズムという国政レベルの要因や，社会経済的な要因によって説明する既存研究とは異なり，本章は地方政治の側から説明を試みる[6]．すでにふれたように，国政と地方政治は政治家間の系列関係を通じて連動しており，地方の選挙政治は選挙区定数の違いに由来する固有のダイナミズムを持つため，自民党代議士の組織戦略に影響を及ぼし得る（山田2007）．また，地方レベルにおいて保守政党の組織が実質を備えていない理由として，第1部の冒頭で引用したように，地方議会における複数定数区の影響

---

[3] 人口（2005年，国勢調査）と無所属議員の割合（2006年，総務省調べ）の相関係数は−0.347，5％水準で有意．
[4] 1977年より前のデータについては入手できなかった．市区町村議会についても同様．
[5] 第1次産業人口割合（2005年，国勢調査）と無所属議員の割合（2006年，総務省調べ）の相関係数は0.189，有意確率は0.203．
[6] もう1つの代替的な説明としては，地方自治体における2元代表制に注目する見方が挙げられる．選挙によって選出される首長の法律上の立場は強固であり，議会が不信任案を可決するには，4分の3の支持を必要とする（地方自治法178条3項）．不信任案が可決されても，首長は議会を解散することによって失職を免れることが可能であり，新たに選出された議会が過半数によって再び不信任案を可決しない限り，首長を失職させることはできない（同法）．したがって，議会が首長を罷免するのは困難であり，首長にとって議会内の支持派を培養する必要性は低い．そのため，会派の規律が緩くなり，党派化が進まないとも考えられる．しかし，この見方によっても，地方自治体間において党派化の進展に違いがあることを説明できない．

を考慮に入れる必要がある(谷口 2004, 97). これらの先行研究を踏まえ, 選挙制度改革「後」における政党組織の地方浸透を左右する変数として, 国政と地方の政治家間の関係と選挙区の定数を挙げる.

まず, 歴史的に形成されてきた国会議員とのリンケージを前提として, 地方議員は政党組織の形成如何を選択すると想定する. リンケージとは国会議員と地方議員双方が培ってきた人間関係である. その形成には多大の時間と労力の投入が必要であり, これらは埋没費用となる. したがって, 保守系無所属の地方議員の場合, かつての衆議院中選挙区制において形成されてきた制度遺産であるインフォーマルな系列関係が status quo となる. 現状を変えるインセンティブが地方議員にない場合, インフォーマルな系列関係に留まると考えられる. また, 国会議員が地方議員と新たに関係を築くことも多大の投資を必要とするために容易ではないと考えられる.

次に, 地方議員のインセンティブに影響を及ぼす要因として, 地方議会の選挙制度を考慮に入れる. 定数の大きな単記非移譲式投票制(以下, 大選挙区制)においては, 衆議院の中選挙区制よりも棲み分け問題の解決が難しくなるため, 政党組織を形成する困難が増す. すなわち, 国政レベルにおける政党システムと一致するように党派間で棲み分けつつ, 同じ党派のなかでも何らかのメカニズムによって候補者間で棲み分けなければならない. 定数が大きくなるほど, 党派内に多くの候補者を抱えることになり, 公認調整と票割りが困難になる. したがって, 棲み分け問題が解決されない場合, 選挙区定数が大きくなるほど政党組織を形成するインセンティブが弱くなると考えられる[7]. あるいは, 定数を一定として, 多くの候補者を擁立する政党ほど, 公認調整と票割りが困難になる. したがって, 大政党を支持する候補者は政党組織を形成するインセンティブが弱いと考えられる. つまり, 選挙制度不均一が国会議員と地方議員の組織戦略に非整合性をもたらすという点で, 本書全体の論旨にとって重要な要

---

[7] 建林(2012)は「選挙区定数が大きいと政党ラベルの価値が下がる」との仮説を立て, 都道府県議会議員に対するアンケート調査の分析によって検証し, 肯定的な結果を得ている. しかし, この議論には短所もある. 選挙区が比較的に小さい都道府県議会議員や政令指定都市の市議会議員において党派化が進んでいることは予想どおりである. しかし, 典型的な大選挙区制によって選ばれる東京の区議会議員に無所属が少ない点は説明できない. たとえば, 世田谷区議会の定数は52人, 党派として無所属を届け出ていた議員は4人である. この問題の解明については別稿に譲る.

因である．まとめると，本章にて検証すべき仮説は以下のようになる．

- 国政レベルの政治家と地方政治家を結ぶリンケージとして，インフォーマルな系列関係が重要である場合，国政における政党再編成は地方政治に及ばない
- 大選挙区制によって地方議員が選出される場合，彼らないし彼女らにとっては政党組織の形成よりも地域的な棲み分けの方が選挙戦略として合理的であり，国政における政党再編成は地方政治に及ばない

本章は岩手県釜石市議会議員を事例として中央政界における政党再編成の影響を検証する．事例の数は多いに越したことはないが，フィールド調査を行う場合，1人の研究者が負担できるコストには限りがあるし，対象者の協力を得ることも容易ではない．そこで，研究の遂行が可能な範囲で本章の議論を検証するのに適した事例を選択した．岩手県は，1993年に自民党を離党して以来，政界再編を主導してきた小沢一郎の地元である．全国の動向とは異なり，自由党や民主党は国政選挙で大きな存在感を示してきた[8]．しかし，本章の議論が正しいならば，国政と地方政治を結ぶ保守系政治家間のリンケージが党派化されておらず，地方議会の選挙制度によっても政党組織が形成されにくいため，たとえ国政レベルの政治家が非自民となっても，党派化の圧力は基礎自治体のような下位のレベルにまで十分には到達しないはずである．岩手県釜石市の事例は地方政治の固有性を検証する上でむしろ好ましいといえる[9]．

主に用いるデータは，2006年釜石市議会議員調査である．本調査においては，全議員に対するアンケートと主に会派の代表に対するインタビューを実施した．また，議会事務局に保存されている範囲内で議員名簿も活用する．集計データについては，岩手県と釜石市を単位として各級選挙の結果を分析する．

---

[8] 小沢一郎による建設業界を通じた政治的動員と，公共事業を配分する際の知事ポストの重要性について，岩手県の事例を取材したルポルタージュとして久慈・横田(1996)を参照．

[9] 2011年3月の震災前における人口は4万人ほどの釜石市であるが，同市が政党組織の形成如何を見るに十分な規模を有してきたのかという点については，最盛期である昭和38年の人口が9万人以上であったことを指摘しておきたい(当時，県都である盛岡市の人口は20万人以下)．谷口将紀先生より，この点を明確にする必要性について示唆をいただいた．記して，謝意を表する．

岩手県における政党組織の活動を分析するため，政治資金収支報告書も参照する．

　以下の各節では，先ほどの仮説を検証する．結論から述べると，衆院選や県議選の結果を見る限り，政界再編の影響はやはり大きい．しかし，釜石市議選の結果や市議会の構成は中央政界の動向と軌を一にしているわけではない(第1節)．その理由として，国政ないし県政と釜石市を結ぶリンケージとして政党よりも系列を通じた関係が重要なこと(第2節)，釜石市議選で用いられる大選挙区制における地域的な棲み分け問題が作用していること(第3節)，以上の2点を確認する．

1. 地方政治の党派性

　本節では，岩手県と釜石市双方のレベルで活動する政党の時系列的な変化を追い，政党間の比較も行う．この作業を通じて，釜石市における政界再編の影響を検証する．衆院選や県議選の結果からは端的にその影響を観察することができるが，市議会が大きな影響をこうむっているようには見えない．衆議院ないし県議会と市議会との間にある党派性の相違を明らかにする．

1.1. 岩手県における政党勢力の消長

　岩手県における政党勢力の推移を示すことによって，釜石市が置かれている党派的環境を明らかにすることができる．1996年以降の衆院選における各党の相対得票率を示す(図2-1)．

　中央政界における政党再編成の影響をこうむり，新進党，自由党，民主党と第1党が入れ替わっている．小選挙区の相対得票率を見ると，新進党は52.4％，自由党は43.1％，2003年の自由党との合同後の民主党は51.4％，2005年の民主党は52.8％となっている．比例区においては，新進党が52.2％，自由党が42.4％，2003年の民主党が46.1％，2005年の民主党が44.1％である．これらの党において大きな役割を果たしてきた小沢一郎の地元である岩手県の特徴があらわれている．

　一方，自民党の相対得票率は，1996年から順に31％，34.3％，38.8％，38％

62　第1部　選挙区定数の不均一性

図2-1a　衆議院小選挙区における各党の相対得票率の推移：岩手県

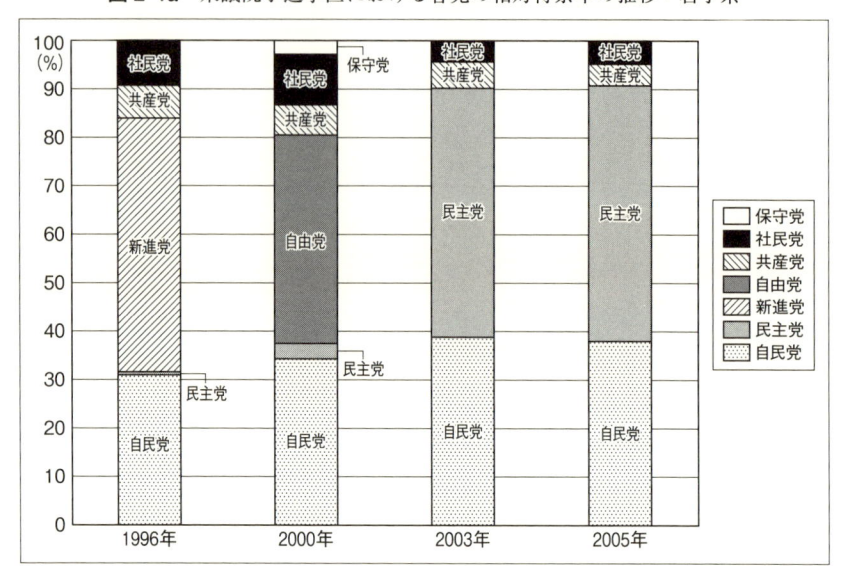

図2-1b　衆議院比例区における各党の相対得票率の推移：岩手県

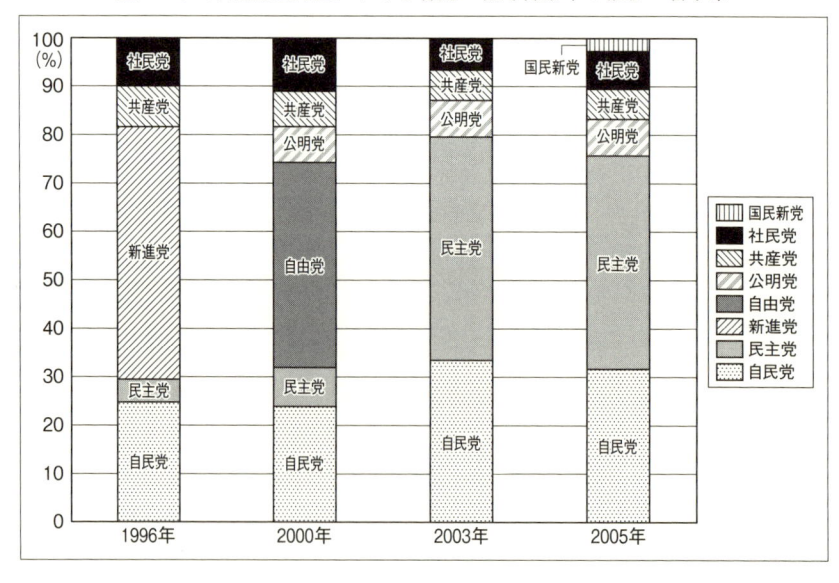

図 2-2 衆議院における党派別得票数の推移：釜石市

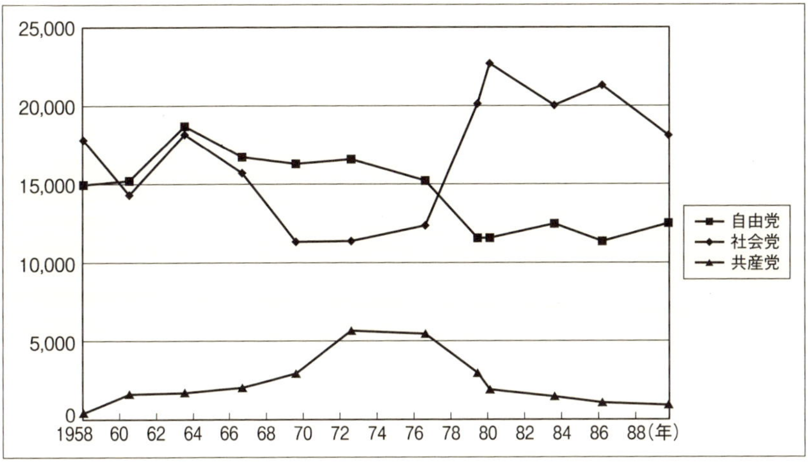

1958 年 5 月～1990 年 2 月．出所：釜石市選挙管理員会

（小選挙区），24.7％，23.9％，33.5％，31.7％（比例区）と推移している．自民，民主両党の得票率の合計を小選挙区と比例区で比較すると，前者において両党の占める割合が大きい．一方，共産党は6.8％，6.2％，5.4％，4.4％（小選挙区），8.4％，7.3％，6.2％，6.2％（比例区），社民党は9.3％，10.4％，4.4％，4.8％（小選挙区），10％，11％，6.6％，7.9％（比例区）と，それぞれ減少傾向にある．比例区における公明党の得票率は7.5％付近である．なお，投票率は68.4％，69.3％，67.3％，70.8％（小選挙区），68.4％，69.2％，67.3％，70.8％（比例区）と推移しており，安定している．

1.2. 釜石市における政党勢力の消長

それでは，政界再編は釜石市の政治にどのような影響を及ぼしているのか．衆議院議員総選挙と岩手県議会議員選挙，釜石市議会議員選挙の各データから釜石市における政党勢力の推移を明らかにする[10]．

いわゆる「55年体制」の成立から政界再編まで，釜石市における衆院選の党派別得票数の推移を図2-2に示す．

---

10) 釜石市における有権者調査，各級選挙の結果，議会の会派構成などについては，星野(2007)がある．

表 2-1 旧岩手 1 区,現岩手 3 区からの立候補者一覧:1993 年総選挙以降

執行日	氏名	年齢	党派	新現元	得票数 釜石	得票数 選挙区
1993 年 7 月	玉沢徳一郎	55	自民	元	4,858	109,353
	鈴木俊一	40	自民	現	4,889	80,555
	工藤堅太郎	50	新生	新	2,913	73,452
	中村力	31	無所属	新	2,621	55,274
	小野信一	61	社会	現	13,222	47,723
	山中邦紀	60	社会	現	456	44,538
	三浦和夫	45	日本新	新	855	20,740
	佐久間敏子	42	共産	新	1,040	17,874
1996 年 10 月	佐々木洋平	54	新進	新	13,511	103,952
	志賀節	63	自民	前	7,983	58,881
	小野寺永子	61	共産	新	2,552	17,846
2000 年 6 月	黄川田徹	46	自由	新	7,665	58,776
	中村力	38	無所属	元	9,135	52,368
	志賀節	67	自民	元	3,105	30,623
	佐々木洋平	58	保守	前	1,949	20,000
	熊谷修二	40	民主	新	2,357	15,483
	菊池幸夫	41	共産	新	1,744	10,414
	加藤正	67	無所属	新	115	2,846
2003 年 11 月	黄川田徹	50	民主	現	11,501	93,862
	中村力	41	自民	元	12,232	79,453
	菊池幸夫	44	共産	新	1,398	10,690
2005 年 9 月	黄川田徹	51	民主	現	13,452	102,477
	橋本英教	38	自民	新	10,400	69,817
	菊池幸夫	46	共産	新	1,853	13,816

網掛け部分は当選者を表す.出所:釜石市選挙管理委員会

　全国レベルにおける「55 年体制」とは,自民党と社会党の勢力が 2:1 の比率となる「1 と 1/2 政党制」を意味するのに対して,釜石市では自社の勢力が 1979 年総選挙において逆転しており,特異な事例であることが分かる.また,全国レベルでは 1960 年代以降,公明党,民社党,社民連の進出による多党化が進展するが,釜石市を含む旧岩手 1 区では 1960 年と 1967 年の総選挙にそれぞれ 1 名の立候補者を民社党から数えるのみである.1993 年総選挙以前の釜石市の政治情勢は,「自社拮抗の 55 年体制」とまとめることができよう.

　では,今日に至る政界再編は釜石市における 55 年体制をどのように変えたのであろうか.1993 年総選挙から 2005 年総選挙まで,旧岩手 1 区,現岩手 3 区の立候補者と得票数を一覧にまとめた(表 2-1).選挙情勢は一変した.

　それ以前との劇的な変化は,社会党の衰退である.表中に見るように,1993

年総選挙において釜石市を地盤とする小野信一を含む現職2名が落選して以降，小選挙区制が施行されてから社会党は候補者すら擁立しなくなった．一方，保守勢力分裂のあおりを受けて，自民党も苦戦している．1993年総選挙では玉沢徳一郎と鈴木俊一に加えて，新生党の工藤堅太郎と無所属の中村力も出馬し，混戦となった．1996年総選挙において志賀節は新進党の佐々木洋平に敗れ，公認候補としての立場を確実なものにできなかった．2000年総選挙では志賀と中村が自民党の公認を争った結果，両者とも出馬し，陸前高田市を地盤とする自由党の黄川田徹に敗れている．この選挙では，新進党解党後，保守党に移った現職の佐々木も出馬しており，保守乱立の選挙となった．2003年には中村，2005年には橋本英教で一本化するが，いずれも現職の黄川田に敗北している．民主党は保守乱立の2000年総選挙に初めて候補者を擁立するが（熊谷修二），現岩手3区で地歩を固めるのは，2003年総選挙を前に自由党と合同を果たし，黄川田を公認候補としてからである．

　岩手県は小沢一郎の地元であり，釜石市もその動向の影響を免れ得ない．自社拮抗の55年体制から政界再編に至る過程において，小沢支持勢力の合流が決定的に重要である特異な事例といえる．新生党から新進党，自由党，民主党へと新党側の変容に加えて，自民党内の公認争いもあり，現3区の選挙情勢は複雑な様相を呈してきた．しかし，近年では自民党，民主党，共産党の3党から候補者が出馬する標準的な事例へと収束していったと考えられる．

　一方，岩手県議会の釜石選挙区（釜石市・大槌町）の様相は若干異なる．55年体制の発足後，1959年から1991年までの9回の選挙中，社会党が議席を獲得できたのは6回の計7議席，自民党は5回の計5議席である．この間，最も多くの議席を獲得したのは無所属候補であった（7回，計12議席）．政界再編の影響を検証するため，1987年以降の選挙結果を表2-2に示した．

　支配的な政党勢力が自社から自民，民主2大政党へと移りゆく様を見て取ることができる．自民党においては，1995年に無所属で出馬した山崎門一郎が佐々木重雄の議席を継承した格好であるが，1999年には落選，2007年に小野寺有一が2度目の挑戦で議席を取り戻している．一方の社民党においては，2003年に菅原則夫（現釜石市議）が菊池雄光の議席を守ることに失敗している．新党勢力からは，1991年に無所属で出馬した長谷川忠久が1995年には新進党，解

表 2-2　釜石選挙区からの立候補者一覧：1987 年県議会議員選挙以降

執行日	氏名	年齢	党派	新現元	得票数 釜石	得票数 選挙区
1987 年 4 月	菊池雄光	59	社会	元		15,249
	佐々木重雄	65	自民	現		12,026
	斎藤正子	51	共産	新		4,839
1991 年 4 月	佐々木重雄	69	自民	現		12,177
	長谷川忠久	49	無所属	新		9,997
	菊池雄光	63	社会	現		9,369
1995 年 4 月	長谷川忠久	53	新進	現	12,423	13,716
	菊池雄光	67	社会	元	11,452	12,191
	山崎門一郎	74	無所属	現	3,386	11,494
	菊池　孝	51	共産	新	1,486	1,697
1999 年 4 月	長谷川忠久	57	無所属	現	9,576	9,924
	阿部敏雄	54	自由	新	3,722	7,968
	菊池雄光	71	社民	現	7,512	7,852
	山崎門一郎	78	自民	現	2,940	7,234
	岡本大作	50	無所属	新	2,313	4,263
	前川慧一	61	共産	新	2,207	2,478
2003 年 4 月	野田武則	50	無所属	新	11,583	12,239
	阿部敏雄	58	自由	現	2,861	10,946
	小野寺有一	36	自民	新	8,810	10,318
	菅原則夫	64	社民	新	4,287	4,597
2007 年 4 月	野田武則	54	民主	現	13,036	13,930
	小野寺有一	40	自民	新	9,759	11,532
	阿部敏雄	62	無所属	現	2,194	9,502

網掛け部分は当選者を表す．1987 年 4 月と 1991 年 4 月の釜石市における得票数は未公表．小数点以下の票を四捨五入．出所：釜石市選挙管理委員会

党後の 1999 年には無所属で出馬し当選，2003 年の釜石市長選に出馬するまで議席を維持した．また，1999 年には大槌町を地盤とする阿部敏雄が自由党から出馬し当選，自由党解党後は無所属となったが，2007 年には議席を失っている．元釜石市長の野田武義の子息である武則（現釜石市長）は 2003 年に無所属で当選を果たし，後に民主党へ入党，2007 年に再選された．この時点において，釜石選挙区選出の県議 2 名は自民，民主両党に属し，衆院選と同じ構図となっている．

　国政レベルにおける政界再編の影響を，釜石市議選に見て取ることはできない．図 2-3 は戦後の市議選について党派別得票数の推移をプロットしたものである．

　やはり，釜石市議会においては無所属候補者の合計得票数が最も多い（右軸）．

図 2-3 釜石市議会議員選挙における党派別得票数の推移

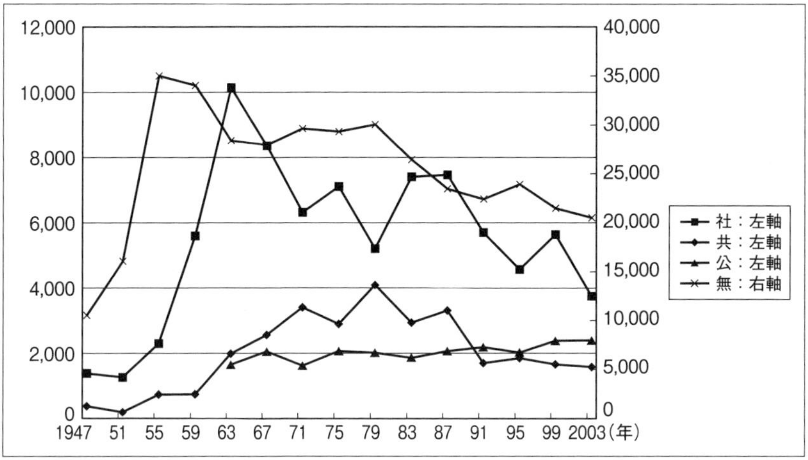

出所：釜石市選挙管理委員会

1955年の選挙で35,000票に達したが，近年では20,000票付近まで減らしている．相対得票率で見ると，1955年の92％が最大であり，2003年には70％となっている．党派の内訳を見ると，社会党の得票数が最も多いが，1963年に10,000票の大台を超えた後，減少傾向にある．共産党は1979年に4,000票のピークをつけた後に半減し，2,000票弱で一定数を保っている．公明党は2,000票前後で変動が少ない．社公共3党の相対得票率の合計は1987年の35.4％を頂点として，2003年には26.4％となっている[11]．有権者数は1963年選挙の51,000人から2003年選挙では37,000人まで減少しており，得票数の変動が少ない公明党を除いて，その影響をこうむっていると考えられる．加えて，社会党の得票数は1983年と1987年の両選挙で持ち直した後，1990年代に新たに減少していることから，政界再編に伴う党の衰退を表しているとも考えられる．いずれにせよ，衆議院小選挙区における自民党と民主党の2大政党が対立する図式とは異なり，無所属が多数派であり，社会党や公明党，共産党もそれなりの存在感を示してきたことに注目すべきであろう．つまり，政界再編が地方政治まで浸透していないと考えられる．

---

11) 散発的に立候補する自民党と民社党の候補者を算入すると，最高は1963年の38.1％，2003年は30％となる．

1.3. 釜石市議会の会派構成

釜石市議選では無所属候補が多いことを前小節で見たが，当選後の彼らないし彼女らは議会内で何らのグループも形成しないわけではない[12]．表 2-3 は釜石市議会における会派構成の推移について，議会事務局にて保管されており，入手できた範囲内で議員名簿を整理したものである[13]．選挙が実施された年と必ずしも一致していないので，注意が必要である．

表中にて網掛けで示した「社会クラブ（市民クラブ）」「共産党」「公明党」の 3 会派は，選挙時に社公共 3 党を党派として届け出た者が構成する会派である．そして，1975 年に「清和クラブ」，1979 年には「民政クラブ」が登場し，現在まで存続している．清和クラブは保守系無所属議員によって構成され，民政クラブには製鉄所と水産業界の関係者が所属することが多かった[14]．そのほかの会派は散発的に出現しては消滅し，現在まで続いているものとしては「海盛会」と「21 世紀の会」が 1999 年，「新生クラブ」が 2005 年，それぞれ名簿にあらわれている．

1971 年に 6 つであった会派は，2005 年には 8 つにまで増えている．図 2-4 は会派数の推移である．全議員に占める当該会派の構成員数の割合でウェイトをつけた有効会派数も併せて示してある[15]．

（1985 年を除いて）1971 年から 1991 年の間，6 を維持していた会派数は 1995 年に 7，2005 年に 8 を記録する．これは表 2-3 で見たように小会派が増えたためであり，有効会派数で見ると大体 5±1 の範囲に収まり，それほど大きな変

---

12) 院内における議員の集団，すなわち「会派」を形成する場合が多いが，地方自治法にはその定義に関する規定が存在しない．政務調査費の交付先として会派を挙げるのみである（100 条 14 項，15 項）．釜石市議会会派代表者協議会規約によると，「議会活動を同じくする議員の団体であって，2 人以上の所属議員を有し，次条 1 項の規定により届出のあったもの」であり（5 条），「会派を結成したときは，代表者は，会派の名称，結成年月日，所属議員の党派氏名，代表者及びそのほかの役員の職氏名等を，文書をもってすみやかに議長に届出なければならない」とされている（6 条 1 項）．なお，会派を構成するに必要な議員数は 3 名以上とされる場合もあり，議会により異なる．
13) 釜石市議会の動向を含む市政の歴史的推移については，大谷（1984）を参照．
14) 各年の名簿から作成したデータ・セットにおいて，民政クラブの所属議員は 57 事例を占めるが，そのうち，製鉄所関連議員の事例は 27 となる（同一人物の重複あり）．大谷（1984）によると，「鉄と魚の結集」である（同論文，70）．
15) Laakso and Taagepera（1979）による有効政党数の算出方法に倣った．

第 2 章　地方政党組織への影響　69

表 2-3　釜石市議会における会派構成の推移：各年

	'71 年	'75 年	'79 年	'85 年	'87 年	'91 年	'95 年	'99 年	'05 年
革政クラブ※1	12				3				
社会クラブ／市民クラブ※2	8	7	7	6	7	7	5	5	3
市政同志会	5								
新生会	5								
共産党	3	4	4	3	3		2		2
公明党	2	2	2	2	2	2	2	2	2
市民クラブ※3		9		4					
清和クラブ※4		7	7	9	8	6	4	3	2
市政クラブ		7							
民政クラブ※5			10	11	5	6	9	8	8
政友クラブ			6						
政徳会						3			
同志クラブ							4		
憲政クラブ							2		
海盛会								3	3
21 世紀の会								3	2
新生クラブ									3
無会派※6	1				2	1		2	
合計	36	36	36	31	31	28	28	26	25

網掛け部分は選挙の際に各構成員が党派を届け出た会派．2005 年は欠員 1 名
出所：釜石市議会議員名簿（各年）

※1　1971 年と 1991 年の「革政クラブ」には同一人物の加入が見られることから同じものとして扱う．民社党を党派として届け出たものを 1 名含む（1971 年）
※2　「社会クラブ」は無所属の構成員を 1 名含む（1971 年から 1995 年）．「市民クラブ」（1999 年から）は「社会クラブ」の後身である
※3　「社会クラブ」後身の「市民クラブ」とは別の会派である
※4　2005 年の「清和クラブ」は自民党を党派として届け出たものを 1 名含む
※5　1991 年の「民政クラブ」は民社党を党派として届け出たものを 1 名含む
※6　1991 年と 1999 年の「無会派」は「共産党」の当選者が 1 名であったため，会派を構成できなかった事例を含んでいる

動には見えない．

　表 2-3 と図 2-4 は議会内における破片化の進展を疑わせるが，断言できるほどの根拠を提示しているわけではない．資料の制約によってデータ・ポイントが少ないため，即断を避けるべきである．一方で確かなことは，会派の統合によって数が減少しているとはいえないことである．したがって，本小節の図表から政界再編の影響を見て取ることは難しい．会派が形成される理由については，政策の共通性，市長との関係，支持基盤との関係，国会議員や県議会議員との系列関係，正・副議長などのポストをめぐる合従連衡も挙げられる（星野 2007, 172）．選挙結果の分析と同様に，地方政治は国政の動向からある程度の

図 2-4 釜石市議会における会派数の推移：各年

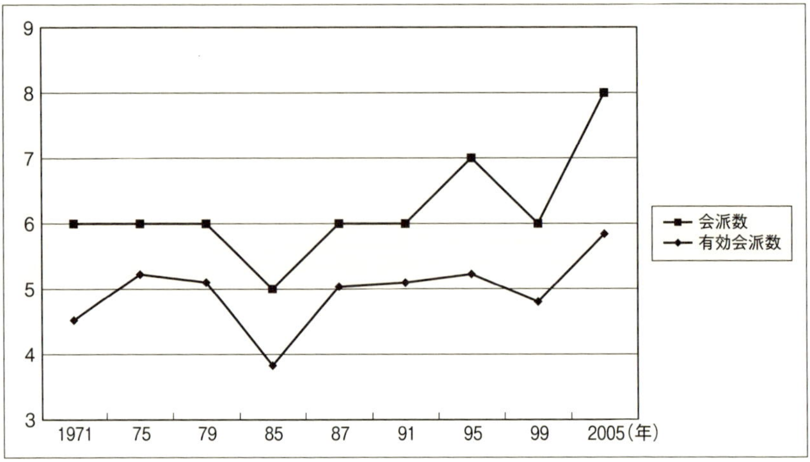

出所：釜石市議会議員名簿

自律性を保っていることを示唆している．

本節では，国政レベルにおける政党再編成が地方政界に及ぼす影響について岩手県釜石市を事例に検証した．衆院選と県議選においては，国政と連動して自民党と民主党の対立が鮮明となっているが，市議会の選挙や会派構成にはあらわれていない．中央の党派政治が浸透できない地方政治固有の論理の存在をうかがい知ることができる．

2. 国政との関連性

では，釜石市議会議員は国政レベルの政治家といかなる関係にあるのであろうか．本節は主に各年の釜石市議会議員名簿から作成したデータ・セット，2006年7月に実施したアンケート調査とインタビュー調査に依拠して検証する[16]．また，1996年以降10年間にわたる岩手県の政治資金収支報告書を用い

---

[16] 全議員25名を対象として，議員活動やプロフィールを尋ねるアンケート調査を実施した．先行研究を参考として調査を設計し，比較を可能としている．期間は2006年7月1日から31日までとし，回収できた調査票の数は19である（回収率76％）．新生クラブからは調査票を回収できなかったため，当該会派に所属する議員については，分析の埒外となる．そのほかの会派については，4会派は全数（21世紀の会，市民クラブ，公明党，日本共産党議員団），3会派は1名を除

て国政と地方政治を結ぶ政党組織の活動を分析する．本節では，国政レベルと地方レベル，双方の政治家がいわゆる「系列関係」にあるインフォーマルな関係，地方政治家が国政レベルの政党に所属するフォーマルな関係，いずれかによって両者は互いに影響を及ぼし合うと想定する．

2.1. 岩手県における政党組織

　釜石市の事例を分析する前に，まずは岩手県における政党組織の態様を検討しておく．党組織の活動を定量的に測定するのは容易なことではない．本小節では，民主党が成立した1996年以降の10年間，岩手県選挙管理委員会に届け出があった政党の政治資金を分析することによって，この課題に対応する．政治資金は党組織の活動を裏づけるものであり，分析によって組織の構成や活動量の変化，政党間の違いが分かるはずである[17]．

　具体的には，同期間の『岩手県報』に記載された政治資金の収支報告書を参照し，調整済みの収入と支出を算出する．収入総額には本部又は支部から供与された交付金や前年度からの繰越金が含まれている．他組織からの資金供与や前年の収入を除くことによって，資金収集活動の実態に合わせて調整された数値を算出することができる．また，支出総額には他組織への寄附・交付金が含まれており，自らの組織活動のために使われた資金量を推定するには，この支出項目を除いて調整したものを用いるのが適切である．

　　く全構成議員の調査票を回収できた（民政クラブ，海盛会，清和クラブ）．また，回収できなかった議員の党派は自民党議員1名を除いて全員無所属である．当選回数の平均を比較すると，全議員(3.6回)から3.7回へと僅かに上昇している．なお，性別や年齢について見ると，調査票を返送しなかった議員6名は全員男性であり，彼らを除いた回答者の平均年齢は57.7歳となり，議員全体(58歳)と比べると若干低いが，ほとんど違いはない．

　　インタビュー調査については，議長と各会派から原則として1名を対象として，合計9名から話を聞いた．新生クラブについては，インタビュー依頼に対して返答がなかったので調査の対象となっていない．対象者の選択基準であるが，会派の代表がアンケートに答えていれば代表者に，答えていなければ同じ会派の回答者中から最も当選回数の多い者に調査への協力を依頼した．また，最大会派である民政クラブからは副代表にもインタビューを依頼した．詳しくは，上神(2008b)を参照されたい．

17) 党組織と個人後援会の識別は困難であり，渾然一体となって活動が行われているとの指摘はもっともである(谷口2004，第5章)．岩手県の民主党のように，1人の政治家の影響力下にあるならば，なおさらである．しかし，ほかならぬ「党」の名を借りた資金の動きには固有の意味があると本章では考える．

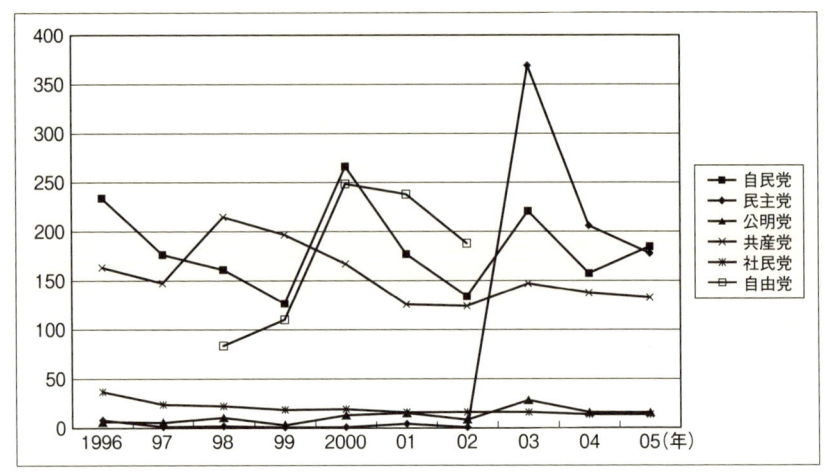

72　第1部　選挙区定数の不均一性

図 2-5a　各党の調整済み収入の推移

単位：100万円．出所：岩手県報

調整済みの収入と支出の推移

　まず，調整済みの収入の推移を見てみよう(図2-5a)．この数字は政党ごとに交付金や繰越額を差し引いて調整した支部の収入を合算したものである．

　各党間で比較すると，2つのグループに分けられる．安定的に1億円以上の収入がある政党は，自民党と共産党の2党である．2003年の自由党との合同後，民主党の収入も跳ね上がり，前2党に近い額を得ている．対照的に，公明党と社民党の収入は5,000万円以下であり，かなり少ない．時系列の比較によると，自民党の場合，総選挙があった1996年，2000年，2003年，2005年の各年には資金集めが活発化していることが分かる．しかし，グラフのピークは低下傾向にあり，2006年の政治資金報告書では，総選挙の年としては最も低調であった2005年の収入をさらに下回っている可能性が高い．グラフのボトムはいずれも国政選挙がなかった年である(1999年，2002年)．一方，共産党の収入も緩やかな低下傾向にあるが，自民党と比較すると，増減が小さい．民主党は自由党との合同によって収入が劇的に増加した後(2003年)，大幅に落ち込んでいる．自由党のグラフと重ね合わせてみると，徐々に収入を拡大しながらピークを迎える様子が見て取れる．公明党と社民党については，このグラフからは読み取りがたいが，対照的な傾向を見せている．公明党の収入は1996

図 2-5b　各党の調整済み支出の推移

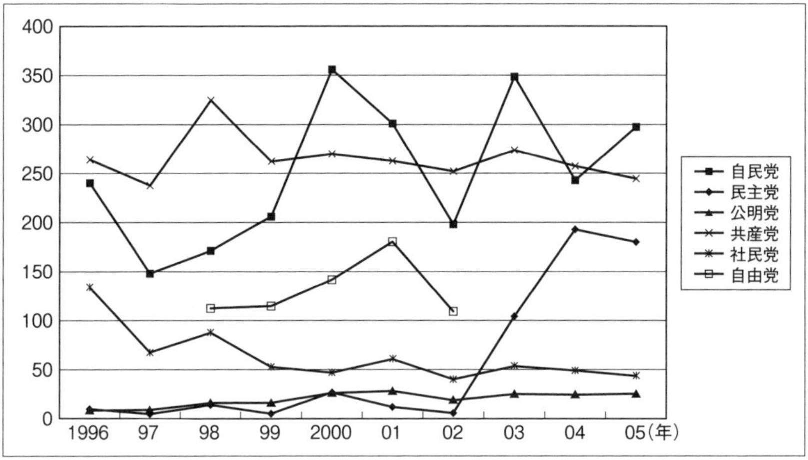

単位：100万円．出所：岩手県報

年の660万円から2005年の1,578万円へと，2倍以上の増加となっているが，社民党は3,693万円から1,375万円へと半分以下に減少している．

　一方，調整済みの支出については上に掲げた図のとおりである（図2-5b）．収入と同様，政党ごとに寄附や交付金を差し引いた支部による支出を合算したものである．このグラフによると，自民党と共産党はおおむね2億円以上，自由党は1億円以上を毎年使っている．自由党との合同後の民主党の支出は自民，共産両党にわずかに及ばない水準にある．また，公明党と社民党の支出はおおむね1億円以下である．時系列で見ると，やはり総選挙があった年に自民党の支出が増加しているが，収入とは異なり，明らかな減少傾向を見て取ることはできない．共産党の支出傾向は1998年を例外として横ばいであり，大きな変化が見られない．民主党のピークである2004年と自由党のピークである2001年の支出に大きな違いはない点が収入と異なる．また，社民党の支出はかつて1億円を超えていたが，2000年以降では半減している．一方，公明党については，1996年に1,000万円以下であった支出が次第に増加し，2000年以降は倍の2,000万円以上を保っている（2002年を除く）．

　収支については，民主党と自由党を除いて，支出が収入を上回る事例がほとんどである．繰り返すが，支出はほかの組織への寄附を，収入は本部又は支部

からの交付金と繰越額を差し引いたものである．したがって，民主党と自由党を除く岩手県の政党は，活動のために必要な費用を自力で賄うことができず，県外の党組織による援助に依存している状態と解釈できる．その差額は政党によりまちまちである．各年の平均を紹介すると，共産党1億918万円，自民党6,702万円，社民党4,374万円，公明党744万円の順に続く．自由党との合同以前の民主党においては，支出が収入を上回っているが，合同後は逆転しており，各年の平均で見ると2,161万円の収入超過である．とくに2003年は2億6,497万円も収入が支出を上回っている．なお，自由党は平均4,209万円の収入超過となっている．

　政治資金データから党組織の活動量を推定すると，自民党と共産党が抜きん出ていること，自由党との合同によって民主党も匹敵する水準に達していること，公明党と社民党は比較的に少ないことが分かる．自民党や民主党の政治家は自らが代表を務める資金管理団体や政治団体を通じた資金のやり取りも多いと考えられ[18]，合算すると共産党を凌ぐはずである．公明党と社民党の活動は低調に見えるが，それぞれの支持団体である創価学会や労組に依存しているため，このデータでは実態を測定できていないのかもしれない．また，活動量の推移については，公明党を除く各党とも収入がおおむね減少を見せており，資金収集力の低下をうかがわせる．1999年の政治資金規正法の改正により，企業・団体献金を受けられる政治団体は政党に限定され[19]，政党支部の収入は増加すると予想されたが，岩手県のデータはむしろ減少傾向を示しているのが興味深い．しかし，社民党を除くと支出の減少傾向は見られず，党組織の活動量自体は保たれている．そのギャップは県外の党組織からの資金援助で賄われており，財政的な自律性は低い．小沢一郎が率いる自由党のみは例外であり，支出を上回る収入を上げており，余剰資金はほかの組織の活動に充てられた．自由党と民主党の動向から政界再編の影響を見て取れるが，岩手県固有の要因として小沢一郎の地元であることの影響も大きく，その解釈には注意が必要である．

---

[18] 資金管理団体，政党支部，後援会は政治家の「3つの財布」とされる（佐々木他編 1999）．

[19] 政党と政党が指定する政治資金団体のみ，企業や団体による寄附を受けられる（政治団体による寄附を除く）．

自民党と民主党の調整済み支出の内訳

　政党の活動を担う組織の類型には，県組織，選挙区組織，地域組織がある[20]．自民党の場合には職域支部も挙げられる．県組織は県内の組織を傘下に収める組織，選挙区組織は国政選挙の選挙区単位で構成された組織，地域組織は市町村単位で構成された組織，自民党の職域支部は企業や団体を単位として構成された組織である．各組織類型による支出の構成割合を明らかにすることによって，党組織の特徴を示すことができる．自民党と民主党の調整済み支出の内訳を示す（図2-6）．民主党のグラフは，自由党と合算した数値を用いたものである．

　自民党との比較による明らかな相違点としては，（自由党と合算後の）民主党は選挙区支部を通じて支出する，すなわち選挙区支部による活動の割合が最も大きいことが分かる．2005年には67.8％に達する．一方，県組織（総支部連合会）が占める割合も29.2％（同年）にまで上昇している．その一方，地域支部を通じた支出はほとんどない（3％）．自民党の場合も県組織（支部連合会）による支出は30.1％（2005年）とほぼ同じ割合であるが，選挙区支部の支出が構成する割合は民主党よりも低く（47.5％），代わって地域支部（18％）と職域支部（4.5％）が占める割合が大きい．また，総選挙の年に選挙区支部が支出する割合が大きくなることも，その特徴である．

　2005年における両党の選挙区支部の数を比較すると，自民党には小選挙区支部4，民主党には小選挙区支部4，参院選挙区支部2がそれぞれ存在し，民主党の方が多い．地域支部の数は，自民党67，民主党4と圧倒的に自民党が多い．なお，自民党の職域支部は33ある．時系列的に見ると，自民党の地域支部は53（1996年）から67（2005年）にまで増加していることが目立つ．ほかの組織類型については，大きな変化がない．

　金額の上では，民主党は自民党に匹敵する水準まで組織を拡大しつつあるように見えるが，その内実は選挙区支部の活動に偏ったものであり，自民党のように地域や職域をも通じた重層的な組織化には至っていない．これをもって，民主党の組織作りが進展していないと即断するのは禁物であるが，「民主党王

20）　その名称については，共産党では委員会，そのほかの党では支部と呼ばれる．県組織の場合，支部連合会（自民党），総支部連合会（民主党），本部（公明党），連合（社民党）などの呼称となる．

図 2-6a　調整済み支出の内訳：自民党

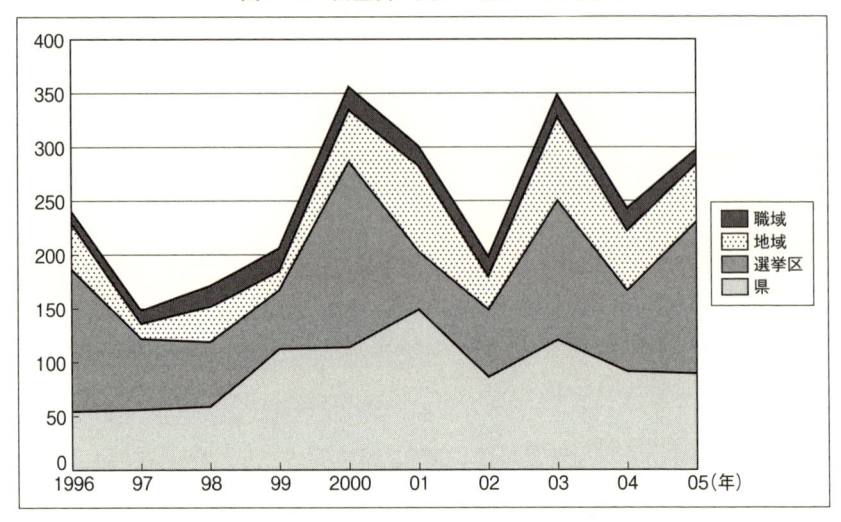

単位：100万円，出所：岩手県報

図 2-6b　調整済み支出の内訳：民主党

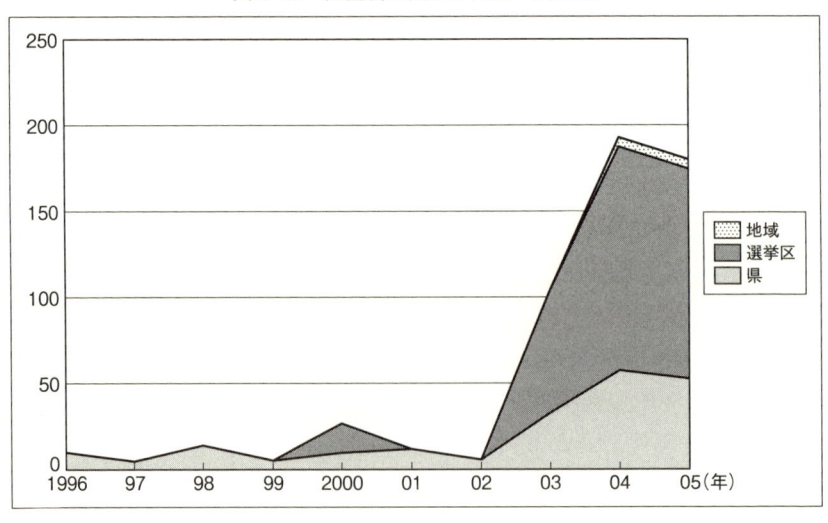

単位：100万円，出所：岩手県報

国」とされる岩手県の政党の有り様に新たな見方を提示している．

2.2. 釜石市における政党所属を通じたリンケージ

次に，国政と地方政治を結ぶフォーマルな関係である政党所属について釜石市議を事例に検討する．前節で見たように(表2-3)，1971年以降の釜石市議会には社会クラブ(市民クラブ)，公明党，共産党の3会派が存在し，選挙の際はそれぞれ社会党(社民党)，公明党，共産党を党派として届け出ている．表2-4は，これら3会派とそのほかの会派，党派届け出の有無について対応関係を見たものである．データは入手できた範囲内で各年の市議会議員名簿を再構成したものである．複数年の名簿に登載された議員をケースとするので，同一人物の事例が複数存在することに注意が必要である．

この表によると，「社会(市民)クラブ，公明党，共産党」の各会派の議員でありながら，党派の届け出を伴わない事例は僅かに7に過ぎない．この7事例は社会クラブに属していた議員1名が複数回カウントされた結果であり，例外的な事象と考えられる[21]．「その他会派」に属する議員で党派を届け出た者は5事例であり，党派として共産党を届け出たが当選者1名のため会派を形成できずに無会派となった事例を2つ含んでいる．以上から，選挙における党派の届け出，すなわち政党所属の表明と，議会内における議員活動の単位となる会派には対応関係があることを確認できる．つまり，国政と地方政治は政党所属を通じて議会の場でつながっているといえよう．以下，3党の会派を「政党会派」，そのほかの会派を「無所属会派」と呼ぶ．

では，政党に所属するか否かを決める理由とは何であろうか．2006年7月に実施したアンケート調査の結果を紹介する(表2-5)．

「政党所属の理由」として最も多く挙げられたものは「理念に共感」であり，個人的な信条が重要であることを示唆している．回答者が所属する政党は先ほどの社民，公明，共産の3党であり，当然の選択かもしれない．「支持者の支援」「政党の知名度」という「現世御利益」を期待する意見は少数である．また，「会派の活動(において有利であるから)」という選択肢を選ぶ者がいなか

---

21) 「21世紀の会」所属の平舘幸雄である．理由については，インタビュー記録を参照されたい(上神 2008b，第6章)．

表 2-4 会派と党派の対応関係:各年

	党派届け出	無所属
社会(市民)クラブ,公明党,共産党	87	7
その他会派	5	178

「その他会派」は無会派を含む
出所:釜石市議会議員名簿('71, '75, '79, '85, '87, '91, '95, '99, '05年)

表 2-5 政党所属ないし無所属の理由

政党所属の理由		無所属の理由	
理念に共感	7	政党が嫌い	0
支持者の支援	1	党利党略に巻き込まれたくない	8
資金の獲得	0	中央政治との関係不要	3
政党の知名度	1	地域での政治活動がしにくい	6
会派の活動	0	議会での自由発言	4
その他	1	選挙に有利	0

質問文:「政党に所属した理由(政党に所属しなかった理由)として最も近いものに2つまで○をつけて下さい」.出所:釜石市議会議員アンケート(2006年7月)

ったことから,判断の順序としては,先に政党所属があって後,自動的に会派加入となるのであろう.一方,「無所属の理由」として「党利党略に巻き込まれたくない」が8と最も多く,「地域での政治活動がしにくい」が6,「議会での自由発言(ができるから)」は4と続く[22].いずれも政党所属によって生じる拘束を望まないというわけである.そもそも「中央政治との関係不要」という意見もある.以上から,釜石市議における政党所属を通じたリンケージとは,社公共3党に限定すると,政策選好にもとづく支持に裏づけられたものであるといえよう.

2.3. 釜石市における系列関係を通じたリンケージ

国政と地方の政治家を結ぶリンケージとしては,「系列関係」も重要である.政党所属をフォーマルな関係とすると,系列はインフォーマルな関係であり,前者と比べると後者のつながりはより弱いと考えられる.本小節では先のアンケート調査を利用し,系列関係の「要」である選挙協力について,関連質問の

---

[22] ある保守系無所属議員によると,国会議員との関係において党籍がなくとも不都合はない(上神 2008b, 第4章).

結果を検討する．

　まず，直近の国政選挙において釜石市議は候補者の選挙運動に協力したのであろうか．回答結果によると，何らかの協力・支援を行った者の数は衆院選16名（協力せず3名），参院選15名（協力せず3名，未回答1名）である．調査票の回収数は19であるから，国政選挙においては8割近くの回答者が支援活動を行ったことになる．会派別に見ると，政党会派の回答者全員が協力を選択する一方，「協力しなかった」と回答した者はすべて無所属会派に属している．反対に，国会議員から選挙支援を受けたかとの問いに対しては，衆院議員からは公明党市議2名と共産党市議2名，参院議員からは共産党市議2名のみが支援を受けたと回答している．政党所属にもとづく選挙協力はインフォーマルな系列関係にもとづくものよりも活発と推測できる．

　では，どのような種類の協力が行われたのか．直近の国政選挙における釜石市議の活動内容について，衆参の回答結果を示した（図2-7a）．

　「投票依頼」「支持者動員」という一般的方法による選挙運動への参加が多い．人目につくことを目的とする「街頭演説（に参加）」「選挙カー同乗」から，「資金援助」「選対役員就任」へと選挙運動への関与の仕方が変わるにしたがって回答数も減る．政党会派と無所属会派とでは，積極度に大きな違いがある．衆院選の選挙運動について政党会派と無所属会派の差分を取ると，「投票依頼」（+4）[23]，「街頭演説」（+2），「選挙カー同乗」（+3），「資金援助」（+2）の各協力タイプにおいて，政党会派に属する議員の参加が多い．しかし，「選対役員就任」はすべて無所属会派に属する議員の回答である．参院選においても同様の傾向がある[24]．反対に，国会議員から受けた支援内容については，公明（衆）と共産（衆参）が「街頭演説」，共産（衆参）のみ「選挙カー同乗」と回答している．政党会派と無所属会派の違いを見ると，「街頭演説」（衆+4；参+2），「選挙カー同乗」（参+2）である．やはり，政党を通じた選挙協力は系列関係のそれより関与の度合いが大きいと考えられる．

　表2-6は，国政選挙において釜石市議が支援した候補者の政党を会派ごとに示したものである．数字は回答数を表しており，衆参を合算したものである．

---

23)　（政党会派議員の選択数 − 無所属会派議員の選択数）を示す．以下，同様．
24)　「投票依頼」（+5），「街頭演説」（+3），「選挙カー同乗」（+2），「資金援助」（+2）となる．

図 2-7a 国政選挙における協力の種類(複数回答)

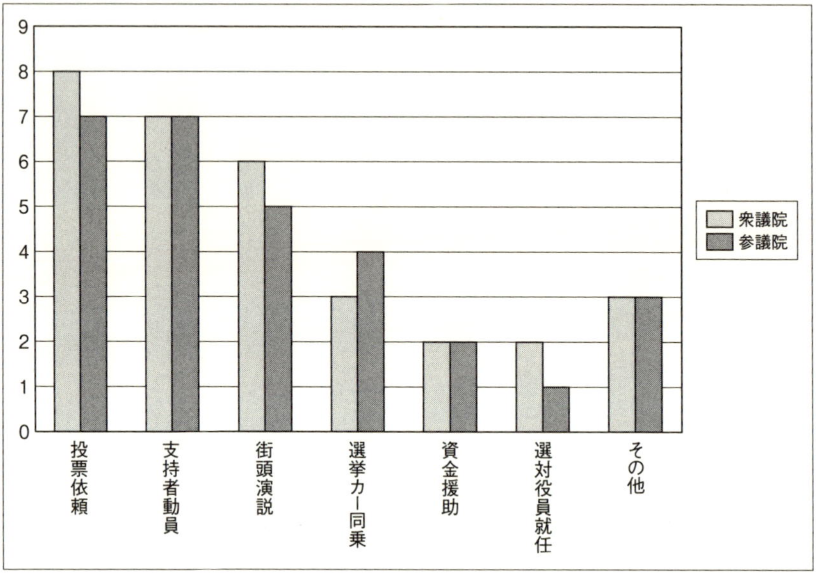

質問文:「他の政治家の選挙運動に協力・支援しましたか.また,その協力・支援の内容はどのようなものですか」
出所:釜石市議会議員アンケート(2006年7月)

　予想どおり,政党会派の議員は所属する党派を支援しているが,公明党の議員は自民党の候補者も挙げている.衆院選における自民党と公明党の選挙協力を反映していると考えられる.無所属会派については,最大会派の民政クラブが1名を除いて民主党候補者の支援に回っている.会派として民主党を支援しているわけではないことに注意が必要である(上神2008b,第1章).一方,海盛会,21世紀の会,清和クラブ(衆院選のみ回答)の各1名は自民党支援である.つまり,国政レベルにおける自民党と民主党の政治家はインフォーマルな系列関係を通じて釜石市議と連携していることが分かる.
　では,知事,県議,市長などほかの地方政治家との協力・支援関係はどうであろうか.とくに県議は国会議員を頂点とする「ボス・チェーン・システム」の一員であり,国会議員と市議の媒介役と考えられてきた(谷1987).回答結果によると,県議選において何らかの協力・支援を行った釜石市議の数は15名(協力せず3名,未回答1名),市長選は11名(協力せず7名,未回答1名),

表 2-6　国政選挙において支援した候補者の政党

	自民	民主	社民	公明	共産
民政クラブ	2	8			
海盛会	2				
21世紀の会	2				
清和クラブ	1				
市民クラブ			4		
公明党	2			4	
共産党					4
合計	9	8	4	4	4

質問文:「あなたが協力・支援した政治家は現在，どの政党に所属していますか」
出所:釜石市議会議員アンケート(2006年7月)

知事選は9名(協力せず8名，未回答2名)である．国会議員と県議の関係は本調査の対象外であり,「ボス・チェーン・システム」の全容を解明できないが，国会議員と市議の直接的な関係だけではなく，県議を介した間接的な関係の存在を推測できる．会派別に見ると，県議選の場合,「協力しなかった」と回答した3名すべて，市長選では7名中4名，知事選では8名中6名が無所属会派の議員である．

県議選における市議の協力は，どのような内容であったのか．図2-7bに回答結果を示した．

やはり,「支持者動員」「選挙カー同乗」「投票依頼」「街頭演説」といった内容が多く,「選対役員就任」や「資金援助」が少ないのは，国政選挙の場合と同様である．一方，政党会派と無所属会派における違いは大きくない．目立った違いがあるものは「投票依頼」(+4)のみであった．

反対に，ほかの地方政治家からの協力・支援については，県議から受けた者の数が10名，市長4名(未回答3名)，知事0名(未回答3名)である．やはり，県議との関係が深いようである．会派別では，県議から「支援はなかった」と回答した9名中7名，市長からは12名中9名，知事からは16名中12名が無所属会派の議員である．ちなみに，市長と知事からの支援の有無に関する質問の未回答者はすべて，政党会派に属する議員である．「県議から」に絞って，支援内容についての回答を紹介すると，「街頭演説」が最も多く9名，「選挙カー同乗」は2名，「支持者動員」「投票依頼」が1名ずつである．「選挙カー同乗」は共産党の市議のみである．しかし，政党会派と無所属会派とでは，いず

図 2-7b　県議会議員選挙における協力の種類(複数回答)

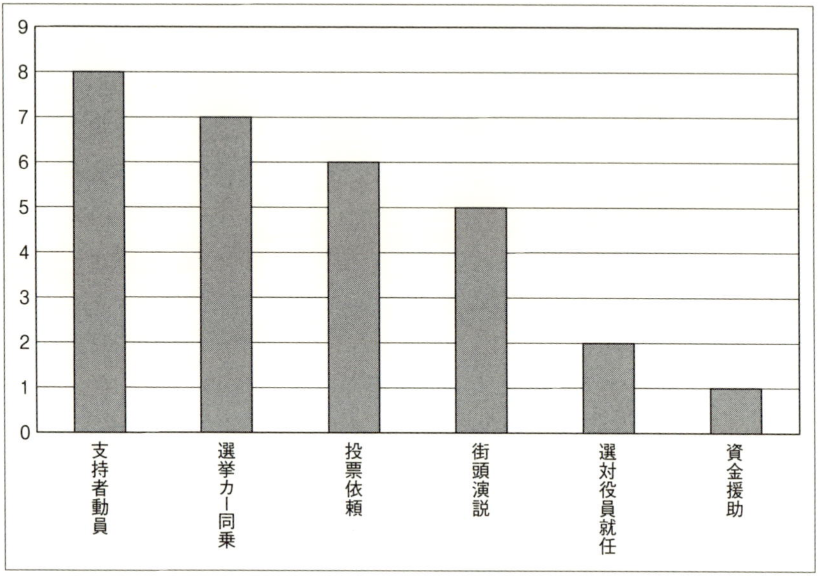

支持者動員	選挙カー同乗	投票依頼	街頭演説	選対役員就任	資金援助
8	7	6	5	2	1

質問文:「他の政治家の選挙運動に協力・支援しましたか．また，その協力・支援の内容はどのようなものですか」
出所:釜石市議会議員アンケート(2006年7月)

れも大きな違いはなかった．

　以上，本節では国政と地方政治を結ぶリンケージについて，政党を通じたフォーマルな関係，系列を通じたインフォーマルな関係の双方を検証した．釜石市議会議員のうち，公明党，共産党，社民党の議員は政党を通じて国政や県政レベルの政治家と結びついているが，多数を占める無所属議員は系列関係を通じて自民党ないし民主党の政治家と結びついている．最大会派である民政クラブのメンバーの多くは国政選挙において民主党の候補者を支援する関係にあるが，調査によると，党籍を持っているのは1人だけであった．すでに見たように，岩手県における民主党の組織は強固なものではない．「民主党王国」の岩手県においてすら，党の組織が末端まで浸透できていない実情を物語る．

3. 選挙制度の影響

　市議会議員とは公職選挙法に定められる投票によって選ばれる公職の1つである[25]．2003年8月現在の釜石市議会の定数は26であり，釜石市は選挙区を設けていない．有権者は単記非移譲式投票制によって議員を選ぶことになる．本節はいわゆる大選挙区制における棲み分け問題を中心に検討する．

3.1. 選挙区定数の効果

　2003年8月現在，釜石市議会議員選挙の定数は26である．人口の増減に応じて議会の定数は30(1947年以降)，36(1955年以降)，31(1983年以降)，28(1991年以降)，26(1999年以降)と変動してきた[26]．選挙区の定数と候補者数の関係については，リードによる「M+1ルール」が広く知られている(Reed 1990)．定数をMとすると，当選の可能性がある候補者は次点，すなわち得票上位から数えて「M+1」番目の候補者までとなる．「M+2」番目以降の候補者は当選の可能性が低いため，選挙制度への適応過程において候補者数は「M+1」に収斂していく．釜石市議選について検証したものが図2-8である．

　「M+1ルール」が予想するように，時間の経過につれて候補者数は定数に近づいている．1955年の選挙においては定数36に対して67名が立候補し，落選者は31名と最大であったが，1979年から1991年の選挙ではその数2名まで縮小した．その後，若干増えたが，2003年には4名となっている．得票で重みをつけた有効候補者数で見ると，定数と候補者数の差はさらに小さい．

　以上の検証結果から，釜石市議選においても選挙区定数の効果を見て取ることができる．選挙結果の予想をめぐる不確実性の減少によって，主観的な当選可能性が小さい候補者は出馬を見送るようになったことを示唆するように思われる．次の表2-7では，候補者の当選率を社民，公明，共産の各党と無所属の

---

25) 3条を参照．市町村議会議員はその市町村の区域において選挙する(12条4項)．政令指定都市は区域内に選挙区を設ける必要があるが，市町村は条例によって選挙区の設置如何を選ぶことができる(15条6項)．また，1人1票と明記されており(36条)，ほかに特段の定めがないので，単記非移譲式投票制となる．

26) 2007年8月実施の選挙では23，2011年9月実施の選挙では20となった．

84　第1部　選挙区定数の不均一性

図2-8　釜石市議会議員選挙における選挙区サイズの効果

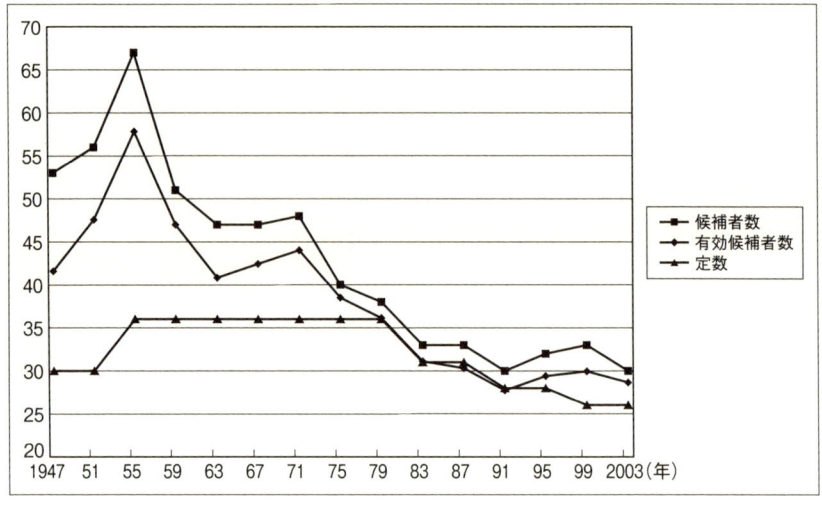

[グラフ：候補者数、有効候補者数、定数の推移（1947年〜2003年）]

単位：人．出所：釜石市選挙管理委員会

表2-7　釜石市議会議員選挙における党派別当選率の推移

	無所属		社民党		公明党		共産党	
1947年	63%	(43)	43%	(7)			0%	(3)
1951年	57%	(49)	50%	(4)			0%	(3)
1955年	53%	(62)	50%	(4)			100%	(1)
1959年	66%	(41)	86%	(7)			100%	(1)
1963年	79%	(28)	80%	(10)	100%	(1)	100%	(2)
1967年	74%	(31)	89%	(9)	100%	(2)	67%	(3)
1971年	68%	(34)	100%	(7)	100%	(2)	75%	(4)
1975年	86%	(28)	100%	(6)	100%	(2)	100%	(3)
1979年	93%	(27)	100%	(5)	100%	(2)	100%	(4)
1983年	95%	(22)	83%	(6)	100%	(2)	100%	(3)
1987年	95%	(21)	86%	(7)	100%	(2)	100%	(3)
1991年	95%	(19)	100%	(6)	100%	(2)	50%	(2)
1995年	87%	(23)	80%	(5)	100%	(2)	100%	(2)
1999年	78%	(23)	83%	(6)	100%	(2)	50%	(2)
2003年	86%	(21)	75%	(4)	100%	(2)	100%	(2)
平均	78%	(31)	80%	(6)	100%	(2)	76%	(3)

括弧内は候補者数．出所：釜石市選挙管理委員会

別に時系列で示した．共倒れしないように調整の上で立候補すると考えられる政党候補者の方が，無所属候補者よりも当選率が高いと予想できる[27]．

常に候補者を当選させてきた公明党を筆頭として，社民党や共産党，無所属の候補者の当選率も高い．いずれの候補者も最初の選挙から当選率を向上させており，次第に選挙制度へ適応してきたと考えられる．組織的な候補者調整の結果，政党に属する候補者の当選率が高くなることは首肯できるが，予想に反して無所属候補者のそれも劣らず高いことは説明を要する．どのような調整のメカニズムが存在するのであろうか．

3.2. 大選挙区制における地域的な棲み分け

かつて衆議院議員総選挙で用いられていた中選挙区制においては，複数の自民党候補者が「地盤」の形成によって地域的に棲み分けていたことが知られている．「地盤」とは「特定の候補者を集中的かつ継続的に支持する地区」とされる(山田 1992, 394)．水崎は中選挙区における自民党候補者の得票を分析することによって，得票の地域的な偏りを実証した(水崎 1981；同 1982)．自民党候補者が地域的に棲み分けてきた理由は，同一政党から出馬した候補者間の競争となり，政党ラベルによる差別化が不可能であるため，地域にもとづく集票を行うと説明できる．

従来から，釜石市議会には無所属議員が多かった(図2-3，表2-3参照)．2003年8月現在，無所属17名，社民党3名，公明党2名，共産党2名，自民党1名の構成である．労組(社民党)や宗教団体(公明党)，党組織(共産党)など，組織による「票割り」を期待できる候補者と比較すると，無所属の候補者にとって地域的な棲み分けは重要と考えられる[28]．まず，議員名簿の住所に着目してその構成を時系列的に見てみよう(図2-9)．図中では「昭和の大合併」(1955

---

27) かつて衆議院で採用されていた中選挙区制とは複数定数の単記非移譲式投票制(SNTV)であるため，政党は選挙区における支持の強度に合わせた数の候補者を公認し，さらにその票を候補者間に適切に配分しないと議席を最大化できなかった(Lijphart *et al.* 1986)．李(1992)はこのゲームを中選挙区ゲームと名づけ，その均衡戦略がドント式での得票・議席変換に等しいことを数学的に証明した．そして，自民党が得てきた議席はドント式にもとづく理論値より少ないことを明らかにし，自民党には票の配分能力が欠けていることを理由として示唆する．自民党の票割りに関する研究としては，Cox and Niou(1994)やCox and Rosenbluth(1994)などを参照．
28) 有権者の投票行動における地元要因については，第1章の表1-2bを参照．

図 2-9 釜石市議会における地域構成の推移

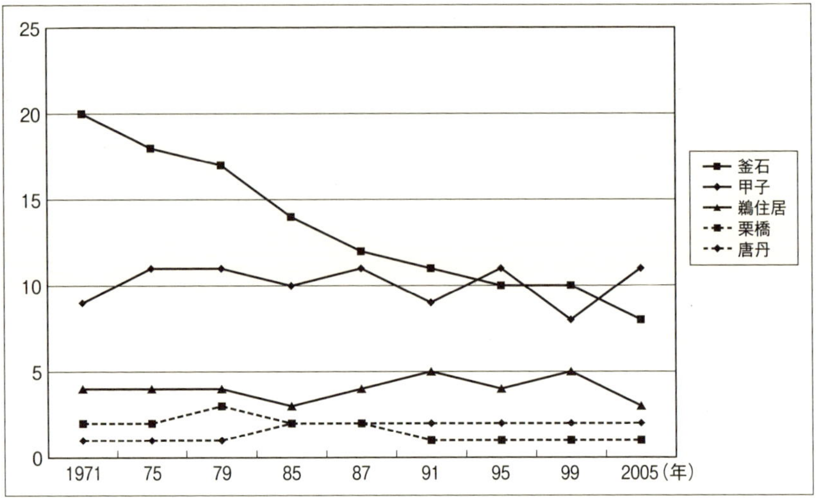

単位：人．出所：議員名簿(各年)，議員の住所より作成

年)の際に現在の釜石市を作ることになった，かつての釜石市，甲子村，鵜住居村，栗橋村，唐丹村の旧1市4村の別に分類した．

20名(1971年)から8名(2005年)へと議員数を半減させている，かつての釜石市の地域を除いて，ほかの地域はおおむね横ばいの状況にあることが分かる．2005年9月現在では，甲子11名，鵜住居3名，栗橋1名，唐丹2名となっている．

もし大選挙区制における地域的な棲み分けによって，(とくに無所属の)候補者が立候補の調整を行っているのであれば，議会内における同好のグループである会派を形成する議員は異なる町内から選出されているはずである．では，このような事例はどれ位あるのであろうか．表2-8は会派ごとに住所の重複の有無を示したものである．前節同様，このデータ・セットのケースは各年の名簿に記載された議員であるから，同一人物の事例が複数登載されていることがある．革政クラブの場合，データ・セットには所属議員の事例が15名分あり[29]，会派内で同じ年に住所の重複があった事例は5名分であることを意味す

---

[29] 同一人物が重複して登載されている事例を除くと13名分．

表2-8 会派と地域の重複

	重複	重複せず	合計
革政クラブ	5	10	15
社会クラブ／市民クラブ	29	26	55
市政同志会	0	5	5
新生会	0	5	5
共産党	6	15	21
公明党	0	18	18
市民クラブ※	2	11	13
清和クラブ	9	37	46
市政クラブ	2	5	7
民政クラブ	8	49	57
政友クラブ	2	4	6
政徳会	0	3	3
同志クラブ	0	4	4
憲政クラブ	0	2	2
海盛会	2	4	6
21世紀の会	0	5	5
新生クラブ	0	3	3
無会派	0	6	6
合計	65	212	277

網掛け部分は政党会派
出所：釜石市議会議員名簿（'71, '75, '79, '85, '87, '91, '95, '99, '05年）
※ 社会クラブ／市民クラブとは別の会派

る[30]．

　合計で見ると，重複事例65に対して重複していない事例が212であるから，このデータ・セットにおける釜石市議は同じ会派内における地域的な棲み分けを志向していると推測される．しかし，会派ごとに見ると，相当な違いがあることに注意する必要がある．とくに目を引くのが社会クラブ（市民クラブ）である．「重複」29，「重複せず」26であり，唯一「重複」が上回る会派である．この重複事例の住所はすべて甲子町である．かつて労働者層が多く住む社宅（釜石鉱山）が甲子町にあり，その住民を支持者とする議員が多かったためと考えられる．同様に，共産党においても重複している6事例の住所はすべて甲子町である．他方，公明党には住所の重複がない．
　では，これら3党の会派（政党会派）と無所属議員が構成する会派（無所属会

---

[30] 同一人物が重複して登載されている事例を除くと3名分．

表 2-9 支持団体の順位：会派別

		民政	海盛	21世紀	市民	公明	共産	計
地域団体	1位	3	1	1	1		2	8
	2位	1		1	1	1		4
労働団体	1位	2		1	2			5
	2位	1						1
宗教団体	1位					2		2
	3位							
同窓会	2位				1		2	3
	3位	1						1
PTA	2位							1
同業者団体	2位							1
同好会	3位			1	1		2	4
その他		−	1	1		1		3

質問文：「(後援会以外の)あなたの主な支持団体を3つまで順に選んで括弧内に記入して下さい」
出所：釜石市議会議員アンケート(2006年7月)

派)の間には，重複の有無について違いがあるのであろうか．政党による候補者調整を期待できない無所属議員は地域的な棲み分けを選ぶのであれば，両者には違いがなければならない．政党会派は「重複」35に対して「重複せず」59，無所属会派は「重複」30に対して「重複せず」153であり，無所属会派は「重複せず」が顕著に多い．つまり，とくに無所属会派に属する議員は地域的な棲み分けを重視していると考えられる．

ここまで分析してきた釜石市議の集計データは大選挙区制における地域的棲み分けの存在について有力な証拠を示しているが，あくまで間接的なものである．住所から「地盤」の存在を推測できるのか，地縁による集票を議論の前提としてよいのか，異論もあろう．そこで，釜石市議に対するアンケート調査によって，選挙において重要な支持団体を調査した(表 2-9)．

(後援会を除く)主な支持団体について第3位まで回答するように依頼したが，「地域団体(町内会，自治会など)」を選んだ者の数が一番多く，第1位8名，第2位4名と回答した者を合わせると12名に上る(第3位とした者はいなかった)．この質問文への回答者数は19であるから，6割以上の者が地域団体を第1位ないし第2位に選んだことになる．選挙における「地盤」の重要性を確認

できる．地域団体に次いで回答が多かったのは労働団体であり，第1位5名，第2位1名の計6名であった．製鉄所や電力会社（民政クラブ），教職員（市民クラブ），港湾労働者（21世紀の会）など，労組の支援を受けている議員の回答を反映した結果である．そのほか，公明党議員にとっての宗教団体（創価学会）の重要性は当然として，同窓会や同好会を支持団体として挙げる者が多い．

　無所属会派と政党会派とでは，地域団体の重要性に違いが見られる．無所属会派の議員が支持団体として挙げた回数を数えると，民政クラブは地域団体4，そのほかの団体4，海盛会は地域団体1，そのほかの団体2，21世紀の会は地域団体2，そのほかの団体3であり，合計すると地域団体7，そのほかの団体9となる．一方の政党会派であるが，市民クラブは地域団体2，そのほかの団体6，公明党は地域団体1，そのほかの団体3，共産党は地域団体2，そのほかの団体4，合計すると地域団体5，そのほかの団体13である．無所属会派と政党会派を比較すると，前者において地域団体の重要性がはるかに高いことが分かる[31]．

　では，本節が予想するように地域団体を主要な支持団体と回答した者は同一

---

31) なお，1978年から1979年にかけて実施された京都府市町村会議員調査によると，釜石市と同じ人口規模（34,000人から68,000人）の場合，1番目の支持団体として最も多くの言及があったのは地域団体である（1番目59％，2番目23.8％）．その後に労働団体（16.2％，8.6％），宗教団体（5.7％，2.9％）と続く．同窓会（1.9％，8.6％）や同好会（1.9％，6.7％）も言及が多いが，最も重要というわけではない．我々の調査とおおむね同じ結果であるが，農業団体（2.9％，19％）を挙げる者が多いという特徴がある（依田1980，表1）．時代的ないし社会経済的な背景を反映していると考えられる．政党別に見た支持団体の回答結果は，社会党と共産党は労働組合を1番目に挙げる者が最も多く，民社党ではわずかに地域団体に届かない．自民党と無所属では地域団体を挙げる者が圧倒的に多く，公明党にとっては宗教団体が最も重要である（村松・伊藤1986，59，表2-2）．
　1980年から1981年にかけて大阪府下13市で行われた議会議員調査でも，地域団体を第1位に挙げる者が最も多い（36.1％）．宗教団体（20.4％）が労働団体（13.9％）を逆転しているほかは，第2位以下の順位で同窓会や同好会が挙げられる点も同じである（間1984，表2，表5，表2-1(2)）．大阪府下の町村会議員に対する調査では，地域団体への言及が多い点は同じであるが，労働団体が少ないという特徴がある（同論文，49）．
　1981年に実施された愛媛県下市町村会議員調査の結果も同様である．人口規模30,000人から99,000人の自治体の場合，第1位に挙げられる支持団体は地域団体（58.2％），労働団体（12.7％），宗教団体（8.2％）である．第2位は農業団体（19.1％），同窓会（17.3％），同業者団体（9.1％）の順である．自民党や保守系無所属は地域団体，社会党と民社党は労働団体，公明党は宗教団体を最も重要と考えている（北原1983，表8-a，b）．
　1984年に実施された岡山と神奈川両県の市町村議会議員調査によると，選挙における主な支持基盤として，（後援会を除くと）地域団体が挙げられる割合はやはり圧倒的に高い．労働団体，宗教団体が続く点も同様である（岡山大学地方自治研究会編1985，50）．

表 2-10 地域団体の順位：会派別，地域別

会派	行政区	第1位	第2位
市民クラブ	A 町	1	1
共産党	B 町	1	
	C 町	1	
民政クラブ	D 町	1	
	E 町	1	
	F 町	1	
21世紀の会	A 町		1
	G 町	1	
	F 町		1

質問文：「(後援会以外の)あなたの主な支持団体を3つまで順に選んで括弧内に記入して下さい」
出所：釜石市議会議員アンケート(2006年7月)

会派内で棲み分けているのであろうか．この点を確認するため，同じ会派から1名のみ選択している公明党と海盛会を除いて，表2-9をさらに回答者の住所によって分けてみた(表2-10)．なお，回答者の特定を避けるために，行政区名をアルファベットで示してある．表中で同じアルファベットが表す行政区は同一のものである．

地域団体を主な支持団体とする者のなかで，同じ会派に属しつつ同じ町内に住む者は市民クラブの2名のみである．ただし，この場合も第1位，第2位と順位には違いがある．ほかの会派ではすべて住所が異なる．この分析からも同一会派内における地域的な棲み分けの存在を確認できる．

3.3. 大選挙区制における政策的な棲み分け

最後に，保革イデオロギー軸上における議員自らの位置づけと会派の関係を見る(表2-11)．アンケートの結果によると，「どちらかと言えば保守的」「やや保守的」「保守的」と回答した議員数は5名，「どちらかと言えば革新的」「やや革新的」「革新的」と回答した議員数は13名であり，「革新」側が多い．アンケートの未回答者はすべて無所属会派の議員であり，「保守」側の回答が少ない理由の1つと考えられる．

保革の軸に沿って各会派を並べると，清和クラブ，21世紀の会，民政クラ

表 2-11　会派と「保革」の位置づけ

	革新的	やや革新的	どちらかと言えば革新的	どちらかと言えば保守的	やや保守的	保守的	合計
清和クラブ						1	1
21世紀の会				1	1		2
民政クラブ		1	3	1	1		6
海盛会		1	1				2
公明党		1	1				2
市民クラブ	2	1					3
共産党	2						2
合計	4	4	5	2	2	1	18

質問文:「政治の立場はこれまでよく「保守」—「革新」の言葉で表現されてきました. このものさしで, あなたの立場を示すとしたらいかがですか」
出所:釜石市議会議員アンケート(2006年7月)

ブ, 海盛会, 公明党, 市民クラブ, 共産党の順となる. 彼らないし彼女らが国政選挙で支援する政治家の政党と(表2-6), 自民, 民主, 公明, 社民, 共産の各党という国政レベルにおける保革の並びは, (海盛会を除いて)ほぼ一致している.

　民政クラブを例外として, 会派内における政策的な分散は大きくない. 政策的な相違は会派を分けるものであって, 会派内の棲み分けメカニズムとはなっていないと考えられる.

　本節は大選挙区制における棲み分け問題を中心に検討してきた. 地域的な棲み分けが基本であるが, その比重は政党会派と無所属会派とでは異なる. 社民, 公明, 共産の各党に所属する議員にとって労組や宗教団体など地域団体以外の組織の重要性も大きい. 一方, 無所属会派の議員の主要な支持基盤は地域である. 同一行政区在住の無所属議員は異なる会派に入る傾向があり, その結果, 同一会派内における地域的な重複は回避されている. この点からも無所属会派の議員が地域的な棲み分けを志向していることを確認できる. 衆議院の小選挙区制とは異なり, 2大政党化を推し進める定数の制約が存在せず, 同一地域に地盤を有する複数の議員を包摂して党の組織化を進めることも容易ではないといえる.

むすび

　本章は，中央政界における政党再編成が地方政治のレベルにまで及ぼす影響について，岩手県釜石市議会議員を事例として検証した．岩手県は政界再編において主導的な役割を果たした小沢一郎の地元であり，衆院選や県議選は大きな影響をこうむっている．しかし，その影響は市議選や会派構成にあらわれず，党派性の不連続が見られる．なぜなら，政党よりもインフォーマルな系列を通じた関係によって国政や県政レベルの政治家とつなぎ止められている市議が多く，彼らないし彼女らの選挙における合理的な行動は市議会の選挙制度によっても規定されているからである．

　しかし，政党別に見ると，その関係も多様であることが分かる．岩手県において主要な勢力である民主党と自民党の組織を見ると，民主党のそれは選挙区支部に偏っており，地域や職域レベルにも支部を有する自民党に及ばない．釜石市議会では，多数派である無所属議員は民主党ないし自民党と系列関係を通じて連携している．一方，公明党や社民党，共産党の市議は政党所属を通じて国政と連携している．政党会派よりも無所属会派に属する議員にとって，地域的棲み分けはより重要であることが判明した．

　本章の事例を性急に一般化することは慎むべきであるが，中央政界における政党再編成が地方政治にまで浸透する程度を左右する2つの変数があることを示している．1つは，歴史的に形成されてきた国政と地方政治を結ぶ政治家間の関係である．もう1つは，衆議院と地方議会における選挙制度の不均一である．本章の事例――系列を通じたリンケージと大選挙区制――はむしろ一般的と考えられるが，都市部の市区レベルにおいては，保守系議員も党の議員団を構成していることが多い．また，政令指定都市においては行政区を単位とするため，複数の選挙区が設けられており，選挙区を1つとするほかの市町村よりもその定数はかなり小さい．つまり，地方政治家の党派化の度合いや選挙制度の定数は多様であり，選挙制度改革によって政党がたどり着く組織の形態も1つではないと考えられる．衆議院の選挙制度にのみ着目するならば，政党組織はいずれ単一の形態に落ち着くはずであるが，このような静態的で一様な見方

とは異なり，本章は動態的で多様な政党の姿を示唆するものである．

　自民，民主両党の公式的な組織が地方に浸透しないことの政策的なインプリケーションの1つは，地方議員に対する政党の政策的な規律は弱い，ということである．第3章では，衆院選の候補者と地方議会選挙の候補者との間に政策的な規律が存在しないことを前提として，不均一な選挙制度における空間競争モデルを構築し，その妥当性を検証する．

第3章　不均一な選挙区定数が政策に及ぼす影響

はじめに

　異なる選挙制度は，求心的ないし遠心的，相反する方向への候補者間競争をもたらす(Cox 1990)[1]．本章では，衆議院議員総選挙と地方議会選挙，2つのレベルにおける候補者間競争を組織的にリンクしたものと捉える．地方議会の定数の大きな選挙区における遠心的な候補者間競争の影響を受けて，衆議院の小選挙区における候補者間競争は中位投票者の政策立場に収斂するという理論的な予想が成立しない条件を示し，データの分析によって検証する．

　第1節では，選挙制度の不均一性を組み込んだ空間競争モデルを構築し，その均衡を明らかにする．先行研究によると，党活動家の選好など組織的要因をモデルに取り入れた場合，小選挙区制においても候補者の政策位置は中位投票者のそれに収斂しない可能性があるとされる．本章も選挙における組織の影響を重視するが，その構成員(地方議員)もまた，選挙競争の圧力にさらされていることをモデル化する点が従来と異なる．

　前の各章にて紹介したように，日本における国政と地方の政治家は「系列」と呼ばれる相互扶助関係にもとづく集票組織を構成している．小選挙区の候補者を支援する組織(たとえば，後援会)の政策選好を系列議員の政策的な最適点の平均値ないし中央値として捉えると，地方議会の大選挙区ないし中選挙区において競合する系列議員によって構成される組織の立地と，衆議院の小選挙区

---

[1]　本章の第1節は清水大昌先生との共著論文を基に，第2節は堤英敬先生との共著論文を基に，それぞれ再構成したものである(上神・清水 2007；堤・上神 2007)．清水先生が担当された数学的な証明については主に補論Ⅰに入れた．再掲をお許し下さった両先生に心から感謝したい．

における中位投票者の位置とは必ずしも一致しない．理論的には，地方議会選挙で競合する候補者の数が増えるほど，後援組織の選好は小選挙区の中位投票者の位置から離れていく．このような組織の選好は，国政選挙の候補者が地方議員に集票を依存している場合に効果を発揮する．つまり，政策空間上にて競争する小選挙区の候補者が後援会を通じた組織動員の必要にも迫られる場合，異なる選挙制度で競争する系列の地方議員の選好に拘束され，中位投票者への収斂が必ずしも進まない．したがって，候補者によって組織動員への依存度や系列議員の選挙情勢が異なるため，最適立地点を一義的に決定することはできない．

日本の2大政党については，公約データ分析やアンケート調査によって政策的な凝集性の低さが指摘されている．同一政党に所属する候補者の主張にはかなりの分散が見られるが，この点に関する第1節の利点は，空間競争モデルの観点から政党内の政策的なばらつきを整合的に説明する仮説を提示できることである．

第2節では，2003年総選挙における候補者の公約データを利用して，政党内の政策的な分散を検証することから始める[2]．候補者の選好は政党ごとに凝集的か，政党間の政策的立場の違いを明確に確認できるか，分析を行う．結論から述べると，先行研究と同様，自民党と民主党の政策的な凝集性は高くないことが確認できる．次いで，この政策的な分散を説明するために，第1節のモデルを適用する．とくに都道府県議会議員の選挙において，半数以上の議員が定数2以上の選挙区で選出されていることに注目し，こうした国政選挙と地方議会選挙の間における制度の不均一性が候補者の選好に与える影響について実証的に検討する．

地方議員との系列関係はインフォーマルなものであり，その関係を操作化するのは容易ではない．そこで，比較的に党派化が進んでいる都道府県議会のレベルとの関係に焦点を絞るだけでなく，多数の所属議員を抱える自民党に対象を限定する．また，自民党の国会議員間には政策的な分業関係が存在すること

---

[2] 2003年総選挙のデータを分析の対象とする理由は，政党のマニフェスト（政権公約）が初めて選挙運動で使われた「マニフェスト選挙」であり，マニフェストと候補者公約の比較分析を行う第6章でも用いられるからである．

が知られている.建林(2004)は,その原因として中選挙区制における候補者の適応戦略を指摘する.中選挙区制においては,通常,自民党から複数の候補者が出馬するため,地域ないしセクターにもとづく棲み分けが必要となる.その結果,候補者の選好は多様なものとなり,自民党内に政策的な分散が生じたと考えられるが,小選挙区制が導入されても政策的な凝集性の向上が見られない.その原因について探求することが,自民党を取り上げるもう1つの理由である.一方,民主党所属の都道府県議は少ない.同党内の政策的な凝集性が高くないとしても,選挙制度の不均一性が原因ではないと考えられることが民主党を対象としない理由である.

　第2節の分析から,選挙制度不均一モデルについておおむね肯定的な検証結果を得た.政党を構成するアクターは国会議員に限らない.地方議員も重要なアクターの1人である.国政とは異なる選挙制度によって規定されている地方議員が政党の政策に及ぼす影響についても考慮に入れる必要がある.

1. 選挙制度不均一問題と空間競争モデル

　Hotelling(1929)を嚆矢とする空間立地論はDowns(1957)によって2大政党間の競争に適用され,とくに,候補者間の立地競争が中位投票者の政策位置に収斂する「中位投票者理論」について研究が蓄積されてきた[3].たとえばCalvert(1985)は,多次元の政策空間における立地競争において,候補者自身が政策選好を持ち,有権者の選好についての情報が不完全という2つの条件が共に成立する場合以外はメディアンに収斂することを示し(共に成立してもわずかに中央から離れるのみ),中位投票者理論の頑健性を明らかにした.しかし,現実の選挙では,両候補者の政策位置がメディアンで完全に一致するとは考えられない.このような通常モデルの限界を乗り越えるため,中位投票者への収斂を妨げるメカニズムとして合意争点の存在や組織の影響を考慮に入れるアプローチが考えられてきた.これらは(アメリカにおける)現実にモデルをより近づけようとする試みでもある.

---

[3] 中位投票者理論については,Black(1958)を参照.

まず，従来の空間競争モデルが想定していた対立争点に加え，合意争点，すなわち皆が同じ立場を取る争点(清廉潔白な政府，経済的繁栄など)をどのようなモデルで扱うか，Stokes(1963)によって問題が提起された．近年の研究によると，合意争点のほかに，選挙区サービスや資金量で優位に立つ候補者，優れた人格，カリスマ，知性といった有権者すべてが好ましく思う特質 valence advantage を備える候補者は中央に移動できる一方，それらに劣る候補者は中央から離れるという[4]．直感的に説明すると，上記の諸点で有利な候補者と不利な候補者が同じく中位投票者の政策位置に立地しても，当然，後者は勝つことができない．そこで，より急進的な有権者の票を獲得するために，メディアンから離れた位置に立地する．有権者による業績投票や個人投票のモデルとも整合的な説明であるが，これ以上の検討は別稿に譲る(Fiorina 1981; Cain et al. 1987)．

　本節が注目する組織的要因については，Aranson and Ordeshook(1972)や Aldrich and McGinnis(1989)，Moon(2004)，Schofield(2005)などがある．前2者はともに予備選挙と本選挙からなる2段階の選挙プロセスをモデル化する．予備選挙の参加者は共和党なら右寄り，民主党なら左寄りの有権者のため，それぞれの党内における中位投票者の政策位置は全有権者が参加する本選挙のそれよりも極端であり，それ故，中央から離れたものとなる[5]．候補者が選挙運動の資源を党や活動家に依存すると考えるならば，本選挙における候補者の政策立場は必ずしも収斂しないという結果になる．近年では，有権者が好ましく思う特質 valence advantage と組織による集票のトレード・オフ関係もモデル化されている．たとえば，Moon(2004)は「資源制約選挙モデル resource-constrained election model」を提示し，アメリカ上院議員選挙を事例として検証する．候補者自身の資源(現職優位や経済力，政治的経験など)が大きい場合は，

---

[4] Groseclose(2001)を参照．同様に，多次元モデルの均衡を探った Ansolabehere and Snyder(2000)によると，合意争点において優位に立つ候補者ないし政党は対立争点において穏健な立場を取るという．Macdonald and Rabinowitz(1998)によると，争点投票の「近接性モデル」と「方向性モデル」，どちらの有権者分布を前提としても，合意争点において不利にある政党はより極端な立場を取る．また，Ansolabehere, Snyder, and Stewart(2001)は，1996年アメリカ下院選挙のデータを用いて，現職でない有力候補者がほかの候補者よりも穏健であることを実証的に示す．

[5] 活動家分布の数学的証明については，Aldrich(1983)を参照．

政党活動家の資源に依存する必要性が低下するため,候補者はメディアンに接近できる.逆に,候補者自ら保有する資源が少ない場合は,中心から離れ,党活動家の政策選好に近づくことによって彼らの資源を動員する.この場合はメディアンに収斂しない.Schofield(2005)も同様のモデルをイギリスの政党制を事例として検証し,肯定的な結果を得ている.すなわち,党首アピールと組織力をトレード・オフ関係と捉え,党首が魅力的でないと活動家への依存が高まり,党の政策立場は中心から離れるという.

党組織への依存度を変数としてモデルに組み込んだ点が上記の諸モデルの貢献であるが,それに加え,本節では組織の構成員を異なる選挙制度で選出される公職者としてモデル化する.先述のとおり,日本における国政選挙の候補者は系列関係にある地方政治家を通じて後援組織を構成するといわれる.アメリカの事例を中心にモデル化した先行研究とは異なり,組織の最適立地を定数とは考えず,地方政治家への集票依存度や地方議会選挙区の定数という多様な値を取り得るパラメータによって衆議院小選挙区の候補者の政策位置が決まると考える.

1.1. モデルの概要

本節では,候補者は2つの経路を通じて票を追求すると考える.1つはダウンズが定式化した政策空間における候補者間競争によって,もう1つは系列の政治家を通じた組織的な努力によって,である.前者が有権者の投票行動における争点態度や政策選好を前提とするのに対して,後者は社会的ネットワークによる働きかけを重視する.すなわち,衆院選の候補者は政策空間における最適な立地を目指す一方,後援組織を構成する系列の都道府県議や市町村議の集票活動にも依存する.前者を「政策動員」,後者を「組織動員」とし,両者の比率は選挙区や候補者の属性によって変わり得るものとする.

先行研究にしたがえば,選挙区サービスや資金量,優れた人格,カリスマ,知性といった有権者が好ましく思う特質 valence advantage を備えた候補者は組織動員への依存度が低いと考えられるが,本節のモデルでは定数として扱う.

また,系列の地方議員(ないし候補者)による組織動員を所与とせず,衆院選候補者の政策的な立地が彼らの理想点に近づくほど,集票努力は増加すると考

える．たとえば，都道府県議選の候補者は自身の選挙において系列の市町村議を通じた組織動員だけではなく，空間競争による政策動員も同時に行う．よって，都道府県議選の候補者にも政策的な最適立地が存在し，彼らが衆院選の候補者を応援する場合，政策的な距離が重要な（ディス）インセンティブと考える．つまり，地方議会選挙でも政策空間上の候補者間競合が存在することが議論の前提となる．地方選挙における有権者の政策志向については，第1章で明らかにしたとおりである．

本節では，衆議院と地方議会，2段階の選挙に参加する2つの政党が存在すると仮定する[6]．M+1法則にしたがい，地方議会選挙においては，合計 n 候補者があり，$n-1$ 人が当選すると仮定する（Reed 1990; Cox 1994）．政党1の候補者数を n_1 とし，同じく政党2の候補者数を n_2 とすると，$n = n_1 + n_2$ となる．それぞれのレベルの選挙において，第3党の戦略的参入は想定しない[7]．

通常，小選挙区の候補者は対立候補者との得票差の最大化を目指すと考えられるが，重複立候補した場合，集票最大化によって惜敗率を高め，比例区議席の獲得につなげることができる．そのためには，比例名簿に同一順位で登載されなければならないが，このような名簿の構成方法は一般的である．よって，本節では候補者の目的を集票最大化とする．

また，各選挙は1次元の政策空間上において行われるとする．その線上で最も左の点を0，右の点を1と置く．各投票者は政策空間上で単峰型の選好を持つとする．政策立地点を x と表示すると，投票者の分布はすべての点 x において $v(x)>0$ が成り立つと仮定する．ここで $v(x)$ は政策線上において最も望ましい点であるという選好を持つ投票者の数である．すると投票者の分布は［0, 1］空間での一様分布へと基準化することができる[8]．

棄権は考慮に入れず，有権者の選好について完全情報を前提とする．つまり，

---

6) 現実には，衆議院小選挙区と地方議会選挙区の対応関係は1対1でなく，小選挙区は複数の地方議会選挙区を内包する場合があり，しかも衆議院，都道府県議会，市町村議会の3層構造を構成している．本節のモデルは選挙制度不均一のメカニズムをよりシンプルに表現したものである．

7) 有権者の棄権と第3党による新規参入の可能性を考慮に入れた邦語の業績として，岸本・蒲島（1997）がある．2党競合（1争点）の場合は棄権者がある程度存在すると政策立場が離れる可能性があるが（同論文，90），3党競合（2争点）の場合では棄権率が高くなるとむしろ政策立場は中心に集まる（同論文，92），との指摘は興味深い．

8) よって，基数はここではとくに意味を持たず，数は序数としてのみ意味を持つこととなる．

本節は最もシンプルな空間競争モデルを想定しており，小選挙区において中位投票者理論の頑健性が確保されている点に注意すべきである．

政党 i の小選挙区候補者にとって，系列の地方議員が構成する後援組織の政策的な立地点を定義できる．これは地方議会選挙レベルにおいて n_i 人いる候補者たちの立地点により決められる．例を2つ挙げると，n_i 人の候補者のメディアンと平均値である．本節では，後援組織の政策立地を決定する地方議会選挙の結果は前もって定められていると考える．つまり，衆議院小選挙区の選挙で有利になるよう，地方議会選挙において候補者や後援組織が立地点を変更することを考慮しない．後援組織の立地点の決定は次の1.2節，この小選挙区への影響については1.3節で詳しく紹介する．

1.2. 後援組織の政策的な立地点の決定

本小節では，地方議会選挙において各政党の候補者がどのように政策立地を決定するかを扱う．まず，候補者は1次元の政策空間上に立地するが，この際の均衡結果は Hotelling(1929) を拡張した Eaton and Lipsey(1975) が示したような，多人数候補者による立地競争の均衡となるとする．つまり，候補者数が2の場合は中央に集積し，3の場合には純粋戦略均衡が存在せず，4の場合は1/4の点に2名，3/4の点に2名立地することとなる．5の場合は1/6に2名，1/2に1名，5/6に2名が立地する．これらはすべて唯一の均衡結果である．候補者が6人以上いる場合には，均衡が唯一ではなくなる．そこで，本小節では各投票者から最も近い候補者への距離をすべての投票者について合計(積分)したものを最小にするような均衡を扱うこととする[9]．以下，このレベルの選挙での候補者は $n \geq 4$ と仮定する．

---

9) この均衡では2者が $1/(2n-4)$ に，もう2者が $(2n-5)/(2n-4)$ に立地し，そのほかの候補者はその間を均等に立地することとなる．たとえば，n が6人の場合は政策パターンは $(1/8, 1/8, 3/8, 5/8, 7/8, 7/8)$ となる．このような種類の均衡を採用する理由としては，まず扱いやすさ (とくに n が偶数か奇数かによって違う場合分けにしなくてよい)がある．また，このモデルでは扱われていないが，もし投票者にとって棄権という選択肢がある場合にできるだけ多くの有権者に投票をするよう促すためには，均衡立地のなかではこのパターンが最適であるということも挙げられる．

このように均衡における政策立地が決まるとする．この際，候補者の左(0)から n_1 人が政党1から，右(1)から n_2 人が政党2からの候補者であると仮定する．ここで，後援組織の政策的な立地点を実際に求めよう．これは候補者やその政党の支持者が考える，その政党の政策の中心部と

命題1：後援組織の政策的な立地点 m_i が，地方議会選挙の系列候補者が立地する点のメディアンである場合でも算術平均である場合でも，（n_1 が小さい場合を除いて）m_i と中心点 1/2 との距離は系列候補者数の減少関数となり，他陣営候補者数の増加関数となる．

証明：補論Ⅰを参照．

以下，小選挙区において，候補者は m_1 と m_2 をそれぞれ，後援組織の政策的な立地点と考えて行動すると仮定する．

1.3. 均衡の決定

前小節で各候補者を後援する組織の政策立地が決定された．以下では，この結果を所与として，各候補者は小選挙区の選挙において各々の最適立地点を決めるとする．

小選挙区の選挙について，本小節では2種類の設定を考える．すなわち，同時手番ゲームと逐次手番ゲームである．前者は Hotelling(1929) より使われている標準的な設定であり，そこでは均衡において候補者が中央に集積するという結果が導き出されている．しかし，本小節の設定ではあるパラメータにおいて純粋戦略均衡が存在しないため，純粋戦略均衡が必ず存在する逐次手番ゲームにおける分析も行う．

逐次手番ゲームにおいては，あらかじめ決められた順番で各政党が政策立地を決める．同時手番ゲームと異なる重要な点は，最初に設定した政策に政党がコミットできることである．つまり，次に行動する政党が政策立地を決めた後に最初の政党の政策が簡単に揺らがない．2候補者の逐次手番ゲームでの均衡は，同時手番の場合と同じく中央集積が起こる．これについては後に簡単に述

して捉えることができる．すなわち，その候補としてはメディアン，もしくは算術平均が挙げられる（Aldrich and McGinnis(1989) では，政党の政策位置を党活動家の平均値で近似している）．
　メディアンはこのような分析の際によく使われるといえる．長所としては，その点に地方議会選挙の候補者が実際に存在していること，そしてメディアンを求める計算が簡単なことがある．それに対して算術平均は求める計算は多少難しいが，各候補者から後援組織の立地点への距離の2乗を最小化する点と一致する，つまり誰からも極端に離れていない．また，端にいる候補者の立地点の微少な変化に対してメディアンは反応しないが，算術平均は影響されるため，全候補者の意向を反映しているといえる．いずれにせよ長所短所はあるが，本節では両方扱うこととする．

べる.

なお,本小節では片方の政党が地方議会選挙の候補者を独占している状況は考えない.よって,$m_1<1/2$ と $m_2>1/2$ が成立しているとする.

同時手番ゲームにおける均衡

まず,小選挙区の候補者が同時に政策立地点を決める場合について分析する.候補者は目的関数 $V_i=(1-\lambda_i)P_i(x_i,x_j)+\lambda_i(1-|m_i-x_i|)$ を最大化する.ここで $P_i(x_i,x_j)$ は政策動員による得票数であり,両候補者の政策位置を参照して投票先を決める有権者のなかで,候補者に投票する人の数である.$P_1+P_2=1$ と基準化する.また,$(1-|m_i-x_i|)$ は系列の地方議員を通した組織動員による得票数を表す.m_i は前小節で求めた後援組織の政策的な立地点であり,x_i は本小節で考察する各候補者の立地点である.ここで $P_i(x_i,x_j)$ と $(1-|m_i-x_i|)$ を $\lambda_i\in[0,1]$ によって加重平均したものが V_i であり,これは小選挙区候補者の総得票を表す.つまり,λ_i は政策動員に対する組織動員の相対的有効性を示すパラメータになっている[10].

命題2:$\gamma_1\leq 1/2$ かつ $\gamma_2\leq 1/2$ が成立している場合,$\bar{x}\equiv x_1^*=x_2^*=1/2$ はナッシュ均衡となる.またこれ以外の点では集積均衡は存在しない.

証明:補論Iを参照.

$\gamma_i\leq 1/2$ は $\lambda_i\leq 1/3$ に対応している(脚注10).よって,この命題は組織動員による得票数が政策動員による得票数の $1/2$,つまり総得票数 V_i の $1/3$ 以下の割合しか占めていない場合を扱っている.このような場合,候補者は中央集積を選ぶ.次の命題は,組織動員の割合,つまり γ_i が十分大きい場合に,お互い

---

[10] 本章2.3節の集票依存度に該当する.また,以下の分析を簡明にするため,目的関数を次のように変化させる.V_i の式の両辺を $1-\lambda_i$ で割り,$\hat{V}_i=V_i/(1-\lambda_i)$ そして $\gamma_i=\lambda_i/(1-\lambda_i)\in[0,\infty]$ と置くと,目的関数は次のように変換できる:$\hat{V}_i=P_i(x_i,x_j)+\gamma_i(1-|m_i-x_i|)$.$\gamma_i$ は λ_i と同じく,これが大きい場合に組織動員の相対的有効性が高いことを表す.ここで $\gamma_i=0$ の場合は $\lambda_i=0$ となり,目的関数は政策動員のみに依存する.また γ_i が非常に大きく無限大に近づいている場合は λ_i が1に十分近い場合と同意義となり,組織動員の相対的重要性が政策動員より圧倒的に大きいことが表される.この設定におけるナッシュ均衡 (x_1^*,x_2^*) を求めていく.$*$ は均衡を示す.

の後援組織の政策的な立地点に位置する離散均衡が存在することを示している．

命題3：$\gamma_1 \geq 1/2$ かつ $\gamma_2 \geq 1/2$ が成立している場合，$x_1^* = m_1$ かつ $x_2^* = m_2$ はナッシュ均衡となる．
証明：補論Ⅰを参照．

よって，γ_i が十分大きい場合には，後援組織の政策的な立地点に位置することにより，各候補者は得票を最大化することができる．

なお，γ_i の一方が1/2より大きく他方が1/2より小さい場合には，純粋戦略のナッシュ均衡が存在しない．このような場合を分析するため，次に紹介する逐次手番ゲームを用いる．

逐次手番ゲームにおける均衡

以下では，逐次手番で候補者が政策を決める場合を分析する[11]．逐次手番ゲームにおける均衡概念はサブゲーム完全均衡であり，後方帰納法によって均衡は求められる．すなわち，候補者1が政策を最初に決定し，それを確認した後に候補者2が政策を決めるとする．後方帰納法により，2が1の行動に対して最適な反応を行ったことを所与として，1は立ち返って最初に最適な（最終的な投票数が最も多い）政策を決めると考える．

ここでの設定において逐次手番ゲームの均衡はどのようになるであろうか．この場合，γ_i のそれぞれの大きさに依存せず必ず純粋戦略均衡が存在することを示す．まず，後に行動する候補者2の γ が十分小さい場合から分析する．

章末に掲載した補論Ⅰの補題3から分かるように，γ_2 が小さい場合は，候補者2は候補者1の立地点の方向へ動く誘因を持つ．これを見越して候補者1は

---

11) 小選挙区のみの投票を考え，逐次手番においても，同時手番と同じく中央に政策が集中してしまうことを示す．1の政策を $x_1<1/2$ とすると，2の最適反応は1のすぐ右に政策を決めることとなる．その結果，1は x_1 だけの票数を得る．$x_1>1/2$ とすると，同じように2は1のすぐ左に立地し，1の得票数は $1-x_1$ となる．どちらの場合においても得票数は1/2より小さい．最後に1が1/2に立地すれば，2はそのすぐ右か左に政策を置くことが最適となる．この場合の1の投票数は1/2となる．よって，1はそもそも最初に1/2に政策を決め，2も追随することがサブゲーム完全均衡となる．よって，逐次手番ゲームを用いた小選挙区選挙は同時手番ゲームと同じ結果をもたらすといえる．

自らの政策を決めなければならない．次の命題で，候補者1のγ値により違う均衡があらわれることを示す．

命題4：
(i) $\gamma_1 \geq 1$ かつ $\gamma_2 \leq 1/2$ の場合，サブゲーム完全均衡の結果，両候補者とも候補者1の後援組織の政策的な立地点に位置する．
(ii) $\gamma_1 \leq 1$ かつ $\gamma_2 \leq 1/2$ の場合，サブゲーム完全均衡の結果，両候補者とも政策を中央に設定する．
証明：補論Iを参照．

γ_2 の閾値は1/2で同時手番ゲームと変わらないが，このように $\gamma_2 \leq 1/2$ の場合，γ_1 の閾値は同時手番の場合の1/2から1に上昇する．これは，同時手番の場合には x_1 の微小な変動は P_1 にその変動の1/2の影響を与えるだけだったが，逐次手番で相手が自分の行動にかかわらず集積するように最適反応を行う場合には，x_1 を増やした分と同じ割合で P_1 が増えるからである．直観的にいうと，同時手番より逐次手番の方が，後から行動する人に最適な行動を採られやすいので，それを防ごうと最初に行動する人がコミットメントを有効に使い，中央の方向へ移動しようという誘因がより広い領域の γ_1 においてあらわれるということである．

$\gamma_i = 1$ は $\lambda_i = 1/2$ に対応している．つまり，組織動員によって得られる得票数と政策動員による得票数が一致している場合である．上記のコミットメントが可能なため，命題2の場合と比べ，政策動員による得票割合が低くても (2/3>1/2)，候補者1にとって政策的に中央へ立地することは合理的な選択となる．

命題5：
(i) $\gamma_1 \geq 1/2$ かつ $\gamma_2 \geq 1/2$ の場合，サブゲーム完全均衡の結果，両候補者は自分の後援組織の立地点に政策を設定する．
(ii) $\gamma_1 \leq 1/2$ かつ $\gamma_2 \geq 1/2$ の場合，サブゲーム完全均衡の結果，候補者1

は中央より右よりの点 $x_1^* = \dfrac{2 - m_2 + 2\gamma_2 m_2}{3 + 2\gamma_2}$ に立地し，候補者2は後援組織の立地点に政策を設定する．候補者1が立地する点では，候補者2にとってその点のすぐ左における立地と後援組織の立地点とが無差別となる．

証明：補論Ⅰを参照．

$\gamma_2 \geq 1/2$ の場合には γ_1 の閾値は同時手番の場合と変わらない．これは，均衡において両候補者の政策立地点が一致していないためである．そのため，微少な変化による P_1 の変動は同時手番の場合と同じく移動量の1/2となっている．

また，均衡において後援組織の政策的な立地点と中央以外の点で政策が設定されるケースは(ii)が初めてとなる．この場合は候補者1は P_1 をより重視している．よって，後援組織の立地点より右に動く誘因を持つ．候補者2は γ_2 の項をより重視するため後援組織の立地点から動こうとはしないが，候補者1が余りにも右に動き過ぎた場合には，後援組織の立地点から候補者1のすぐ左に政策を転換する用意がある．よって，候補者1はこの均衡点より右に政策を設定できない．

以上，選挙制度不均一モデルを示した．本章2.3節で検証するべく，次のような仮説にまとめ直す．

- 衆議院小選挙区の候補者が後援組織を構成する系列の地方議員に集票を依存している場合，衆院候補者は系列議員の政策選好に拘束される
- 地方議会の選挙区で競合する候補者に占める系列の候補者の割合が低くなるほど，後援組織の政策選好は衆議院小選挙区の中位投票者の位置から離れる

2. 実証分析

衆議院に小選挙区制が導入され，政策的な規律を伴った2大政党による競合が期待されたが，1990年，1993年，1996年，2000年の各総選挙における選挙

公報データを分析した堤(2002),2003年総選挙における東京大学・朝日新聞社政治家調査に依拠した谷口(2006),いずれの実証分析の結果もそれを支持していない(集計レベルの分析から政策分野の重点が変わった可能性を指摘するものとして,大村 2012, 203).

堤によると,小選挙区比例代表並立制による1996年及び2000年総選挙のデータから抽出された4つの次元,「利益過程―イデオロギー過程」「大きな政府―小さな政府」「生活争点―政治争点」「価値的争点―政治改革争点」のいずれにおいても,自民党,新進党(1996年のみ),民主党の方が共産党より党内の政策的な分散が明らかに大きい[12].

2003年総選挙については,谷口が示す「安全保障政策」と「日本型経済システム」の2次元のうち,自民党ではとくに後者の次元,民主党では両方の次元において政策的な分散を見出せる[13].

以下では,2003年総選挙における候補者の公約データを利用して,政党の政策的な凝集性を測定し,選挙制度不均一モデルを検証する.まず,最も規律が厳しいと考えられる共産党を基準として,自民党と民主党,それぞれの党内における政策的な分散を明らかにする.本章の選挙制度不均一モデルにしたがうと,各小選挙区において2大政党候補者の最適立地を決めるパラメータは多様な値を取り得るため,全国均一の政策的な対抗関係が出現するのは難しいと予想できる.そこで,モデルの操作化が容易である自民党の事例について,その妥当性を検証する.

---

12) 同論文の表4を参照.
13) 政策位置を従属変数とし,自民党無派閥の候補者を基準とする重回帰分析の結果によると,これら2次元のいずれにおいても,民主党,公明党,共産党,社民党,自由連合への所属は統計的に有意な変数であり,政策位置を識別する要因の1つとなっている.それに加えて,個人的信条や選挙民の選好といった要因が党内における政策的な多元性をもたらすことが指摘されている.同様に,1993年,1996年の各回総選挙の選挙公報データを分析し,「全体―個別」「再分配―分配」の2軸を抽出した品田(2002)によると,異なる政党間においても候補者の政策位置に重なり合いを確認できるが,政党ごとに政策位置について平均値の差の検定を行ったところ,1990年では「自民―社会」「自民―共産」「社会―共産」,1993年では「自民―社会」「自民―公明」「自民―共産」「日本新―共産」「新生―共産」,1996年では「自民―共産」「自民―社民」「自民―新社会」「民主―共産」のペアで,2軸共に統計的に有意な差が検出された(5%水準).小選挙区比例代表並立制における最初の選挙である1996年総選挙においては,第1軸の「全体―個別」に限定すると,自民,新進,民主のいずれのペアにおいても統計的に有意な差があるという.

2.1. データ

本節では，2003年衆院選候補者の選挙公報について内容分析を行い，データとして用いる．小選挙区における当時の主要政党(自・民・公・共・社・保・自連)の候補者と7,000票以上を獲得した無所属及び諸派の候補者，計1,004名がデータ・セットに含まれる．分析で用いるのは，2003年衆院選の小選挙区に立候補した自民党，民主党，共産党の各候補者の選挙公約である．分析に十分な数の候補者を小選挙区で擁立する政党がほかにないため，全政党の候補者を対象とはしない．分析の方法は，品田(1998)に倣い，候補者による個々の政策的な言及について，政策対象・政策分野・政策内容・賛否をコーディングした．政策公約の分類については，旧省庁の職掌を基本とする「政策分野」を参考としつつ，下位カテゴリーの「政策内容」を政策的な親近性に応じて組み替え，17の政策領域を再設定した[14]．

これにもとづき，候補者をケースとする2種類のデータ・セットを作成した．第1のデータ・セットは，政策対象・政策分野・政策内容への言及数を候補者ごとに合計し，各候補者の総言及数で除した値を変数とするものである(割合データ)．第2のデータ・セットは，政策対象・政策分野・政策内容への言及に，「現状肯定，政策拡充，大きく変えない，旧制度ないし曖昧」の場合は+1を，「方針転換，改革，大きく変える，新制度」の場合は-1を乗じ，さらに，この値を候補者ごとに政策対象・政策分野・政策内容それぞれについて合計し，

---

[14] 章末のコード表を参照．コード表中の政策分類において，アルファベットで表記されたものが政策分野，その下位に1桁の数値で表されたものが政策内容である．「○○所管事項」のように表されている政策内容は，当該政策分野における残余の政策内容を包括するカテゴリーである．2003年衆院選における情勢を反映して，「構造改革」(政策分野)と「育児休業」(政策内容)を品田(1998)のコードに追加している．

本章では，「郵政」と「構造改革」に対する候補者の言及が極めて少ないため，検討の対象から外した．「厚生」「労働」「通産」「環境」の4分野については，若干の再構成を行っている．まず「厚生」については，「ゴミ処理」を外すとともに，子育て支援政策の一環として言及される場合が多いが，元々「労働」に含まれていた「育児休業」をこちらに再分類して，「社会保障」として再定義している．また，「通産」に分類されていた「新エネルギー開発・普及」への言及の多くが，水素ガス車の普及など低公害型のエネルギーについてであったため，「環境」へと再分類した．なお，「内閣」「自治」については，その内容が多岐にわたることから，「内閣」を「景気」「行財政改革(行政改革・財政改革・情報公開)」「内閣その他」に，「自治」は「地方自治・財政(地方自治，地方税財政，住民参加)」「地域振興」「自治その他」に，それぞれ分割している．なお，賛否の方向性の解釈が難しいため，政策分野の「その他」は分析に含まれていない．

各候補者の総言及数で除したものを変数としている(賛否データ).本書では,原則として賛否データを使用し,適宜,分析目的に合わせて割合データを参照する.

候補者の政策選好を測定する上で,このデータには長所と短所がある.長所としては,選挙公報の記載内容が(スペースの制約はあるものの)自由であるため,各選挙の特徴と候補者のアピールが直接的に内容へと反映される点が挙げられる.研究者や報道機関などによって実施される候補者アンケートも候補者の政策選好を測定することを目的としているが,質問文と選択肢の作成に候補者の意思が反映されないため,候補者がどの政策をどの程度重視しているのか明確にはならない.それに対して,公約データは争点の顕出性を直截に表現しているといえる.しかしながら,公約データの長所は短所にもつながる.選挙公報は記載内容が自由であるため,「書きたくないこと」,すなわち記載することによって候補者に不利益が生じると判断された内容は掲載されない.したがって,個々の政策における候補者の政策的立場が正確には特定できない場合がある(記述がない場合,中立と見なさざるを得ない).

2.2. 政策的な分散

選挙制度改革によって,政党の利益集約機能は高まったといえるのであろうか.本小節では,政党間の政策的立場の違いと,党内における候補者の政策選好の凝集性について検証する.

賛否データによると,各政策領域における自民・民主候補の分布は似通っているように見える(図3-1).しかし,合意争点ばかりではない.「安全保障・外交」において,自民候補のほとんどが現状の政策の推進を唱えているが,民主党には現状推進と改革志向が存在する一方,分布はより集中している.「文部・科学技術」については,自民候補は推進志向と改革志向の双方から構成されるが,民主候補の多数は改革志向である.「社会保障」においては,自民党の方が民主党よりも現状推進志向が強い.「建設」については,自民候補の多くが推進を志向しているのに対して,民主候補は改革を志向する者が多い.「政治」については,自民候補より民主候補の方がはっきりと改革寄りである.このように,両党の間には重要な政策的相違があることが看取できる.しかし,

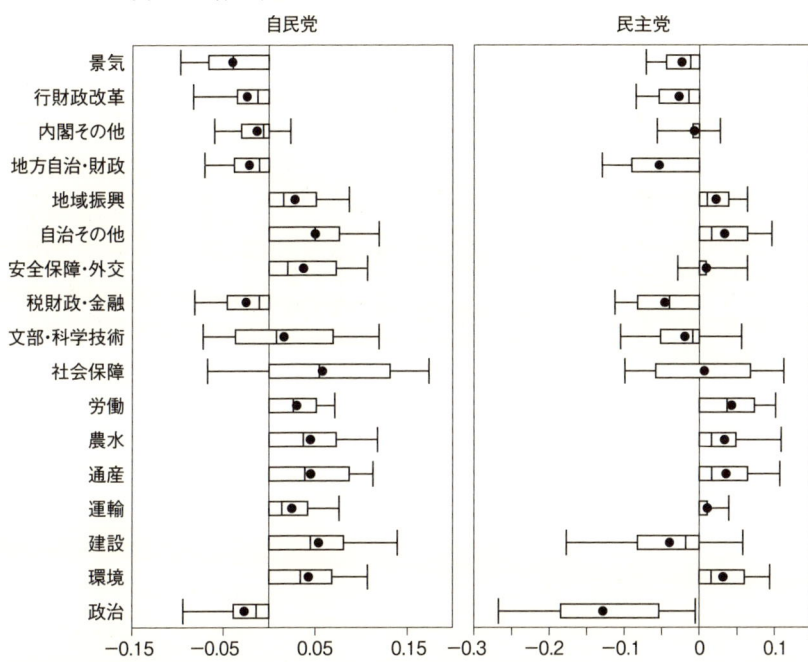

図 3-1 各政策領域における自民党候補と民主党候補の分布

ボックスは各党候補者のうち，25%点から75%点を，両端は10%点から90%点を表す．また，ボックス内の縦線は中央値を，●は平均値を示している．

こうした政策領域を除けば，両党の大多数の候補者がとる賛否の方向性はおおむね同じであるとともに，それぞれの政策領域において両党とも一定の分散が存在する．

図 3-2 は割合データを用いて，自民，民主，共産 3 党の候補者による各政策領域への言及の有無を示したものである．一見して，自民と民主，共産で違いがあることが分かる．99%が言及する「税財政・金融」と0.7%しか言及しない「行財政改革」のように，共産党候補者は言及の有無が領域ごとにはっきりしている．全政策領域 17 のうち，80%以上の言及率がある領域は 6，20%以下も 6 を占めており，半々の言及割合（50±10%の範囲）の政策領域は 1 つしかない（「通産」56.3%）．一方，自民党と民主党の候補者にも言及割合の高低は存在する．自民党の 86.3%，民主党の 86.5%の候補者が言及する「社会保障」のような分野から，「行財政改革」（自民党 35.4%），「運輸」（民主党 25.4%）のよ

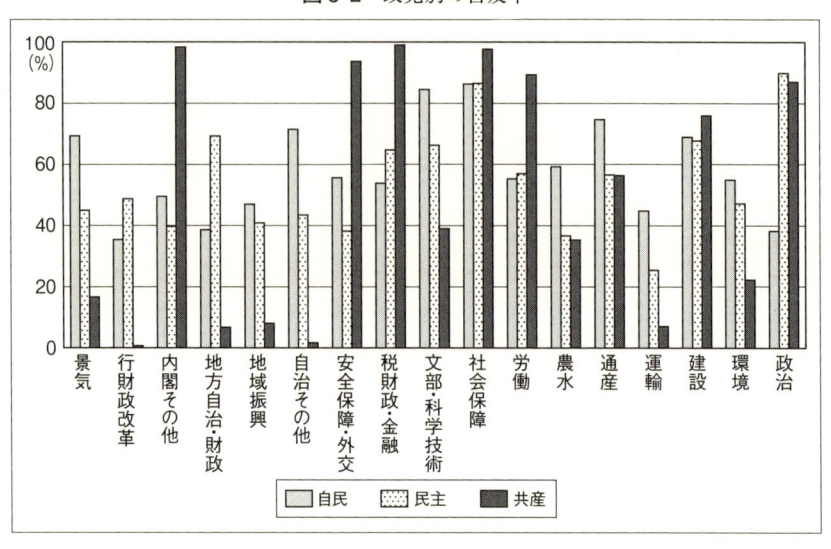

110 第1部 選挙区定数の不均一性

図3-2 政党別の言及率

うに，言及率には格差がある．しかし，共産党との比較では，政策ごとの言及の有無が明瞭とはいえない．50±10％の範囲に収まる言及率の政策領域は自民党が8，民主党が7に上る．以上から，共産党候補者は党としての特徴（あるいは制約）を念頭に置いて政策に言及していると考えられる[15]．政策規律が強いといいかえることもできよう．他方，自民党や民主党については，各候補者の自由度が高いように思われる．この点について，さらに検討を加えていく．

表3-1は，政策的な規律が強いと考えられる共産党を基準に，自民，民主両党内の政策的な散らばり具合を比較したものである．言及割合データと賛否データ両方について，自民党と共産党，民主党と共産党，これら2つのペアにおける分散の差を検定した．不等号は分散の大小，ns は5％水準で有意な差を検出できなかったことを示す．注目すべきは不等号の向きである．まず，割合データの自共ペアについては，「内閣その他」「安全保障・外交」「税財政・金融」「労働」「政治」の5領域で，むしろ共産党の方が言及割合のばらつきが大

---

[15] 共産党候補の選挙公報は，都道府県単位で統一された内容を基本とし，これに各候補者が独自の内容をつけ加える形式をとるのが原則となっている．共産党の政策規律の強さを示す1つの例といえるだろう．

表 3-1 各政策領域における自民党・民主党・共産党候補の分散の差(割合・賛否)

	割合		賛否	
	自―共	民―共	自―共	民―共
景気	>	>	>	>
行財政改革	>	>	>	>
内閣その他	<	ns	<	<
地方自治・財政	>	>	>	>
地域振興	>	>	>	>
自治その他	>	>	>	>
安全保障・外交	<	<	<	<
税財政・金融	>	ns	>	<
文部・科学技術	>	>	>	>
社会保障	ns	ns	ns	ns
労働	<	<	<	<
農水	>	>	>	>
通産	>	>	>	>
運輸	>	>	>	>
建設	>	>	>	>
環境	>	>	>	>
政治	<	>	<	>
共産の分散が大きい政策領域	33.9%	14.1%	33.9%	26.4%
自民・民主の分散が大きい政策領域	40.2%	47.7%	40.2%	47.7%

不等号は有意水準 5% で統計的に有意な分散の大小関係を，ns は統計的に有意でないことを表す

きい．これらは全体の 33.9% を占めるが，自民党の方が分散の大きい領域には及ばない(40.2%)．割合データ・民共ペアでは，「安全保障・外交」と「労働」を除いて民主の方が分散は大きい(47.7%)．共産党の方がばらついている前記 2 政策領域の割合は少ない(14.1%)．有意でない領域が自共ペアより 2 つ増え，政策的な規律が強い共産党と区別できない部分が多いといえる．

次いで，政策への賛否をも考慮に入れた賛否データについて見ると，自共のペアは割合データと同じ結果になっている．民共ペアでは，統計的に有意でない領域が 2 つ減り，共産党の方が分散の大きい領域が増大している(26.4%，「内閣その他」「安全保障・外交」「税財政・金融」「労働」)．民主の方が分散の大きい領域は割合データと同じである．以上から，規律が強いと考えられる共

産党と比較して，自民党，民主党ともに党内の政策的な凝集性は低いと推定することができる．また，自民党と比較すると，民主党のばらつき具合はやや大きいようである．その原因については，かつての新党さきがけや社会党系に加え，解党した新進党，その流れを汲む自由党の一部が合流した「寄せ集め政党」としての性格に由来すると考えられる．この点については，本章のまとめで再び検討する．

本小節では2003年総選挙における候補者の公約データを用いて，自民，民主，共産各党の政策的相違と党内の凝集性を検証した．自民党と民主党の政策的な相違は小さく，共産党と比較すると，党内の政策的なばらつきも大きい．選挙制度改革によって期待された2大政党間の「政策対抗的な政党制」は未だ実現していないと考えるのが妥当であろう．

2.3. 選挙制度不均一モデルの検証

ここからは，2.2節で明らかになった政党内の政策的な分散に対して，国政と地方における選挙制度の違いが如何なる影響を与えているかについて分析を行っていく．具体的には，衆議院小選挙区における自民党候補者と同党の都道府県議会議員との関係を検証する[16]．前述のとおり，市区町村議会議員の数は膨大であり，データ・セットの作成が不可能に近いことに加えて，多数を占める無所属議員がインフォーマルな関係を有する政党の識別が難しい．また，民主党の都道府県議会議員の数は少ないため，これらを検証の対象から外す．

前節の選挙制度不均一モデルから導き出された仮説によると，衆議院小選挙区の候補者が後援組織を構成する系列の地方議員に集票を依存している場合，衆院選候補者は系列議員の政策選好に拘束される．また，地方議会の選挙区で競合する候補者に占める系列の候補者の割合が低くなるほど，後援組織の政策選好は衆議院小選挙区の中位投票者の位置から離れる．

まず前者，すなわち集票を地方議員に依存している候補者と，そうでない候補者の政策選好の相違について実証分析を行う．表3-2に，都市化度をコントロールした上で，地方議員への依存度の高低によってケースを分割し，それぞ

---

[16] 本小節で用いる都道府県議会議員データについては，堀内勇作先生と名取良太先生に利用許可をいただいた．心より感謝申し上げる．

表 3-2 集票依存度別にみる自民党候補の政策選好:都市化度でコントロール

| | 都市化度 低 | | 都市化度 高 | | 理論的に予測される関係 | 理論的予測との整合性※ |
| | 県議選得票率 | | 県議選得票率 | | | |
	比例区得票率 低―高 (n=48)	比例区得票率 低―高 (n=93)	比例区得票率 低―高 (n=48)	比例区得票率 低―高 (n=88)		
景気	>		>		>	††
行財政改革	>		<		>	†
内閣その他	<		<			
地方自治・財政	<		<		<	††
地域振興	<		>			†
自治その他	<		<			††
安全保障・外交						
税財政・金融						
文部・科学技術	<		<			†
社会保障	>		>			††
労働	>		>			††
農水	<		<			††
通産	<		<			††
運輸	<		<			†
建設	<		<			†
環境						††
政治	>		<		<	†
都市化にかかわらず,理論と整合的な政策領域が全体に占める割合						42.7%

不等号は,該当するグループ間の平均値(賛否)の大小関係を表す
「県議得票率/比例区得票率」の高低は,農村部・都市部とも 1 を基準として分類している
網掛けは,両グループの間に理論と適合的な統計的に有意な差(10%水準)があることを表す
※††:都市化度にかかわらず,理論的予測と整合的
　†:都市化度によっては,理論的予測と整合的

れのケースの政策選好(該当する候補者の平均値)を比較した.

まず,コントロール変数であるが,候補者の政策選好は選挙区における政治事情ないし行政需要を反映し,かなりの部分は都市化によっても規定されると考えられる.そこで,DID 人口比,人口伸び率,若年人口比,第 2 次産業伸び率,第 3 次産業比率から得られた主成分得点を都市化度とし,その中央値によって選挙区を 2 つに分類している.この都市化度にかかわらず,衆院選候補者が系列議員に集票を依存している場合には,衆院選候補者の政策位置は中位

投票者から離れる，と理論的に予測できる．

　地方議員への集票依存度については，衆議院小選挙区に含まれる都道府県議会の選挙区に出馬した自民党候補者の相対得票率を人口で加重平均し，それらを合計したものをまず算出した[17]．この値が当該小選挙区における自民党の衆議院比例区の得票率よりも多い場合，依存度は高く，少ない場合は低いとした．つまり，自民党の得票率に対する県議選候補者の得票率が高くなる程，衆院選候補者にとって依存度が高くなるという仮説にもとづいている．その前提として，自民党の得票率は前節の「政策動員」，県議選候補者の得票率は「組織動員」を近似的に表すと想定している[18]．

　表中の不等号は，小選挙区内における都道府県議の得票率が高いグループと低いグループの間に存在する政策位置の相違を示している．位置は両グループの平均値であり，網掛けになっている箇所は，両グループの間で理論と適合的な統計的に有意な差があることを表す（片側検定，10％水準）[19]．不等号の向きは，都市化度の高低，両方の列で同じでなければならない．その向きについては，各政策領域別にメディアンの方向が異なるので，解釈には注意が必要である[20]．表中の右端の列に，理論的な予測との整合性について示してある．全領域について見ると，都市化度にかかわらず，自民党候補者による言及のうち，42.7％が理論を支持する結果となった．「景気」「地方自治・財政」「自治その他」「社会保障」「労働」「農水」「通産」「環境」である（††印）．いずれも，

---

17)　具体的には，次のような手順で算出している．ある衆議院小選挙区を構成する各市町村について，その市町村の有権者人口が小選挙区のそれに占める比率を算出する（ウェイト）．市町村ごとに県議選における自民党候補者の得票率にウェイトをかける．その結果，得られた値を合計する．

18)　しかし，政党への投票が有権者の政策選好のみを反映しているとは限らない．市町村議会選挙と比較して，党派化されている県議選候補者の得票がすべて組織的に動員されたものといいきることも妥当ではない．また，選挙協力の有無は別問題であり，選挙における動員については，市町村議会議員も重要である．これらの前提自体を検証の課題としなければならないが，ほかに適当な指標が見つからず，データ・セット作成の困難もあるため，ここでは便宜的に採用する．

19)　有意水準を5％とせず，10％としたのは，分析の対象となるデータの特性を踏まえたものである．ここでの公約データとは，各候補者の選挙公報に記載された非定型のテキスト情報を数値に置き換えたものである．（公約自体が似ていることを措いて）書式や図表を取り入れられないなど方法論の限界により，候補者間の差異を十分に表現できていない感がある．しかし，差異を検出する客観的な基準は依然として必要であるため，ハードルを若干下げることで対応することにした（以下同）．

20)　メディアンの推定方法については，補論Ⅱを参照．

第3章 不均一な選挙区定数が政策に及ぼす影響 115

表 3-3 県議選候補数別にみる自民党候補の政策選好:
都市化度でコントロール,県議への依存度が高い候補のみ

	都市化度 低 県議選 候補比率 高—低 (n=47)(n=46)		都市化度 高 県議選 候補比率 高—低 (n=44)(n=44)		理論的に予測される関係	理論的予測との整合性※
景気	>		<		>	†
行財政改革	>		>		>	††
内閣その他	<		>		>	†
地方自治・財政	>		<		<	†
地域振興	>		>		>	
自治その他	<		<		<	††
安全保障・外交	<		<		>	††
税財政・金融	>		>		<	
文部・科学技術	>		<		>	†
社会保障	>		>		>	††
労働	>		<		>	†
農水	>		>		>	†
通産	>		<		>	
運輸	>		>		<	
建設	>		>		>	
環境	>		>		<	
政治	>		>		<	
都市化にかかわらず,理論と整合的な政策領域が全体に占める割合						27.3%

不等号は,該当するグループ間の平均値(賛否)の大小関係を表す
県議候補比率は,中央値(農村部:0.472, 都市部:0.310)を基準に分割している
網掛けは,両グループの間に理論と適合的な統計的に有意な差(10%水準)があることを表す
※††:都市化度にかかわらず,理論的予測と整合的
 †:都市化度によっては,理論的予測と整合的

地方議員にとって関心の高い政策領域かもしれない.そのため,地方議員が構成する後援組織の集票能力が高いと推測される場合,衆院選候補者は彼らの政策選好に敏感にならざるを得ないと推測できる.逆に,「内閣その他」「安全保障・外交」「税財政・金融」は明らかに仮説を支持しない(無印).外交や財政・金融は地方政治と縁の薄い政策であるから首肯できる結果である.残りの領域については(†印),不等号の向きが一致していない.

続いて,表3-3は都市化度の高低別に,衆議院小選挙区における自民党候補

者の政策位置と，自民党の都道府県議選候補者が占める割合の関係を見たものである．

第1節の選挙制度不均一モデルによると，衆議院と地方議会，両レベルの政治家間に一定以上の依存関係が存在する場合，地方議会選挙区の系列候補者が全体の候補者に占める割合が小さくなる程，衆院選候補者の政策位置は中位投票者より遠くなるという．したがって，分析対象は理論的に系列議員の選好が重要と考えられるケース，すなわち集票依存度が高いケースのみである（表3-2参照）．このグループを都市化度別に県議選候補者比率の中央値を分岐点として2つに分け，政策領域ごとに平均値を比較した．両グループの間に統計的に有意な差を確認できる政策領域は網掛けがなされている．

ここでも不等号の向きが重要であり，都市化度にかかわらず，向きが一致すると同時に，候補者比率が低いグループの方が極端な政策立場を取っていなければならない．表3-2同様，解釈には注意が必要だが，表中の右端に理論との整合性についてまとめてある．それによると，「行財政改革」「自治その他」「安全保障・外交」「社会保障」の各政策領域（††印），全言及割合の27.3%が理論に適合的である．「地域振興」「税財政・金融」「運輸」「建設」「環境」「政治」は，理論が予想する方向とは逆の結果が出ている（無印）．集票依存度が高いケースに分析を限定し，nが減少したためか，解釈が困難な政策領域も多い．とくに「安全保障・外交」については，表3-2とは異なる結果となった．

以上，本小節では選挙制度不均一モデルの検証を試みた．おおむね，全体の3分の1から半分程度の説明が可能であった．この割合を高いと見るか低いと見るか，評価が分かれるところである．常識的に考えると，政策的な違いは選挙制度の影響だけではなく，政治家の個性に由来するところが大きいと考えられる．厳格な検証には都市化度のみならず，ほかのコントロール変数を投入した多変量解析が望ましいが，ケース数の制約もあり，現在のデータ・セットでは難しい．今後の課題としたい[21]．

---

21) 上記の実証分析では，複数の政策領域を単純な政策次元へと集約できていないことも課題である．第1節で紹介したように，単次元モデルの特徴は多次元モデルでも保持される場合があるが，本書では，選挙制度不均一モデルの多次元政策空間における均衡を扱っていない．この点についてご指摘下さった樋渡展洋先生に感謝申し上げる．

むすび

　以上，本章の第1節では国政と地方政治が異なる選挙制度の下にあり，双方の政治家間に組織的なリンケージが存在する場合，小選挙区における候補者間競争は必ずしもメディアンに収斂しないことを示した．まず，国政選挙の候補者が系列の地方議員による組織動員に依存する度合いが高い場合，メディアンに収斂せず，後援組織の政策的な立地点に位置する．次に，後援組織の立地点は，組織を構成する地方議員の立地点のメディアンないし平均値となるため，地方選挙において競合する候補者数に応じて異なる．よって，自陣営に属する系列候補者の数を一定とすると，小選挙区候補者の政策位置は他陣営の系列候補者が増加するに伴って（小選挙区における）メディアンより遠くなる．あるいは，他陣営の系列候補者の数を一定とすると，自陣営の系列候補者が増加するに伴って（小選挙区における）メディアンに近づく．つまり，衆院選における最適な立地点とは，組織動員への依存度や，地方選挙における多様な選挙区定数に起因する不定の系列候補者数によって異なり，一義的に決定することはできない．

　先行研究によると，自民党と民主党においては候補者間の政策の差異が大きいとされる．本章の第2節では，共産党を基準として両党の政策的な凝集性を測定し，（その阻害要因として）衆議院と地方議会において異なる選挙制度の効果を，2003年総選挙の公約データを用いて検証した．分析の結果，自民党と民主党の政策的な凝集性は低いことが確認された．次いで，政策対立を軸とした政党間競合が確立しない原因を探るため，自民党を事例に選挙制度不均一モデルを検証した．ケース数の制約もあって統計的に頑健な結果とはいいがたいが，国政レベルの政策対立が末端まで浸透せず，国政と地方政治のリンケージ度合いや地方議会選挙における競合のあり方に応じて，衆議院・小選挙区における政策対立は全国均一のものとならないと考えられる．無論，本章の検証は2003年総選挙のデータに限定されるので，一般化には留保が必要である．

　本章にて説明されていない残された課題は，民主党の政策的な凝集性の低さである．すでに見たように，民主党に所属する地方議員の数は少ない．集票依

存度が低いと考えられるため，選挙制度不均一モデルを適用すると，衆議院小選挙区の候補者は求心的な空間競争が可能となるはずである．政策的な分散の大きさを説明するためには，党の成り立ちに関する特殊な事情を考慮に入れる必要があると考えられる（上神・堤編 2011）．小選挙区制が導入されたことによって，旧保守から旧革新に至る幅広い勢力が結集して民主党は成立した．民主党は旧党派から構成される寄り合い所帯としての性格を免れず，政策的にもその残滓を引きずっている．たとえば，先ほど利用した 2003 年総選挙における民主党候補者の公約データを用いて，初当選時の党派別に賛否の方向性が異なるか検証すると，いくつかの分野で違いが見られる[22]．しかし，世代交代が進むことにより，「初当選時から民主党」という議員が増えている．それにつれて，求心的な政策競合を実現する環境が整い，マニフェストのような選挙戦略上の新しい仕組みによって，党内に政策的な規律をもたらすことは可能と考えられる（第 2 部で再び検討する）．いずれにせよ，選挙制度の不均一性が民主党候補者における政策的な分散の原因ではないことを指摘しておきたい．

　選挙制度と政党数（ないし候補者数）についての研究は，デュベルジェ以来，多くの蓄積を見てきた．しかし，選挙制度の効果は政党数などの数的側面のみならず，政党組織や政策対立の有り様など質的側面にも及ぶものであるし，一国における複数の制度が整合的に設計されているとは限らない．現実の政党とは，国政と地方政治双方のアリーナで活動する国会議員や地方議員など諸アクターの集合体である以上，複数の選挙制度が政党に与える影響を分析する必要がある．第 1 部の日本政治研究に対するインプリケーションの 1 つは，選挙制度改革の効果を検証するために，衆院選の候補者にのみ依拠して議論するのは限界がある，というものである．政党についての視野を広げることによって，初めて国会議員と地方議員の相互関係と両者を規定する制度の影響を見出すことができるのである．

---

22) 賛否データを 4 分位でまとめ，初当選時の党派とのクロス表分析を行った．カイ 2 乗検定によると，10％の有意水準をいくらかクリアできない政策分野も参考までに示すと，「行財政改革」（$p=0.080$），「地域振興」（$p=0.005$），「文部・科学技術」（$p=0.140$），「労働」（$p=0.041$），「通産」（$p=0.174$），「建設」（$p=0.180$），「環境」（$p=0.195$）などが挙げられる．なお，初当選時の党派を次のようにまとめた．民主党，自民党・無所属，社会党・民社党・社民連（旧革新政党），日本新党・さきがけ・新生党・新進党・自由党（新党）である．各々の政策分野については章末のコード表を参照のこと．

補論 I 選挙制度不均一モデルの証明

命題 1 の証明：後援組織の政策的な立地点 m_i が地方議会選挙の系列候補者が立地する点のメディアンである場合でも算術平均である場合でも，（n_1 が小さい場合を除いて）m_i と中心点 $1/2$ との距離は系列候補者数の減少関数となり，他陣営候補者数の増加関数となる．

まずメディアンを求める．偶数人候補者がいる場合は，中央の 2 人の算術平均をメディアンと置く．m_1 を政党 1 のメディアンとすると，以下のようになる．

$$n_1 = 1, 2 \quad \Rightarrow \quad m_1 = 1/(2n-4)$$
$$n_1 = 3, ..., n \quad \Rightarrow \quad m_1 = 1/(n_1-2)/(2n-4)$$

対称的に，m_2 を政党 2 のメディアンとすると，以下のようになる．

$$n_1 = 0, ..., n-3 \quad \Rightarrow \quad m_2 = (n+n_1-2)/(2n-4)$$
$$n_1 = n-2, n-1 \quad \Rightarrow \quad m_2 = (2n-5)/(2n-4)$$

相手の党が候補者を独占している選挙区においては，メディアンは定義されないこととする．この結果，$m_1 \leq 1/2$ と $m_2 \geq 1/2$ が成立していることが分かる．また，両党の候補者が少なくとも 1 人ずつ存在している場合にはこれらの不等号は厳密に成り立つ．

次に算術平均を求めると，以下の結果が得られる．ここでは m_1 を党 1 の平均，m_2 を党 2 の平均とする．

$$n_1 = 1 \quad \Rightarrow \quad m_1 = 1/(2n-4)$$
$$n_1 = 2, ..., n-1 \quad \Rightarrow \quad m_1 = \{(n_1-1)^2 + 1\}/\{2n_1(n-2)\}$$
$$n_1 = n \quad \Rightarrow \quad m_1 = 1/2$$

$$n_1 = 0 \quad \Rightarrow \quad m_2 = 1/2$$
$$n_1 = 1, ..., n-2 \quad \Rightarrow \quad m_2 = \{(n-1)^2 - (n_1-1)^2 - 2\}/\{2(n-2)(n-n_1)\}$$
$$n_1 = n-1 \quad \Rightarrow \quad m_2 = (2n-5)/(2n-4)$$

ここでも相手の党が候補者を独占している選挙区においては，算術平均は定義されないこととする．また，メディアンと同じく，両党の候補者が少なくとも 1 人ずつは存在すれば $m_1 < 1/2$ と $m_2 > 1/2$ が成立していることが分かる．

最後に，ここで求められたメディアンと算術平均の値が，各党の候補者数の増減によりどのような変化が起こるかについて簡単に述べる．まずメディアンであるが，政党1の候補者が1人増えるとn_1とnが1つずつ増える．この場合，n_1が1から2，そして2から3に変わる場合を例外として，必ずm_1は増加することが分かる．逆に政党2の候補者が1人増えるとnのみが1つ増えると解釈できるので，必ずm_1は減少する．よって，メディアンの点は系列候補者数の増加関数であり他陣営候補者数の減少関数でもあるといえる．

次に算術平均であるが，政党1の候補者が増えるとn_1が1から2に変わる場合を除くとm_1は増加する．また政党2の候補者が増えると必ずm_1は減少する．よって，算術平均の点もメディアンと同じ性質を持つ．（終）

次に紹介する補題1と2はナッシュ均衡立地点を絞るためのものである．

補題1の証明：ナッシュ均衡においては$x_2<x_1$となることはありえない．

$x_2^*<x_1^*$が成立している場合，以下のどれかのケースに該当する：

① $x_2^*<x_1^*<m_2$
② $m_1<x_2^*<x_1^*$
③ $x_2^*<m_1<m_2<x_1^*$

ケース①と③の場合，候補者2が自己の政策立地を右側（1の方向）へシフトさせるとする．するとP_2は増え，γ_2の項も後援組織の政策的な立地点に近づくためV_2は増える．よってこれは均衡ではない．また，②と③の場合では候補者1が左側（0の方向）へシフトさせれば同じようにV_1は必ず増えるため，均衡にならない．よって，$x_2^*<x_1^*$は均衡ではない．（終）

補題2の証明：$x_1<m_1$や$x_2>m_2$は均衡にならない．

$x_1^*<m_1$を仮定して矛盾を導く．補題1より均衡においては$x_1^*\leq x_2^*$である．もし$m_1\leq x_2^*$なら，$x_1=m_1$とすることでP_1とγ_1の項の双方が上昇するため均衡ではない．もし$x_1^*\leq x_2^*<m_1$ならば，$x_1=x_2^*+\varepsilon$，ただしεは非常に小さい正の数，と置くことによりP_1が大きく上昇するため（$m_1<1/2$に注意），これは均衡ではない．よって$x_1=m_1$は均衡とならない．対称的に，$x_2>m_2$も同じよう

に均衡にならないことも示すことができる．（終）

これら2つの補題により均衡立地点が絞られてきた．たとえば，$x_2 < m_1$ や $x_1 > m_2$ は均衡にならない．なぜならば，たとえば前者は補題1により $x_1^* \leq x_2^* < m_1$ が成立するため，補題2に反する．よって，各候補者の均衡立地点は m_1 と m_2 の間（m_1 と m_2 を含む）に決まることが分かる．

補題3（最適反応）の証明：γ_i が十分小さい場合は後援組織の政策的な立地点を離れて相手の候補者へ近づくことが得票数を増やす．逆に γ_i が十分大きい場合は後援組織の立地点に留まることが得票数を増やす．
　補題1と2により，m_1 から m_2 のどれかの点が均衡点となる．ここでたとえば，候補者1がそれらの点から右にだけ移動するとする．γ_1 の項は $\gamma_1 \varepsilon$ だけ減少する．P_1 は $((x_1+\varepsilon+x_2)/2) - ((x_1+x_2)/2) = \varepsilon/2$ だけ上昇する．よって，$\gamma_1 \geq 1/2$ の場合，後援組織の政策的な立地点に留まることが最適であり，$\gamma_1 \leq 1/2$ の場合は候補者2の立地点の方向へ移動することが最適となる．（終）

命題2の証明：$\gamma_1 \leq 1/2$ かつ $\gamma_2 \leq 1/2$ が成立している場合，$\bar{x} \equiv x_1^* = x_2^* = 1/2$ はナッシュ均衡となる．またこれ以外の点では集積均衡は存在しない．
　$\gamma_1 \leq 1/2$ と $\gamma_2 \leq 1/2$ が成立している場合の集積点を y と置く．候補者1は左に逸脱する誘因は持たないが，候補者2のすぐ右に動く誘因の有無を確認する必要がある．

$$V_1(x_1 = y) = y + \gamma_1(1-(y-m_1))$$
$$V_1(x_1 = y+\varepsilon)|_{\varepsilon \to 0} = 1 - y + \gamma_1(1-(y-m_1))$$

よって，$y \leq 1/2$ が逸脱が起こらないための必要条件となる．同じことを候補者2について行うと $y \geq 1/2$ が必要となる．よって，ナッシュ均衡で集積があらわれるためには $y = 1/2$，つまり中央集積であることが必要となる．また $y = 1/2$ ならば均衡であることは補題3とこの計算より自明である．（終）

命題3の証明：$\gamma_1 \geq 1/2$ かつ $\gamma_2 \geq 1/2$ が成立している場合，$x_1^* = m_1$ かつ $x_2^* = m_2$ はナッシュ均衡となる．

$\gamma_1 \geq 1/2$ かつ $\gamma_2 \geq 1/2$ が成立しているとする．$x_2 = m_2$ である場合，補題3により $\gamma_1 \geq 1/2$ の場合は $x_1 = m_1$ が最適反応となる．また同じように $x_1 = m_1$ を所与としても $\gamma_2 \geq 1/2$ の場合には $x_2 = m_2$ が最適反応となる．よって各後援組織の政策的な立地点がナッシュ均衡となる．（終）

命題4の証明：
(i) $\gamma_1 \geq 1$ かつ $\gamma_2 \leq 1/2$ の場合，サブゲーム完全均衡の結果，両候補者とも候補者1の後援組織の政策的な立地点に位置する．
(ii) $\gamma_1 \leq 1$ かつ $\gamma_2 \leq 1/2$ の場合，サブゲーム完全均衡の結果，両候補者とも政策を中央に設定する．

後方帰納法を用いて均衡を求めることになるが，まず $\gamma_2 \leq 1/2$ の場合に両候補者がどのように行動するかを考える．候補者2の最適反応は，候補者1が中央に立地している場合には同じく中央に立地し，それ以外では補題3により候補者1と比べてより中央に立地することである．より正確には，

$$x_1 < 1/2 \Rightarrow R_2(x_1) = x_1 + \varepsilon$$
$$x_1 = 1/2 \Rightarrow R_2(x_1) = 1/2$$
$$x_1 > 1/2 \Rightarrow R_2(x_1) = x_1 - \varepsilon$$

となる．ここで $R_2(x_1)$ は候補者2の最適反応関数であり，ε は十分0に近い正の数であるとする．よって，候補者1はそれを読み込み，最適立地点を決める．まず，後援組織の政策的な立地点に留まる場合とそこから微少に右に動いた場合の得票数を比較する．

$$V_1(x_1 = m_1) = m_1 + \gamma_1$$
$$V_1(x_1 = m_1 + \varepsilon) = m_1 + \varepsilon + \gamma_1(1 - \varepsilon)$$

つまり，$\gamma_1 \geq 1$ の場合は前者に残る誘因がある．またほかのどの点に移転した場合と比較しても前者の得票数は高くなっている．よってこれはサブゲーム完全均衡となり，(i)は証明された．

次に中央にいる場合とそこから微少に左右に動いた場合の得票数を比較する．

$$V_1(x_1 = 1/2) = 1/2 + \gamma_1(1/2 + m_1)$$
$$V_1(x_1 = 1/2 - \varepsilon) = 1/2 - \varepsilon + \gamma_1(1/2 + \varepsilon + m_1)$$
$$V_1(x_1 = 1/2 + \varepsilon) = 1/2 - \varepsilon + \gamma_1(1/2 - \varepsilon + m_1)$$

このとき $\gamma_1 \leq 1$ なら最初の値が最大になる．同じようにほかのどの点よりも中央立地が得票数が高くなることが示せる．また，候補者2も候補者1が中央に政策を決めたときには同じく中央に設定することが最適反応となる．よって，これはサブゲーム完全均衡となり，(ii)も証明された．（終）

命題5の証明：
(i) $\gamma_1 \geq 1/2$ かつ $\gamma_2 \geq 1/2$ の場合，サブゲーム完全均衡の結果，両候補者は自分の後援組織の立地点に政策を設定する．
(ii) $\gamma_1 \leq 1/2$ かつ $\gamma_2 \geq 1/2$ の場合，サブゲーム完全均衡の結果，候補者1は中央より右よりの点 $x_1^* = \dfrac{2 - m_2 + 2\gamma_2 m_2}{3 + 2\gamma_2}$ に立地し，候補者2は後援組織の立地点に政策を設定する．候補者1が立地する点では，候補者2にとってその点のすぐ左における立地と後援組織の立地点とが無差別となる．

後方帰納法を用いて均衡を求める．まず候補者2の最適反応を求める．$\gamma_2 \geq 1/2$ であるため，基本的には後援組織の政策的な立地点に位置することが最適となる．しかし，x_1 が十分に後援組織の立地点に近い場合，この点にいるより，x_1 から少し左に立地することによって P_2 を非連続的に大幅に上昇させることができる．よって，最適反応は x_1 が十分に小さければ後援組織の立地点に位置することであり，x_1 が十分に大きければ x_1 のすぐ左へ移動することである．これを基に，候補者1は政策を決める．

(i) $\gamma_1 \geq 1/2$ かつ $\gamma_2 \geq 1/2$ の場合

候補者2の最適反応を所与として候補者1は自己の政策を決める．後援組織の立地点に政策を設定することと，そこから微少に右に動くことを比較すると，

$$V_1(x_1 = m_1) = (m_1 + m_2)/2 + \gamma_1$$
$$V_1(x_1 = m_1 + \varepsilon) = (m_1 + m_2 + \varepsilon)/2 + \gamma_1(1 - \varepsilon)$$

となる．すなわち，$\gamma_1 \geq 1/2$ の場合は前者が大きくなる．同じようにすべての点と比較すると，$x_1 = m_1$ と後援組織の立地点に設定することが最適となることが分かる．よって，お互いが各自の後援組織の立地点に政策を設定することがサブゲーム完全均衡となる．

(ii) $\gamma_1 \leq 1/2$ かつ $\gamma_2 \geq 1/2$ の場合

この場合は $\gamma_1 \leq 1/2$ であるため，候補者1は後援組織の立地点にいるよりも候補者2の方向へ移動することが得票数が増える(すぐ上の2つの式を比較すれば分かる)．しかしながら，候補者2の最適反応に気をつけなければならない．つまり，近づき過ぎると候補者2は後援組織の立地点にいることをやめて候補者1の左へ移動することが最適となり，候補者1の得票数は下がってしまう．つまり，そうならない程まで候補者1は右に移動することが最適となる．

その点においては候補者2にとって移動することとしないことの2つが無差別になっている．よって，

$$V_2(x_2 = m_2) = 1 - (x_1 + m_2)/2 + \gamma_2$$

$$V_2(x_2 = x_1 - \varepsilon)|_{\varepsilon \to 0+} = x_1 + \gamma_2(1 - (m_2 - x_1))$$

となり，それらを等しくする点 $x_1^* = \dfrac{2 - m_2 + 2\gamma_2 m_2}{3 + 2\gamma_2} \geq \dfrac{1}{2}$ において候補者1は政策を設定し，候補者2は後援組織の立地点に政策を設定する．これがサブゲーム完全均衡となる．なお，最後の不等号は $\gamma_2 = 1/2$ の場合のみ等号で成立する．（終）

補論II　メディアンの推定

次頁の表のように，各党の候補者ごとに賛否データの平均値を並べると，多くの政策分野で自民＞民主＞共産か，自民＜民主＜共産の順となる(民主と共産の並びが逆になることもある)．各党の候補者が有権者の政策選好を念頭に公約を決めていると仮定すれば，中位投票者の選好は自民党候補の平均値より民主・共産側にあると考えられる．したがって，賛否の平均値が自民＞民主＞共産の順であれば，自民の平均値より小さい値をとる候補の方がメディアン・ヴォーターに近く，自民＜民主＜共産であれば，自民の平均値より大きい値をとる候補の方がメディアン・ヴォーターに近いと判断できる．

民主＞自民＞共産のように，自民党候補の平均値が3党の中間となる場合，「民主党候補の平均値と共産党候補の平均値」の平均値をメディアン・ヴォーターの位置と仮定して，自民党候補の平均値がその値より大きければ，自民党候補の平均値より小さい値をとる候補がメディアン・ヴォーターに近いと考えられる．逆に，自民党候補の平均値がその値より小さければ，自民党候補の平

表 各政策領域における自民党・民主党・共産党候補の平均(割合)

	自民	民主	共産	自民党候補にとっての メディアンの方向
景気	−0.043	−0.025	−0.006	正
行財政改革	−0.023	−0.030	0.000	正
内閣その他	−0.011	−0.008	0.089	正
地方自治・財政	−0.019	−0.057	−0.001	負
地域振興	0.031	0.022	0.003	負
自治その他	0.052	0.031	0.001	負
安全保障・外交	0.039	0.008	−0.101	負
税財政・金融	−0.021	−0.046	−0.114	負
文部・科学技術	0.015	−0.017	−0.006	負
社会保障	0.057	0.011	0.103	正
労働	0.030	0.041	0.115	正
農水	0.045	0.031	0.028	負
通産	0.045	0.033	0.032	負
運輸	0.030	0.010	0.002	負
建設	0.056	−0.038	−0.035	負
環境	0.042	0.034	0.010	負
政治	−0.028	−0.140	−0.087	負

均値より大きい値をとる候補がメディアン・ヴォーターに近いと考えられる．これらの手順によって推測されるメディアンの方向を表の左列に記してある．

補遺

選挙公約コード表

〈政策対象番号〉
- 40　その他(対象なし)
- 41　国民, 民意
- 42　市民
- 43　生活者
- 44　地域公約
- 45　有権者
- 46　庶民
- 47　消費者
- 48　住民
- 50　被災者
- 51　高齢者
- 52　女性
- 53　子ども・青少年
- 54　青少年(有職者, 後継者としての)
- 55　社会人
- 56　障害者
- 57　低所得者
- 58　外国人
- 59　被爆者
- 61　労働者(厳密に)
- 62　勤労者(サラリーマン, 働く人など)
- 63　パート労働者
- 64　働く女性
- 65　福祉従事者
- 66　中小企業
- 67　農・漁業従事者
- 68　大企業
- 69　同和地区
- 70　商店街
- 71　戦争被害者(戦没遺族, 傷痍軍人など)
- 72　社会的弱者(交通遺児, 母子家庭, 恵まれない人など)
- 73　ベンチャー企業
- (80)　産炭地)
- 99　その他(対象あり)

〈政策賛否記号〉
- t　現状肯定, 政策拡充, 大きく変えない, 旧制度
- w　方針転換, 改革, 大きく変える, 新制度
- z　その他, 不明

〈政策分類記号〉

a　内閣
1. 情報／情報公開
2. ボランティア, NPO／支援策の展開
3. 護憲／改憲
4. 人権／人権擁護
5. 社会進出／社会進出促進
6. 景気／景気対策, 内需拡大
8. 行政／行政改革全般
9. 行財政／行財政改革全般
0. 内閣所管事項

b　自治
1. 地方自治／地方自治の拡大
2. 地域振興施策の推進(経済関係)
3. 地方税財政／地方税財政改革
4. 住民／住民投票[w]住民参加[ww]
5. 首都機能／首都機能移転
6. 防犯対策推進
0. 自治省所管事項

c　安全保障, 外交
1. 日米安保推進／日米安保転換
2. 自衛隊肯定／自衛隊縮小
3. 核廃絶(国際・地域), 軍縮の推進(国際・地域)
4. 国際安全保障推進, PKO推進
5. 地域安全保障推進(あいまい[tt])
6. 基地推進／基地反対
7. 非軍事協力推進(ODAなど[t], あいまい[tt])
8. 非軍事の国連外交[t]／国連改革[w]／国連の機能強化[z]
9. 外務省所管事項(その他外交)
0. 安全保障に関する事項

f　大蔵
1. 消費税推進／消費税見直し, 反対
2. 所得税, 住民税増税／見直し, 減税
3. 土地税制増税／見直し, 減税
4. 法人税増税／見直し, 減税
5. その他増税／見直し, 減税
6. 税制／税制改革
7. 財政／財政改革
8. 融資, 預金施策の推進, 拡充
9. 金融行政／金融行政転換
0. 大蔵省所管事項

g　文部, 科学技術
1. 教育政策推進, 拡充(条件, 環境整備など)
2. 教育／教育改革(教育内容について)
3. スポーツ振興施策推進
4. 文化, 芸術振興施策推進
5. 国際文化交流
7. 原子力政策推進／原子力政策転換
9. 科技庁所管事項
0. 文部省所管事項

h　厚生
1. 介護施策推進
2. 健康, 医療関連施策推進
3. 年金政策推進・拡大
4. 福祉サービス推進・拡充
5. 福祉施設拡充
6. 地域福祉施策推進
7. 社会保障全般推進
8. 社会保障負担増／負担減
9. ゴミ処理(施設)推進
0. 厚生省所管事項

i　労働
1. 雇用・失業対策推進
2. 労働時間削減
3. 労働規制, 労働者支援／労働規制緩和
4. 育児休業
0. 労働省所管事項

j　農水
1. 農林水産業の振興施策の推進
2. 米価引き下げ反対／引き下げ
3. 食糧自給推進[t]農業を守る[tt]
4. 食品の安全基準強化
5. 農林漁業補償
6. 農業新技術開発推進
7. 農山漁村生活環境整備
0. 農水省所管事項

L　通産
1. 規制維持／規制緩和, 自由化
2. 補助金／補助政策見直し, 撤廃

- 3 新産業育成施策推進
- 4 独禁政策推進／独禁政策緩和
- 5 不況業種対策推進
- 6 経済構造／経済構造改革
- 7 物価, 公共料金／物価, 公共料金引き下げ
- 8 貿易摩擦
- 9 新エネルギー開発, 普及(原発除く)
- 0 通産省・経企庁所管事項(その他経済)

m 運輸
- 1 陸運
- 2 海運, 港湾／政策転換
- 3 航空, 空港／政策転換
- 4 観光施策推進
- 0 運輸省所管事項

n 郵政
- 1 郵政3事業の推進, 拡充／民営化
- 2 通信, 放送政策の推進
- 3 電気政策の推進(原発を除く)
- 0 郵政省所管事項

o 建設
- 1 公共事業の推進・拡充
- 2 道路網の整備推進
- 3 公園の充実
- 4 住宅, 建築施策の推進
- 5 国土行政の推進(ハード面)
- 6 災害対策の推進
- 7 まちづくり, 住環境整備, 都市計画推進
- 0 建設省所管事項

q 環境
- 1 公害対策推進
- 2 周辺環境施策の推進
- 3 地球環境施策の推進
- 4 環境施策全般の推進
- 5 省エネ, リサイクルの促進
- 0 環境庁所管事項

r 政治
- 1 選挙制度／新選挙制度(小選挙区制)
- 2 定数維持／定数削減, 是正
- 3 政治倫理／政治倫理規正強化
- 4 政権支持／政権不支持, 政権交代
- 5 党／党改革(運営方法等)
- 6 国会／国会改革(運営方法等)
- 7 首相公選制度[w]国民投票[w]
- 0 政治／政治改革全般

v その他
- 1 生活, くらし／生活を変える
- 2 社会／社会を変える
- 3 高齢化, 少子高齢化(社会)／対応
- 4 日本／日本を変える
- 5 国家／国家を変える
- 6 平和(概念的なもの)
- 7 民主主義, 自由主義など抽象的なもの
- 8 国際化 継続[t]／国際化への対応[w]
- 9 その他(論理型)
- 0 その他(非論理型)

k 構造改革
- 1 小泉構造改革の推進
- 2 (一般的な)構造改革推進
- 3 (構造改革)特区推進

第2部　選挙区の地理的な範囲の不均一性
——国政選挙と党首選挙

　……有権者の数があまりにも多くなると，代表が選挙区の事情や利益にうとくなってしまう．同じようにあまりにも少なくなると，逆に代表はその地位に固執するようになり，重要な国家的目標を理解し追求するにはふさわしくなくなる．この点で，連邦憲法は望ましいコンビネーションになっており，重大で集合的な利益については連邦に委ね，地方の個別的な利益については邦の立法府に委ねられている．

　　　　　　　　　　　　　「ザ・フェデラリスト」第10論文(大下他編 1989, 51)

　制度工学の古典といえる「ザ・フェデラリスト」においても，代表される利益の範囲と代表の関係が指摘されている．第2部では，選挙区の地理的な範囲の違いに起因する選挙制度不均一問題について検討する．全国大の規模で実施される党員投票の常態化によって，自民党総裁選の候補者が党の集合的な利益を重視せざるを得なくなる一方，たとえば衆議院小選挙区の候補者は地域的な個別利害に束縛されるという，両者の違いがもたらす影響に注目する．この問題の検討に第4章から第6章を充てる．

第4章　小選挙区制と党首選挙の選挙区範囲の不一致

はじめに

　第2部の主要な目的は，党首選出過程の民主化とそれが引き起こす選挙制度不均一について議論することである[1]．具体的には，自民党と民主党を主な対象として，党員投票の常態化がもたらされる組織的なメカニズムとその政策的なインプリケーションを検証する．

　本章では，先行研究の整理から始める．近年，各国における主要政党の党首選出手続きに一般党員が参加する事例が増えており，有権者の範囲も広がっている．このような現象を党首選出過程の民主化として位置づけ，民主化を構成する次元として有権者の包括性と候補者間の競争性の拡大を提示し，日本の選挙制度改革による変化のメカニズムを検討する．また，自民党と民主党を事例として，まずは包括性と競争性の程度を測定し，前者では党首選出過程の民主化が進んでいることを明らかにする．続く第5章では，政党組織の構成を分析し，選挙制度改革がもたらす両党間の違いを実証的に検証する．

　党首選出過程の民主化は，代議制民主主義の作動と政党内の権力関係にとって，大きな意味を持つ．改めて説明するまでもなく，議院内閣制とは有権者が国政選挙において議員を選び，その議員が内閣をあずかる首相を選ぶシステムであり，通常は党首が首相の候補者となる．したがって，（党内に限定されるとはいえ）党首選出過程が民主化され，広く党員の投票によって党首が選ばれるのならば，議院内閣制の作動は有権者の投票によってエグゼクティブのリー

---

[1] 本章は，上神(2008c)と同(2010)を再構成し，その一部に加筆修正したものである．

ダーが選ばれる大統領制や首相公選制に近づくはずである[2]．また，党員に権力が配分される一方，議員や活動家層など，既存の党内諸集団の権力が相対的に弱体化し，党員の信任を得た党首の自律性が高まるとの予想も可能である．

第6章では，党首選出過程の民主化による政策的なインパクトについて，大統領制からの類推で考えていく．大統領制においては，議会は大統領に有権者全体の利益を代表させることにより，議員が個別的な選挙区利益を追求するという委任と分業の関係を形成することができる．したがって，党首選出過程の民主化により，同様の関係が発生する可能性を予想できる．党首選挙が党員投票を伴うものであり，公的な議会の選挙とは異なる仕組みで運用される場合，党首と各議員の間に政策目的の相違がもたらされるであろう．

たとえば，自民党総裁選に参加する一般の党員は日本全国に拡散しており，それ故に選挙区の範囲は全国大となるが（集計は都道府県単位で行われる場合が多い），衆議院議員の選挙区は300に分割された小選挙区である．したがって，全国大の利益を訴えて当選してきた総裁と個別の地域的な利害を無視できない衆議院議員との間には，追求する政策目的に違いが生じて当然である．つまり，党首選出過程の民主化によって，公私の選挙制度間に不均一が発生し，アクター間における政策目的の分立に帰結すると考えられる．この点について，理論的な検討と実証的な検証を試みる．

1. 党首選出過程の民主化

ライプハートによると，議院内閣制と大統領制の違いは次の3点に要約される(Lijphart ed. 1992, 2-3)．

- 議院内閣制における首相は議会の信任に依拠し，それを失うと辞任しなければならないが，大統領制においては，大統領の任期は固定されたものであり，議会によって辞任を強いられることはない
- 大統領は有権者によって選ばれるが，首相は議会によって選ばれる

---

[2] 首相公選制については，弘文堂編集部(2001)や大石他編(2002)を参照．本書における主要な研究対象は選挙制度であるが，ここでは執政制度を扱っているともいえる．

- 議院内閣制では集合的な執政が存在するが，大統領制では大統領1人が執政を作る

　これら2つのレジームでは，行政府におけるリーダーシップの構成と選出母体が異なり，政治的責任を負うべき対象も違うものになる．代議制民主主義のメカニズムとしては，2番目の点，（議会の選挙とは別に）有権者によって直接的に選ばれる大統領か，有権者が選んだ議員によって間接的に選ばれる首相かという根本的な違いが重要である．首相は議会の信任に依拠するという1番目の点も，首相の選出母体が議会であることに由来する．

　有権者がリーダーを選択できるという点は大統領制の長所の1つであるが，2大政党制の場合，議院内閣制においても首相候補（党首）の選択を通じて，民主的なコントロールは可能とされる(Ibid., 12-14)．しかし，多党制や1党優位政党制の場合，有権者による首相の選択は困難であろう．2大政党制によって政治を運営する国が多くない現状からも，有権者による選択可能性の有無は2つの代議政体を分かつ重要なメルクマールと考えられる．そこで，本章では議院内閣制における党首選出過程の民主化現象に注目する．党首の政治基盤が院内の選出勢力から院外の一般党員に移行するならば，代議制民主主義の作動は大きく異なるものとなるであろう[3]．

　党首選出過程の民主化について，ルデュックは有権者に着目し，包括性の度合いに応じて分類を試みた(LeDuc 2001, 325)．「包括的」から「排他的」の順に並べると，「オープン・プライマリー」「クローズド・プライマリー」「地方コーカス」「党大会」「選挙人団」「議会コーカス」と置くことができる(図4-1)．

　議会コーカスとは少数の議会幹部の集まりを指し，選挙人団はより広範な（しかし限られた数の）有権者から構成され，党大会の参加者はさらに多い．地方コーカスは地方有力者の集まり，クローズド・プライマリーは党員登録され

---

[3] ポグントケとウェッブによると，議院内閣制における大統領制化現象とは「レジームの変更を伴うことなく，レジームの作用は大統領制に近づくこと」であり，「リーダーシップが行使する権力資源の増大，党内及び執政内における自律性の拡大」によって特徴づけられる(Poguntke and Webb 2005, 1-5)．議会の信任よりも，直接的に有権者の支持に基礎を置くため，内閣の構成についても裁量を振るうことができる首相は，ほかの機関からの大きな干渉なしに統治を遂行できる．しかし，議会内の与党に対する自律性は選挙における成功に依存し，選挙はリーダーシップを構成する候補者らによって個人化されたものとなる．

第4章　小選挙区制と党首選挙の選挙区範囲の不一致　133

図 4-1　党首選出における有権者の分類

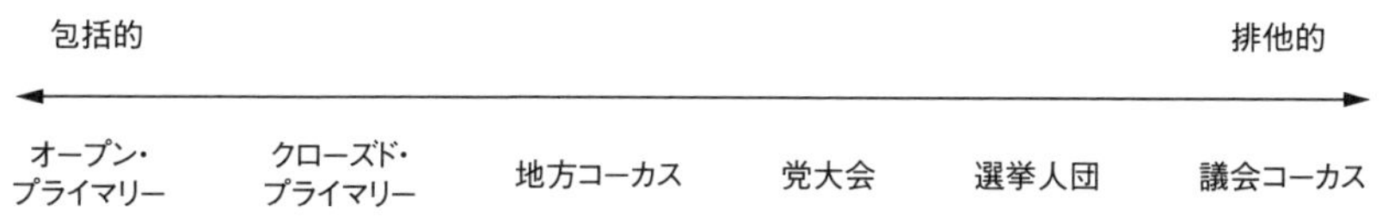

包括的　　　　　　　　　　　　　　　　　　　　　　　　　　　　排他的
←――――――――――――――――――――――――――――――→
オープン・　　クローズド・　　地方コーカス　　党大会　　選挙人団　　議会コーカス
プライマリー　プライマリー

出所：LeDuc(2001, Figure 1)を一部改変

た者のみが投票できる予備選挙，オープン・プライマリーは誰でも投票できる予備選挙である．院内政党の特定メンバーによる最も排他的な選出プロセスから，より開かれ，包括性が高い大会やプライマリーにおける選出となるにつれて，有権者の規模と多様性も高まる．そして，異なる有権者は異なるタイプの党首を選択すると考えられる．議会の幹部によって選ばれたリーダーは議会において長い経歴を有しているであろうし，大会やプライマリーによって選出されるならば，アメリカのように地方政界からリーダーが供給されることもあろう．

　党員投票の方法は多様であり，ルデュックの分類は網羅的なものではない．最も包括性が高いとされる「オープン・プライマリー」が予備選挙である場合，本選挙において1票を投じるのは代議員である．つまり，党員投票の方法は「直接投票方式」と「予備選挙方式」の2とおりに分けなくてはならない．前者は，一般党員が直接的に1票を行使する方式である．最も極端な場合，院内政党のメンバーと同じく，「1人1票」を党員にも割り当てることになろう．あるいは，党員1万人につき1票というように，それぞれが1票を有する国会議員とは票の重みに格差をつけることもできる．後者では，本選挙の有権者である国会議員や地方代議員が投じる票を事前に党員投票で決定する方法や本選挙の候補者を党員投票によって決定するなどの方法が挙げられる．アメリカ大統領選挙の候補者を選ぶ際，大部分の州では予備選挙によって党大会に送り込む代議員を選出するが，それと同様のメカニズムである．予備選挙方式において，選挙結果の拘束力が強い場合，直接投票方式と実質的には変わらないと考えられる．

1.1. 各国の事例

キッティルソンとスキャローが収集したデータによると,2000年現在で党員投票を認めている政党は,オーストラリアの民主党,ベルギーの CVP(キリスト教人民党,オランダ語系),PSC(キリスト教社会党,フランス語系),BSP(社会党,オランダ語系),PRL(自由改革者党,フランス語系)[4],カナダの主要政党(改革党,新民主党,自由党,保守党,ブロック・ケベコワ),ドイツの CDU(キリスト教民主同盟)と SPD(社会民主党),アイルランドの労働党,日本の自由民主党,オランダの D66(民主66),イギリスの主要政党(労働党,自由民主党,保守党),アメリカの主要政党(民主党,共和党)であり[5],全74政党中の19政党が該当する(Kittilson and Scarrow 2003, Table 4.3)[6]. そのうち,1960年代以降,党員投票を伴う党首選出手続きへ移行した政党の数は11である(カナダの主要政党5つ,ドイツの CDU と SPD,日本の自民党,イギリスの主要政党3つ). また,ベルギーの Ecolo(エコロ,フランス語系エコロジー政党),Agalev(アガレフ,オランダ語系エコロジー政党),PSB(社会党,フランス語系),VU(フラームス・ブロック)では,党員が選挙区レベルの党組織を通じて候補者を指名できる. 残りの50政党においては,党の全国委員会ないし院内政党による選出を採用する政党が19,党大会による選出を採用する政党は31となっている. 以上から,キッティルソンとスキャローは党首選出過程における包括性の高まりを指摘するが,手続きとして党員投票を認めていることと,実際の運用は別である. たとえばベルギーの場合,1993年時点において候補者間競争を伴う党員投票が実現している政党は,PSC と PRL(1990年)のみである(De Winter 1993, Table 2).

このような政党リーダー選出の民主化をもたらす要因について,アメリカ,イギリス,カナダの事例を検討したルデュックは選挙競争の圧力を挙げる

---

4) PRLについて,キッティルソンとスキャローは「選挙区レベルの党組織を通じて候補者を指名する」カテゴリーに分類しているが,デ・ウィンターによると,1990年に党員投票を導入している(De Winter 1993, 242). ベルギーの政党名の日本語表記は津田(2000)に倣った. 以下,同様.
5) 大統領選挙の候補者を選出する手続きを指す.
6) 対象となった諸国は,オーストラリア,オーストリア,ベルギー,カナダ,デンマーク,フィンランド,フランス,ドイツ,アイルランド,イタリア,日本,オランダ,ニュージーランド,ノルウェー,スウェーデン,スイス,イギリス,アメリカの計18ヵ国である.

(LeDuc *op. cit.*, 327-337). 1970年のマクガバン・フレイザー委員会の報告書を受け，アメリカ民主党の全国委員会は一般党員の意思を反映させるべく，州レベルの党組織が牛耳っていた代議員選出プロセスを改めた．そのきっかけは1968年党大会の混乱やニクソン共和党政権の成立にあったという．改革は州法の改正を必要とする場合が多いため，共和党の大統領候補選出にも適用されるようになり，急速に普及していった[7]．イギリス労働党の場合，ウィルソン，キャラハン両政権下における「右寄り」の政策に不満を持った草の根レベル党組織が議会コーカスではなく一般党員による正副両党首の選出を要求したことに端を発するが[8]，1979年総選挙におけるサッチャー保守党との戦いにおける敗北によって議論は本格化し，左派に有利な選挙人団制度の導入に落ち着いた[9]．カナダでも，選挙における敗北は党改革への契機となった．1993年選挙における壊滅的敗北の後，進歩保守党は党員投票による党首選出制度を導入した[10]．

スキャローは1980年代から90年代におけるドイツの事例を検討し，レファレンダムや党員投票など，政府や政党を舞台に進められてきた民主化改革の背景に有権者の政党離れと政党間の選挙競争があることを指摘する(Scarrow 1999)．ドイツにおいても，ポスト物質主義的価値観や個人主義の台頭により，投票率は低下し，党員も漸減傾向にある．政党脱編成を押し止めるため，政府や政党の人事や政策決定に際して有権者や一般党員の声を反映する政策をCDU/CSU(キリスト教社会同盟)，SPD，FDP(自由民主党)の各党が競うようになった．党改革の例としては，CDUが党役員や候補者の選定に党員投票を導入(1995年)，SPDでは党首選出に党員投票を導入(1993年)，FDPは政策決定にレファレンダムを導入(1995年)などがある．しかし，スキャローによる

---

7) 2000年大統領選挙の時点において，プライマリーで選ばれた代議員の比率は民主党で82％，共和党では86％を占める．
8) ほかには，現職議員に対する強制的な候補者資格の再認定，党首から全国執行委員会への選挙綱領策定権の委譲．
9) 40％の票を労働組合に割り当て，30％ずつを議会コーカスと一般党員で分け合う仕組みである．1983年総選挙の敗北からトニー・ブレアの「新しい労働党」へと至る過程において，この制度が右派へ有利に働いた点は興味深い．
10) 301の選挙区はそれぞれ100ポイントを配分され，各選挙区における党員投票の結果に比例して候補者達が100ポイントを分け合う．合計ポイントの過半数を獲得した候補者を勝者とする方式である．1998年に初めて実施された．

と,その効果は限定的とされる.政党民主化については,既存の活動家や党員を活気づける効果は認められたが,女性や若年層など新しい党員の動員には成功していない.

一方,ゴールドスティンはアメリカ民主党の大統領候補選出プロセスの改革を検証し,州ごとに改革の時期が異なることに注目する(Goldstein 2002).具体的には,マクガバン・フレーザー委員会の報告書に沿った改革が実施されるまでの期間を,存続期間分析の手法を用いて検証した.その結果,アフリカ系アメリカ人の州人口に占める割合が高いと改革の実施が促進されるという.従来,政治から閉め出されていたアフリカ系アメリカ人は改革の恩恵を最も受けると考えられるので,首肯できる結果である.しかし,党がよく組織され,南部の州であり,州法の改正が必要な場合,改革の実施が遅れる.組織に立脚する党リーダーやヨーロッパ系アメリカ人のみで構成されていた南部の組織,州法の改正作業が改革の障害であると解釈できる.つまり,自らの権力基盤を党組織に置くリーダーが候補者選定の権力を手放すことにつながる改革に抵抗するのは自然の理であるが,一方で選挙競争にもさらされているため,選挙民の要求を考慮しなければ権力を維持できないという相反する圧力にさらされていると考えることができる.

1.2. 日本の自民党

日本の場合,自民党において党員投票の実施が通例となっていく(本章第3節を参照).歴史家やジャーナリストの手になる叙述的な研究は数多くあるが,自覚的に分析的たらんとする研究は,田中によるものが代表的といえよう(田中1986)[11].分析の範囲である1955年の結党から1980年代半ばまで,自民党の総裁選出ルール(総裁公選規定)は計7回の改定を見ている(同書,表1).総裁候補推薦機関の設置問題(1962年,1963年),総裁候補決定選挙の改正問題(1981年),三木武夫を総裁として選出した椎名裁定(1974年)などを主な事例として,総裁選出の手続きは時々の派閥力学に応じてたび重なる変更を経ていることを明らかにした.日本の憲政史上初となる大規模な党員集団による選挙

---

11) 自民党の総裁選出について,代表的なものとしては,升味(1985),田中(1986),北岡(1995),石川(2004),小宮(2010)などがある.歴代の首相については,御厨編(2003)などがある.

が実施されたのは，1978 年 11 月の総裁候補決定選挙である．その改正問題では当時の 5 大派閥(田中，鈴木，福田，中曽根，河本)による駆け引きの結果，党員獲得によって劣勢の挽回を試みた少数派閥の河本派による反対にもかかわらず，候補者が 2 人の場合には予備選挙を事実上実施しないなど，派閥間の力学が党員投票のあり方を規定したという(同書，25-43)．

　この党員投票の導入経緯と選挙プロセスを分析したツルタニも，派閥中心という結論を導いている(Tsurutani 1980)．党内抗争の果てに，1976 年総選挙の敗北を直接の契機として退陣を余儀なくされた三木首相は，その条件として「予備選挙」の導入など党改革を実現させることに成功した[12]．しかし，その結果は皮肉なものであり，派閥の影響力を低下させる目論見であったにもかかわらず，むしろ派閥間の対立を激化させ，金権政治を促進したという．党員は国会議員の後援会を通じて派閥による動員の対象となり，1977 年秋には約 30 万人であったものが 1 年後には約 150 万人へと劇的に増加した(Ibid., 849)．以上，田中とツルタニによる研究の興味深い点は，党首選出手続きの民主化が院内における議員集団間の争いによって実現ないし改変されたことを示唆する点である．

院外組織の形成

　それでは，総裁選における党員投票の主体となる院外組織はどのように構成されてきたのであろうか．この点に関する研究は希少である．以下では，党員投票の導入前後の党組織について，少ないながらも先行研究を検討しておく．

　升味(1967)は，結党から 10 年程度を経た初期の党組織とその直面する問題についてまとめている．それによると，組織建設の重要性は結党当初より意識されていた．たとえば，組織指導者中央研修会や地方駐在員制度，中央政治大学院という具体的な構想が，1957 年度の組織計画においてすでに述べられている．1958 年には，府県連の推薦によって岸信介総裁から委嘱状を与えられる組織指導員を町村に 5 人から 6 人，市に 20 人から 30 人を配置することになり，1961 年の段階で 12,367 人を数えるまでになった．また，左翼政党に対抗

---

12) 退陣表明に際し，そのほかに三木が訴えた党改革の内容は「金権体質と派閥抗争の打破」「長老政治の体質改善」である(升味 1985, 298)．

するために無所属の町村議会議員を勧誘し,入党者には地方組織員を委嘱した.1962年から1963年にかけて,約4,800人が入党した.また,「東京農大通信教育委託生制度」によって農村組織指導員を養成し,その数は1966年までに1,852人に達した.さらに,中央政治大学院が創設され,その研修を受けた党本部職員のなかから地方駐在組織員が選抜され,地方に派遣された.1962年には28名が採用されたという.これらの要員は地方において党員を勧誘し,党活動の中心となることを期待される党活動家であったといえる.しかし,自民党の組織の重点が議員の個人後援会にあることも当時はすでに理解されており,党員としての組織化が課題とされていたのである.

党組織の形成にとっての画期の1つは,やはり1978年11月の総裁選である.ツルタニが指摘するように,当初の目論見とは異なり,派閥による動員が予備選挙を通じて党員にまで及ぶことになった.この総裁選の際には,各新聞社による党員と党友に対する電話調査が行われている.通常,党員名簿へのアクセスは困難であるため,管見の限り,類例がない貴重なものである.本節では,朝日新聞社の意向調査について紹介する(1978年11月10日朝刊)[13].

その質問内容は,投票する人を「決めた」と回答した者に対しては,立候補した福田赳夫,大平正芳,中曽根康弘,河本敏夫のいずれに投票するか,「いえない」「決めていない」と回答した者に対しては,政見や人柄などから誰に好意を持っているか,衆参両院議員の後援会に入っているか,についてである.結果によると,福田が最も大きな支持を集めている.「決めた」と回答した層の42.3%(781人),「いえない」「決めていない」と回答した層の47.8%(296人)を占める.一方の大平は,前者の35.7%(660人),後者の23.2%(144人)に過ぎない.実際の得票数は福田の472,503票に対して,大平は550,891票であるから,調査の設計や施行において特定の候補者に対するバイアスが発生していないならば,何らかの理由によって,投票日までの間に投票先が変わったか,好意を持っていない候補者に投票したことになる.その原因としては,国会議員や所属団体を経由する動員の効果を想定できる.調査対象者の65.7%(1,960

---

13) サンプル数は3,500人,回答数は2,984人(回収率97.8%).サンプルの抽出方法については,紙面を参照.ほかには,読売新聞(1978年11月11日朝刊)などがある.調査結果は,福田38.7%,大平28.1%ほかとなっている.他国における学術的な調査の例としては,イギリスの保守党と労働党の党員を対象とするものがある(Seyd et al. 1996).

人)が議員の後援会に所属しているが，議員の後援会に加入している者のうちで，議員が所属する派閥の候補者を支持する者の割合は，福田派議員の後援会の場合は90％，大平派の場合も83％に上る．しかし，福田に投票ないし好意を持っていると回答した者のうち，福田派後援会員の割合は46.3％に過ぎず，大平支持を明らかにした者のうちでは，大平派と田中派の後援会員の合計割合が77.8％に達している．他派閥における「隠れ田中派」の存在はつとに知られており（立花 1976），（福田派以外の）これらの議員が大平支持になびいたため，後援会員の投票先も変わり，党員投票の結果が覆った可能性がある[14]．

1983年には参議院の選挙制度が改正され，全国区に代わって，拘束名簿方式の比例区が導入された．その結果，名簿の登載順位が各候補者の当落を決めることになるが，自民党の場合，順位づけに利用されたのは候補者による獲得党員の数であった（広瀬 1993，第3章）．名簿の上位に登載されるためには，10万人以上の党員集めが必要である．しかし，その実態としては，候補者の側が党費の一部ないし全部を負担することが多く，関連業界を動員できる官僚出身者が比例区時代と同様に有利であったという．

さて，党員と共に院外組織を形成する地方議員についてはどうであろうか．朏（1967）は，前述の升味と同様，結党後10年程の自民党組織について地方議員を中心に描く．新潟県支部連合会を例にすると，執行機関（会長，副会長，幹事長ほか），組織委員会，広報委員会，財務委員会，議決機関（党大会），総務会，政務調査会，選挙対策委員会，党規委員会，会計監督などの各種機関がすでに整備されている．県連会長には国会議員ないし知事が就任するが，各機関の長を県議会議員が占めることが多く，県議中心の組織となっている．各級選挙の公認も県連が中心となる．1966年の時点において，党員数は2万人を超えている．また，この頃，代議士─県議─市長村議─末端運動員から構成される代議士系列と，その系列の地方議員が名を連ねる代議士後援会の存在も確認されている．かつては自前の選挙地盤を経営していた県議が代議士地盤の一部を管理する役割を担いつつあるとする．それと軌を一にして，県議の専業化も進展する．これらの背景にあるのは，高度経済成長期において行政や経済の

---

14) 新聞社による世論調査の結果が判明した後，不利が判明した大平派と田中派による猛烈な動員努力があったという（升味 1988, 425）．

面で中央への依存が進むと共に，伝統的な地盤の解体によって県議の支配力が低下し，選挙区における活動により多くのエネルギーを投入する必要に迫られたからであるという．

インフォーマルな組織といえる政治家間の系列関係については，第1章と第2章において詳しく検討したが，総裁選との関連では，朝日新聞社による調査がある(1979年8月25日朝刊)．自民党所属ないし保守系無所属の市町村長と都道府県議を対象として，系列関係にある国会議員と総裁選における支持候補をただしたものである．それによると，都道府県議については，回答総数1,856のうち，無系列は163に留まり，系列化が進んでいる．その内訳は，大平284，田中331，福田302，中曽根251，三木177，中間・無派閥348である．総裁選においては，系列関係にある国会議員が所属する派閥の候補者を支持するとの回答割合も高い．大平派78.2%(222)，田中派39.3%(130)，福田派81.5%(246)，中曽根派72.1%(181)，三木派67.8%(120)である(括弧内は実数)．田中派の割合が低いのは，自前の総裁候補者を抱えていないためと考えられる．また，市町村長については，回答総数2,911のうち，無系列は622であり，やはり国会議員と何らかの系列関係にある場合が多い．系列の内訳は，大平414，田中448，福田417，中曽根281，三木262，中間・無派閥467となっている．派閥の候補者を支持する割合は，大平派35%(145)，田中派13.6%(61)，福田派48.9%(204)，中曽根派38.8%(109)，三木派47.3%(124)である．都道府県議よりも無系列の割合が高く，派閥の候補者を支持する割合も低いことから，市町村長には旗幟を鮮明にしがたい事情があると考えられる．無所属が多い地方政治家についても派閥との関係が生じている点は興味深く，このような関係は総裁選の予備選挙をきっかけとするという．

以上の検討より，自民党の組織建設は結党当初から始まっていたこと，派閥による党員や地方政治家の色分けは1978年11月の総裁選を契機として進展したことが分かる．また，参院選比例区の名簿順位をめぐる業界による党員の登録についても述べた．後援会や利益集団のような組織を媒介とする派閥による党員の動員は，2001年4月の総裁選において試練を受けることになる．この点については，次章にて検討する．

2. 党首選出過程の民主化をもたらす諸要因

　先行研究における党首選出過程の「民主化」とは，有権者の範囲が拡大傾向にあることを意味するに過ぎない場合が多い．本章においても，必ずしも党内民主主義が実現の方向にあると述べようとしているのではない．むしろ党首の選出に参加する権利を一般党員にまで広げることによって，党活動家や党内派閥など既存勢力の影響力が相対的に減少することが起こり得る．この場合，従来，党首の権力を掣肘してきた党内勢力が衰え，民主的なコントロールが困難になる恐れすらある[15]．また，民主化された党首選出ルールが常に適用されるとは限らない．たとえば候補者1名の場合，競争は存在せず，無投票になるか，よくて信任投票が実施されるのみである．結局のところ，民主化の度合いは「包括性」と「競争性」の2次元において測定することが適切と考えられる．以下では，包括的かつ競争的な党員投票の実施が通例化することを党首選出過程の民主化と定義する．

　この包括性と競争性の2次元は，ダールによる民主化の議論にもとづいている(Dahl 1971)．ダールは政治に参加する権利と公的な異議申し立てをする権利を峻別した．「ある体制が，市民にこの自由かつ公正な選挙を認めれば，その体制における公的異議申し立ての許容度は深まる．そして，権利を共有する市民の比率が高くなれば，その体制はより包括的になる」(同書邦訳, 9)．問題は，包括性と公的異議申し立てが独立に変動することである．普通選挙権が認められる以前のイギリスにおいては，選挙における競争が許容されていても，有権者の範囲は限られていた．また，かつての社会主義国においては，普通選挙権が認められていても，選挙における競争は抑制されていた．したがって，民主化の度合いは有権者の包括性と候補者間の競争性に分けて考える必要がある．以下でも2次元のいずれかを明示して議論する．

　前節で検討した先行研究においては，党員投票が実施されるきっかけとして，①選挙競争の圧力，②有権者の政党離れ，③政党内部の権力闘争が挙げられて

---

15) 候補者の選出過程を検討したペニングスとハザンも，民主化によって党活動家の役割が縮小し，エリートの力が強くなる可能性を指摘する(Pennings and Hazan 2001, 268, 270-271)．

いる.①は,選挙における政党間の競争を触媒として党員投票が普及していく経路である.②は,有権者の政党離れに直面し,党首選出に参加する権利を拡大することによって党員を確保したい政党の思惑によるものである.③は,党員投票の実施によって権力闘争を有利に進めたい政治家の思惑によるものである.これらの要因は相互に矛盾するものではない.

しかしながら,上記の説明は十分なものとはいえない.一見すると,①選挙競争の圧力と③政党内部の権力闘争はもっともらしい.しかし,両者とも政党政治にはつきものであり,いかなる状況下で,これらの要因が党首選出過程の民主化をもたらすのか必ずしも明らかではない.②有権者の政党離れはより有望な説明である.少なくとも時系列的な変化を説明することはできるように思われる.しかし,この説明にも難がある.政党脱編成は先進産業民主主義国に共通の現象であり,政党間の違いを説明することができない.そこで,次節で詳しく見るように,比較的に党首選出過程の民主化が進んでいる日本の自民党に固有の要因として,選挙制度改革が組織に与えた影響を検討する.

2.1. 選挙制度改革の影響

1994年の選挙制度改革は自民党の派閥にも甚大な影響を及ぼしたと考えられる.かつての中選挙区制においては,同一選挙区に自民党から複数の政治家が立候補したため,政党単位の選挙運動は困難であった.候補者は異なる派閥に所属することにより,公認と政治資金を獲得してきた.

しかしながら,衆議院に小選挙区比例代表並立制が導入されたことにより,1選挙区に公認される候補者は1人となり,公認権限は党執行部に集約されることになった.2005年総選挙においては,党執行部が郵政民営化法案に反対する議員の公認を取り消したことは記憶に新しい.このような改革を通じて派閥は弱体化し,派閥のもう1つの役割である役職配分に及ぼす影響力が低下したと考えることもできる.実際,小泉政権の組閣に際して派閥の意向は軽視されたといわれる(竹中2006;白糸2008)[16].

派閥の存在意義自体が問われている以上,かつてのように派閥間の合従連衡

---

16) 小泉政権については,ほかにも大嶽(2003),同(2006),清水(2005),御厨(2006),内山(2007)などの優れた先行研究がある.

によって自民党の総裁が選ばれることが少なくなると予想されるのは当然である．従来，総裁の座を目指す派閥の領袖は，役職や政治資金，公認の付与を通じて構成員の忠誠を獲得し，自らの支持基盤としてきた．しかし，構成員にこれらの見返りを提供することが困難となったため，派閥領袖の支持調達能力は弱まらざるを得ない．

　選挙制度改革が自民党の総裁選における派閥の役割に及ぼす影響は，国会議員を通じてのものだけに留まらない．党首選出過程の民主化という本章の分析視角からは，院外の組織を構成する地方議員や一般党員の総裁選びに対する関心を強めることに加えて，その参加を促進する条件を整えることにより，派閥の役割を相対化する点が重要である．

　まず，小選挙区制においては，有権者による候補者の選択が政権を担うべき政党の選択と同義であり，首相候補者と政権政策の選択にも直結する．したがって，有権者の投票選択における党首評価の影響が大きくなると考えられる．こうした傾向は実証分析においても確認されている(蒲島 2001；蒲島・今井 2001；池田 2004；同 2007，第 2 章)．

　その結果，自民党政権を維持するためには，誰が総裁になるかということが重要となる．国会議員のみならず，政権与党に連なることにメリットを見出してきた地方議員や支援者である党員にとっても重大な関心事とならざるを得ない．このような選挙制度改革の効果は，地方組織の構成員が総裁選出に関与する誘因を強めると考えられる．

　また，選挙制度改革は派閥による党員の動員の有効性を低下させる．繰り返しになるが，かつての中選挙区制は，自民党の国会議員と地方議員の系列関係を強める役割を果たしてきた．同一選挙区における自民党候補者間の争いは，地方議員に支持の明確化を強いたからである．このような候補者間の競争は，総裁選における派閥間の競争と連動することによって，地方議員の色分けを補強する効果があった．1978 年に初めて実施された総裁選の予備選挙により，地方議員の系列化が進んだといわれることがその一例である．しかしながら，小選挙区制においては，こうした系列化のメカニズムは存在せず，地方議員が支持する国会議員は自明となる．その結果，系列の一本化による関係の強化を招くか(第 1 章 1.2 節を参照)，両者の関係の弛緩を招くかのいずれかが想定され

る(たとえば,砂原 2012).最近の実証研究と筆者自身の調査は,後者の可能性を示唆している[17].

　1996 年総選挙における静岡 1 区の事例研究を行った谷口(2004)を再び参照すると,小選挙区制は衆院選候補者と地方議員の関係の緊密化をもたらしていない.アンケート調査の結果,市議達の系列の違いと好悪の評価には関係がないことが分かった.また,投票区の平均投票率を比較すると,1996 年総選挙では,自民系市議の有無による投票率の差,すなわち動員の形跡が消滅している.そもそもこれらの市議達は,党や国会議員に頼らなくても,自力で当選できるだけの地盤を持っており,衆院選候補者による「協力しないと落選させる」といった類の脅しには信憑性がない.

　第 1 章でもすでに紹介したように,山田(2007)は,小選挙区制の導入後,代議士が異なる系列の地方議員との関係作りに動き,従来の系列関係が相対化されることを示唆する.茨城県鉾田市(旧鉾田町)においては,2 派間の政争が衆議院議員と県議の関係にも長らく影響してきた.橋本登美三郎と後継の額賀福志郎はその一方と系列関係にあったが,小選挙区制の導入後はもう一方にも働きかけるようになったという.しかし,未だに中選挙区制によって選ばれる県議には個人後援会の整備に取り組む必要があり,衆院選候補者は地元の複雑な人間関係にとらわれることは得策でないから,自ら主導権を発揮して党の地方組織を建設する動機はない.つまり,これは第 1 部で検討した選挙制度不均一の影響である.

　地方議員に対する筆者自身のインタビューからも,小選挙区制の導入によって,従来の系列関係が弱体化したことがうかがえる.ある保守系無所属の岩手県釜石市議会議員によると,中選挙区制時代から支援してきた自民党代議士が別の小選挙区から立候補するようになっても,未だに選挙には駆けつける.ほかの候補者の選挙は「知らない」という(上神 2008b, 第 7 章).また,ある自民党の東京都墨田区議会議員によると,小選挙区制では候補者が 1 名であるから,応援する相手を選択できなくなった.その結果,異なる系列間で競争してきた

---

17) 1987 年と 2002 年に実施された国会議員アンケート調査の結果を比較すると,地方首長や地方議員との接触が減少し,地元公共事業に代わって政策に関する相談が増加しており,その原因の 1 つは選挙制度改革にあると考えられる(品田 2006;村松 2010, 第 7 章).

「すごさ」はなくなってしまったという（上神 2009）．

かつての中選挙区制における動員と対抗動員を伴う系列同士の競争関係が消滅する一方，政党の組織化が進んでいるという証拠は得られていない．地方議員は国会議員の後援組織の中核を占めることを考え合わせると，両者の関係の希薄化によって，党員投票における派閥領袖—構成メンバー—後援組織—党員と連なる組織的な動員は衰退することは不思議ではない[18]．このような組織動員の衰退は，党員が自律的な投票判断を行使することを可能とするため，党員には党首選出に参加する機会の拡大を求める誘因が生じると考えられる．

2.2. 総裁選出過程の民主化

前小節の議論を踏まえて，選挙制度改革が自民党の総裁選出過程に及ぼす影響を整理してみよう．本節の冒頭で述べたように，党首選出過程の民主化は包括性と競争性の 2 次元に整理することができる．

まず，小選挙区制の導入によって，有権者の投票判断における党首評価の重要性が高まり，党員が総裁選出に関与する誘因は強くなる．一方，派閥による組織的な選挙動員がその有効性を低下させることにより，党員は自律的な投票判断を行使できるようになる．その結果，総裁選出過程の包括性が高まる．党員投票の実施頻度は多くなり，投票者も増加する．

また，こうした党員側の変化は候補者の戦略にも影響を及ぼす．派閥によって動員されない党員の登場は，派閥からの強い支持を見込めない（潜在的な）候補者に好機を提供する．派閥の支持ではなく，直接的に党員の支持の獲得を目指すことにより，集票できるからである．その結果，このような候補者にも党員投票の実施を支持する誘因が生じ，包括性の向上を手助けする．また，自らにも党首選出に参入する誘因があり，その結果，総裁選出過程の競争性も高まる．

先述したように，選挙制度改革に伴って派閥領袖の支持調達能力が低下することにより，そのほかの議員が総裁選に出馬しやすくなるはずである．こうした派閥の結束力の弱体化も総裁選出過程の競争性を高める要因となる．その結

---

[18] 後援会加入率の低下については，序章脚注 15 を参照．

果，派閥のリーダーですらないが，一般の党員に人気のある政治家は立候補に必要な推薦人集めに成功すると予想される．このようなメカニズムが働くことにより，総裁選出過程における有権者の範囲と候補者間の競争が拡大し，民主化が進展すると考えられる．次章の第2節と第3節にて検証する仮説として，以下のようにまとめておこう．

- 選挙制度改革により，派閥を通じた組織的な選挙動員の力が弱まると，一般の党員が総裁選出過程へ参加するようになる
- 選挙制度改革により，派閥の規律が弱まると，そのリーダーではない候補者も参入するようになる

本節では，選挙制度改革と党首選出過程の民主化の関係について議論してきた．すでに序章で明らかにしたように，自民党と民主党とでは院外組織の規模に違いがあり，改革の影響は膨大な組織を抱える自民党に非対称に及ぶと考えられる点を強調しておきたい．

3. 党首選出手続きの概観

自民党と民主党は党首を選出するために，院内政党と院外組織，それぞれの構成員による投票を組み合わせた方法を採用している．ただし，その過程は決して単線的な変化ではなかった可能性があり，また，手続きが常にその本旨に沿って運用されるとは限らないという点において，検証が必要である．そこで，本節は自民党の総裁選出と民主党の代表選出につき，包括性と競争性の程度に注目しつつ，それぞれの変化や相互の異同を手続きと運用の両面から概観する．なお，自民党における党首選出の手続き的な側面については，代表的なものとして田中(1986)が挙げられるが，民主党のそれは多くない．したがって，本節の記述は政党の発表や新聞記事に主に依拠する．

3.1. 自民党における総裁公選規定の運用

自民党の総裁選出は，原則として総裁公選規定にしたがうが(党則6条1項)，

とくに緊急を要する場合，党大会に代わって両院議員総会において後任を選任できる(6条2項). 両院議員総会によって総裁を選出する際の選挙人は，衆参両院議員と都道府県連代表各3名である(6条3項). 一方，総裁選出に関わる党員の権利としては，党内の選挙権及び被選挙権，役員選出への参加が挙げられている(3条の2). 総裁公選規定においては，党所属の国会議員と党員に加えて，支持組織である自由国民会議の会員(党友)，政治資金団体である国民政治協会の個人会員及び法人会員の代表者1名が選挙人として明記されている(総裁公選規定6条1項)[19].

結党から2006年9月の安倍選出までの間，投票によって複数候補者間の勝敗を決した事例は22回であり[20]，対して無投票での選出は14回となる(補遺4-1)[21]. なお，競争選挙のうち，党員投票が実施された事例は8回である(表4-1)[22]. 無投票による選出の事例は1980年代において7回と半数を占めるが，それ以前は3回に過ぎなかった. 1990年代以降の事例も4回に留まる. 田中派による支配が安定していた1980年代において競争性は低下するが，竹下派の分裂を経て，再び上昇したと考えられる. 同時に党員投票を伴う事例も増えており，競争性の復活と包括性の高まりを認めることができよう.

本章の立場からは，都道府県連や一般党員など院外組織の声をどのように決定プロセスに反映させてきたか，その変遷が重要である. 院外における総裁選挙の有権者は，都道府県連の代議員から，予備選挙の導入を契機に党員・党友へと，劇的に拡大しているが，その果たす役割は一定していない.

1956年4月の鳩山選出から1972年7月の田中選出まで計11回の総裁公選は，地方代議員による投票が行われたが，割り当てられた票数は各都道府県連

---

19) 党員，党友，国民政治協会員については，20歳以上の日本国民と定められている.
20) 1956年4月・鳩山，同年12月・石橋，1957年3月・岸，1959年1月・岸，1960年7月・池田，1962年7月・池田，1964年7月・池田，1966年12月・佐藤，1968年11月・佐藤，1970年10月・佐藤，1972年7月・田中，1978年12月・大平，1982年11月・中曽根，1989年8月・海部，1991年10月・宮澤，1993年・7月・河野，1995年9月・橋本，1998年7月・小渕，1999年9月・小渕，2001年4月・小泉，2003年9月・小泉，2006年9月・安倍，以上22回.
21) 1964年12月・佐藤，1974年12月・三木，1976年12月・福田，1980年7月・鈴木，1980年10月・鈴木，1984年10月・中曽根，1986年9月・中曽根，1987年10月・竹下，1989年6月・宇野，1989年10月・海部，1993年9月・河野，1997年9月・橋本，2000年4月・森，2001年8月・小泉，以上14回.
22) 1978年12月・大平，1982年11月・中曽根，1991年10月・宮澤，1995年9月・橋本，1999年9月・小渕，2001年4月・小泉，2003年9月・小泉，2006年9月・安倍，以上8回.

表4-1 自民党の総裁選出（党員投票導入後）

	当選者	他の候補者(得票順)		
1978年11月	大平正芳	福田赳夫	中曽根康弘	河本敏夫
1980年7月	鈴木善幸			
1980年10月	鈴木善幸			
1982年11月	中曽根康弘	河本敏夫	安倍晋太郎	中川一郎
1984年10月	中曽根康弘			
1986年9月	中曽根康弘			
1987年10月	竹下 登			
1989年6月	宇野宗佑			
1989年8月	海部俊樹	林 義郎	石原慎太郎	
1989年10月	海部俊樹			
1991年10月	宮澤喜一	渡辺美智雄	三塚 博	
1993年7月	河野洋平	渡辺美智雄		
1993年9月	河野洋平			
1995年9月	橋本龍太郎	小泉純一郎		
1997年9月	橋本龍太郎			
1998年7月	小渕恵三	梶山静六	小泉純一郎	
1999年9月	小渕恵三	加藤紘一	山崎 拓	
2000年4月	森 喜朗			
2001年4月	小泉純一郎	橋本龍太郎	麻生太郎	亀井静香
2001年8月	小泉純一郎			
2003年9月	小泉純一郎	亀井静香	藤井孝男	高村正彦
2006年9月	安倍晋三	麻生太郎	谷垣禎一	

網掛け部分は党員投票が実施された事例

2票(2名)から1962年1月に1票(1名)へと削減されている．1977年4月の第33回臨時党大会において，総裁公選規程は大幅に改正され，新たに「総裁候補決定選挙」が導入された[23]．都道府県連ごとに党員・党友1,000人当たり1点の「持ち点」を割り当てた上，都道府県別に1位と2位の候補者それぞれへ得票に比例して配分した後，全国集計して上位2名が国会議員による本選挙に進む，という制度である．しかし，早くも1981年4月には，候補者が3名以下の場合，総裁候補決定選挙を実施せず，また，候補者の得票を単純に全国集計する方式に変更された．この総裁候補決定選挙は党員投票によって本選挙の候補者を選抜する一種の予備選挙といえよう．1978年11月の大平選出時と，1982年11月の中曽根選出時の2度，用いられたが，いずれも本選挙を待たず

---

23) 総裁公選における有権者の拡大について，管見の限り，自民党(1977)所収の最も古い資料は「党近代化に関する田中幹事長試案」(1965年9月25日)である．冒頭で「党近代化」の方向を「組織的国民政党」「政策中心の政党」として示し，「投票権者の範囲についても，党組織の拡大に伴い弾力的な検討を加えるべき」であり，結論として「党員の権利・義務の確立」を掲げる．

に 2 位以下の候補者が辞退している．

そして，1989 年 9 月には国会議員の投票と同時に各都道府県連において党員の投票を行う方式に変更された．各都道府県連は党員・党友数に応じた「持ち票」を割り当てられ（2 万人未満・1 票，2 万人以上 5 万人未満・2 票，5 万人以上 10 万人未満・3 票，10 万人以上・4 票），当該都道府県連の最多得票者が持ち票のすべてを獲得する方式である．つまり，党員投票の方法は予備選挙から直接投票に改正された．同時投票となったため，党員投票の結果が国会議員の投票行動に及ぼす影響が小さくなると予想できる．この制度における競争選挙としては 1991 年 10 月の宮澤選出がある．さらに，党員 1 万票につき 1 票を配分する全国集計方式に改められ，1995 年 9 月の橋本選出と 1999 年 9 月の小渕選出の計 3 回の総裁公選で実施された．

2001 年 4 月の総裁選は，森総裁の任期途中における辞任のため，両院議員総会による公選となり，規定上，党員投票の根拠はなかった．しかし，有力者の話し合いによって選出された森総裁の正統性を問う声の高まりを受けて，都道府県連が党員投票を自主的に導入するという前代未聞の展開となった．これは地方代議員票の行方を左右する，事実上の「予備選挙」方式といえる．また，地方の意思をより反映させるため，党則が改正され，都道府県連代表が 1 名から 3 名に増やされた．小泉総裁の誕生をもたらした党員重視の傾向は，2003 年 9 月の小泉再選，2006 年 9 月の安倍選出においても見られる．2002 年 1 月に再び改正された総裁公選規定においては，都道府県連単位での集計に改められると同時に，各都道府県連には「基礎票」の 3 票に加えて，党員・党友数に応じた「配当票」を 159 票，計 300 票を割り当てることになった（同時に任期が 2 年から 3 年に延長され，リコール制度が導入された）．前回の任期満了選挙（1999 年 9 月）における党員票は 143 票，前々回（1995 年 9 月）は 80 票に過ぎなかったことを勘案すると，地方重視の傾向が明瞭となっている．また，ドント式によって各都道府県連の持ち票を候補者に配分することとなった．

本章が対象とする期間に行われた党員投票は 8 例に過ぎないが，1990 年代以降に限定すると，12 回の総裁選出の事例に対して 6 回と半分を占めている．院外組織による党内ガバナンス参加を重視する近年の流れが定着するか検証を待たなければならないが，この流れを一旦は断ち切ったかのような 2000 年 4

月の森選出は例外と考えられる.本小節では,2001年4月の小泉選出において地方組織のイニシアティブが見られたこと,その結果,むしろ院外に支持基盤を持つ総裁が誕生したこと,以上の2点を重視する.

3.2. 民主党における代表選挙規則の運用

民主党の代表選出手続きについて,党規約は投票方法の詳細を代表選挙規則において別途定めるとするが(党規約11条5項),党員とサポーターの投票権を明記している(3条3項,5条3項).代表の任期は2年であり(11条3項)[24],任期途中で代表が欠けた場合,選挙によらず,両院議員総会において代表を選出することができる(8条7項)[25].また,代表選挙の立候補者が1人の場合,両院議員総会の承認をもって選挙に代えることができる(11条7項)[26].両院議員総会は,党大会に次ぐ議決機関であり,国会議員によって構成される(7条1項).また,代表選挙規則は役員会の発議にもとづき常任幹事会で決定される(11条9項)[27].常任幹事会は党の重要な執行機関であり,代表,副代表,幹事長,政策調査会長,国会対策委員長,代表が指名する参議院役員ほかで構成される(8条3項).代表選挙規則によると,有権者は党員及びサポーター,国政選挙の公認候補予定者,党所属の国会議員及び地方議会議員と定められている(4条1項).

新進党の解党後,その構成勢力の大部分を吸収した「新民主党」は,2006年9月の小沢再選までの間,合計10回の代表選挙を実施してきた(表4-2,補遺4-2参照).

その内訳を見ると,競争選挙は6回[28],無投票選出は4回[29]となっている.代表が任期途中で降板したため,新代表が両院議員総会で選出された事例は4回と多い[30].党員投票が実施された事例は,2002年9月の鳩山選出を数える

---

24) 2012年に3年に延長された.
25) 現在は11条6項(2012年12月確認).
26) 現在は11条8項(同上).
27) 現在は11条10項(同上).
28) 1999年1月・菅,同年9月・鳩山,2002年9月・鳩山,同年12月・菅,2005年9月・前原,2006年4月・小沢,以上6回.
29) 2000年9月・鳩山,2004年5月・岡田,2004年9月・岡田,2006年9月・小沢,以上4回.
30) 2002年12月・菅,2004年5月・岡田,2005年9月・前原,2006年4月・小沢,以上4回.

表 4-2　民主党の代表選挙(新民主党成立後)

	当選者	他の候補者(得票順)		
1999 年 1 月	菅　直人	松沢成文		
1999 年 9 月	鳩山由紀夫	菅　直人	横路孝弘	
2000 年 9 月	鳩山由紀夫			
2002 年 9 月	鳩山由紀夫	菅　直人	横路孝弘	野田佳彦
2002 年 12 月	菅　直人	岡田克也		
2004 年 5 月	岡田克也			
2004 年 9 月	岡田克也			
2005 年 9 月	前原誠司	菅　直人		
2006 年 4 月	小沢一郎	菅　直人		
2006 年 9 月	小沢一郎			

網掛け部分は党員投票が実施された事例

のみである[31]．したがって，党首選出過程における包括性は低い．また，半数近くの事例が無投票であり，競争性も低いと考えられる．

　1999 年 1 月，新民主党初の代表選挙が実施された．菅が再選されたこの代表選の有権者は党所属議員 145 名と各都道府県からの代表者 2 名(合計 94 名)である．一般党員や国政選挙の公認予定候補者には投票権が与えられていなかった．その後，党は「代表選挙規則案」の検討に入り，「県別ポイント式党員公選」の導入を決定した．党員だけではなく，参加費 1,000 円を支払った者も「サポーター」として投票に参加できる点が特徴である．各都道府県には「人口 40 万人当たり 1 ポイント」が配分され，党員・サポーター投票の最多得票者が配分されたポイントすべてを獲得する．国会議員は各 2 ポイント，公認候補は各 1 ポイントを候補者に投じ，合計ポイントの多寡で当選者を決定する仕組みである．当初，1999 年 9 月の代表選において実施される予定であった．しかし，地方組織の整備は進んでおらず，党員投票を準備する時間的な余裕がないと判断され，国会議員と公認候補，都道府県連の代議員 2 名のみを有権者とし，有権者 1 人につき 1 票を与える方式で決着した．この代表選では，決選投票の結果，鳩山が菅を下して選出された．2000 年 9 月の代表選では，候補者が鳩山 1 名であり，無投票再選となったため，またしても党員投票は行われなかった．

---

31)　2010 年 9 月と 2012 年 9 月にも党員・サポーター投票を伴う代表選挙が実施された．

鳩山の任期が切れる 2002 年 9 月まで党員投票は実現しないことになるが，その間に党員集めの努力が開始された．党員・サポーターは 1,000 円を支払って党本部に登録されること，都道府県連には登録数に応じて交付金を出すこと，などである．約 3 万人の党員・サポーターを 10 万人に増やすことが目標とされた（2002 年党大会）[32]．予定どおり 9 月に実施された代表選挙のポイント配分は，党員・サポーターに合計 320 ポイント，国会議員には 1 人 2 ポイント（合計 366），公認候補にも 1 人 1 ポイント（合計 83），地方自治体議員には合計 47 ポイントとなっている．党員・サポーターのポイントは都道府県の人口比にしたがって配分され，各候補者は得票数に応じてポイントを獲得する．同様に，地方議員についても各候補者は得票数に比例してポイントを配分される．かつて党内で議論された代表選挙規則案は総取り方式を採用していたが，比例配分方式に変更されたわけである[33]．投票の結果，鳩山が 3 選されたが，自由党との合同をめぐって党内が混乱した責任を取って，早くも 12 月には辞任に追い込まれた．任期途中であるため，「代表の選出に関する特例規則」に則り，両院議員総会で国会議員による投票が行われ，菅が新代表に選出された[34]．

鳩山辞任後も特例が通例となる異常な状態が続いてきた．2004 年 5 月には，菅も年金未加入問題の責任を取って任期途中で辞任し，再び両院議員総会において無投票で岡田が後任に選ばれた．岡田は 2004 年 9 月に任期切れを迎えたが，対立候補がいなかったため，投票は実施されなかった．2005 年 9 月，岡田は総選挙敗北の責任を取って辞任し，またしても両院議員総会での代表選出となった．その前原新代表も党所属国会議員の不祥事（堀江メール問題）への対応を誤り，在任わずかで辞任に追い込まれた．その結果，2003 年総選挙前に合同を果たした旧自由党出身の小沢が両院議員総会で新代表に選出されている．小沢の任期は 2006 年 9 月までであったが，対立候補がなかったため，無投票で再選された．

特徴としては，1999 年以降，10 回を数える代表選出のペースを挙げること

---

32) その後，10 万人の登録は達成され，党は新たな目標を 30 万人とした（2002 年 7 月 31 日）．
33) 本章執筆時点において，配分されるポイント数は党員・サポーター 300（小選挙区ごとに最多得票者が獲得），地方自治体議員 100（ドント式）へと変更されている．
34) 両院議員総会にて代表を選出する場合，そのたびごとに「特例」を常任幹事会で決定し，両院議員総会で承認する．

ができる．半数以上の事例が無投票である．ほぼ同じ期間に行われた自民党の総裁選出は5回であったので，倍である．他方，本章が対象とする期間に行われた党員投票は1回だけであり，4回実施した自民党と対照的である．代表の座は安定したものではないが，必ずしも競争選挙によって選ばれるわけではないこと，院内政党中心の党内運営が行われてきたことが分かる．手続きとその運用から見ると，1990年代以降，包括性と競争性を高めつつある自民党と比べて両方とも低いといえる．

むすび

　本章では，先行研究に依りつつ，党首選出過程の民主化について日本を含む各国の事例とそれをもたらすメカニズムを検討した．議院内閣制と大統領制を分かつ決定的な違いの1つは，首相が議会によって間接的に選ばれるのに対し，大統領は有権者によって直接的に選ばれることにある．そこで，本章では党首選出過程の民主化を議院内閣制における変化の最も重要なメルクマールとして考えてきた．
　各国の政党においては党員投票の実施例が増加しており，議院内閣制のメカニズムと党内権力関係は大きな変更をこうむっていると考えられる．党員投票によって党首が選ばれるため，代議制民主主義の作動は首相公選制や大統領制に近づくはずである．また，党員に権力が配分される一方，従来，党首選出において影響力を発揮してきた議員や活動家層などが相対的に弱体化し，党員のマンデートを得た党首の自律性が高まり，党内権力関係が再編成されるとも考えられる．
　党首選出過程の民主化について，先行研究はもっぱら有権者の拡大について注目して議論しているが，民主化の概念はこれで尽きるわけではない．ダールが主張するように，政治に参加する権利と公的な異議申し立てをする権利に分け，それぞれが実現している程度によって，民主化の進展を判断すべきである．また，従来論じられてきた民主化をもたらす諸要因には十分な説明力があるとはいえない．そこで，本章では選挙制度改革が党員や候補者のインセンティブに与える影響に注目し，有権者の包括性と候補者間の競争性を向上させること

を指摘した．そして，膨大な数のフォーマルないしインフォーマルな院外組織を抱える自民党において，この影響がより強くあらわれることを示唆した．自民党総裁選と民主党代表選とそのルールを時系列で概観すると，予想どおり，自民党においては包括性と競争性が向上し，総裁選出過程の民主化が進展しているように見受けられる．

　党首選出過程の民主化の結果，党員投票で用いられる全国大の選挙区と衆議院議員が選出される小選挙区との間に選挙制度不均一がもたらされることになるが，その原因として，次章では選挙制度改革による組織動員の衰退を検証する．政策的なインプリケーションについては，第2部の最終章である第6章で扱うことにする．

補遺 4-1　自民党総裁選出のパターン

年月	被選出者	選出アリーナ	選出方法	候補者	得票数	候補者	得票数	候補者	得票数	候補者	得票数
1956年4月	鳩山一郎	第2回臨時大会	公選	鳩山一郎	394	岸信介	4				
1956年12月	石橋湛山	第3回臨時大会	公選	岸信介	223/251	石橋湛山	151/258	石井光次郎	137		
1957年3月	岸信介	第4回党大会	公選	岸信介	471	松村謙三	2	他2名			
1959年1月	岸信介	第6回党大会	公選	岸信介	320	松村謙三	166	他5名			
1960年7月	池田勇人	第8回臨時大会	公選	池田勇人	246/302	石井光次郎	196/194	藤山愛一郎	49	他3名	
1962年7月	池田勇人	第11回臨時大会	公選	池田勇人	391	佐藤栄作	17	他4名			
1964年7月	池田勇人	第14回臨時大会	公選	池田勇人	242	佐藤栄作	160	藤山愛一郎	72	他1名	
1964年12月	佐藤栄作	第15回臨時大会	話し合い								
1966年11月	佐藤栄作	第18回臨時大会	公選	佐藤栄作	289	藤山愛一郎	89	前尾繁三郎	47	灘尾弘吉	11
1968年11月	佐藤栄作	第21回臨時大会	公選	佐藤栄作	249	三木武夫	107	前尾繁三郎	95	他1名	
1970年10月	佐藤栄作	第24回臨時大会	公選	佐藤栄作	353	三木武夫	111	他3名			
1972年7月	田中角栄	第27回臨時党大会	公選	田中角栄	156/282	福田赳夫	150/190	大平正芳	101	三木武夫	69
1974年12月	三木武夫	党大会に代わる両院議員総会	話し合い								
1976年12月	福田赳夫	党大会に代わる両院議員総会	話し合い								
1978年12月	大平正芳	第35回臨時大会	予備選・公選	大平正芳	748点	福田赳夫	638点	中曽根康弘	93点	河本敏夫	46点
1980年7月	鈴木善幸	第38回臨時大会	候補者1名								
1980年11月	鈴木善幸	第41回臨時党大会	予備選・公選								
1982年11月	中曽根康弘	第41回臨時党大会	予備選・公選	中曽根康弘	559,673	河本敏夫	265,078	安倍晋太郎	80,443	中川一郎	66,041
1984年10月	中曽根康弘	第48回臨時党大会	候補者1名								
1986年9月	中曽根康弘	前総裁の指名	延長								
1987年10月	竹下登	党大会に代わる両院議員総会									
1989年6月	宇野宗佑	両院議員総会									
1989年8月	海部俊樹	両院議員総会		海部俊樹	279	林義郎	120	石原慎太郎	48		
1989年10月	海部俊樹	両院議員総会	候補者1名								
1991年10月	宮澤喜一	第54回党大会	公選	宮澤喜一	285(207)	渡辺美智雄	120(102)	三塚博	87(82)		
1993年7月	河野洋平	両院議員総会		河野洋平	208	渡辺美智雄	159				
1993年9月	河野洋平	第57回党大会	候補者1名								
1995年9月	橋本龍太郎	第60回臨時大会	公選	橋本龍太郎	304(239)	小泉純一郎	87(72)				
1997年9月	橋本龍太郎	党大会に代わる両院議員総会	候補者1名								

日付	被選出者	選出アリーナ	選出方法	候補者と得票数			
1998年7月	小渕恵三	党大会に代わる両院議員総会	両議院総会	小渕恵三 225	梶山静六 102	小泉純一郎 84	
1999年9月	小渕恵三	第65回臨時党大会	公選	小渕恵三 350(253)	加藤紘一 113(85)	山崎拓 51(33)	
2000年4月	森喜朗	党大会に代わる両院議員総会	両議院総会				
2001年4月	小泉純一郎	党大会に代わる両院議員総会	公選	小泉純一郎 298	橋本龍太郎 155	麻生太郎 31	亀井静香 木選辞退
2001年8月	小泉純一郎	党大会に代わる両院議員総会	候補者1名	小泉純一郎			
2003年9月	小泉純一郎	党大会に代わる両院議員総会	公選	小泉純一郎 399(194)	亀井静香 139(66)	藤井孝男 65(50)	高村正彦 54(47)
2006年9月	安倍晋三	党大会に代わる両院議員総会	公選	安倍晋三 464(267)	麻生太郎 136(69)	谷垣禎一 102(66)	

斜線後の得票数は決選投票の結果。括弧内の得票数は決選投票の結果。自民党結党時の「代行委員」は鳩山一郎、緒方竹虎、三木武吉、大野伴睦の4名(1955年11月)。1966年12月・佐藤選出と1982年12月・中曽根選出は「総裁候補決定選挙」のみで決着。出所：各新聞社の報道と自民党の発表他5名。1978年12月・大平選出と1982年11月・中曽根選出は「総裁候補決定選挙」のみで決着。出所：各新聞社の報道と自民党の発表

補遺 4-2　民主党代表選出のパターン

日付	被選出者	選出アリーナ	選出方法	候補者と得票数			
1999年1月	菅直人	定期大会	代表選挙	菅直人 180	松沢成文 51		
1999年9月	鳩山由紀夫	代表選出大会	代表選挙	鳩山由紀夫 154/182	菅直人 109/130	横路孝弘 57	
2000年9月	鳩山由紀夫	代表選出大会	候補者1名	鳩山由紀夫			
2002年9月	鳩山由紀夫	代表選挙集会(臨時党大会)	代表選挙	鳩山由紀夫 294/254	菅直人 221/242	野田佳彦 182	横路孝弘 119
2002年12月	菅直人	両院議員総会	代表選挙	菅直人 104	岡田克也 79		
2004年5月	岡田克也	両院議員総会	候補者1名	岡田克也			
2004年9月	岡田克也	代表選挙集会(臨時党大会)	候補者1名	岡田克也			
2005年9月	前原誠司	両院議員総会	代表選挙	前原誠司 96	菅直人 94		
2006年4月	小沢一郎	両院議員総会	代表選挙	小沢一郎 119	菅直人 72		
2006年9月	小沢一郎	代表選挙集会(臨時党大会)	候補者1名	小沢一郎			

斜線後の得票数は決選投票の結果。出所：各新聞社の報道と民主党の発表

第5章　政党組織の変容

はじめに

　前章で明らかにしたように，党首選出過程における民主化の進展度合いは，自民党と民主党とで異なる[1]．そこで，両党間の違いに留意しつつ，政党組織の計量的な分析により，党首選出過程の包括性と競争性を生み出すメカニズムを明らかにする．

　具体的には，まず，党員の要件や党員数の推移，地方議員との関係に注目して院外組織を分析し，包括性の実質について検証する(第1節)．政党間で比較すると，自民党の方が民主党よりも組織の規模がはるかに大きいことが分かる．時系列的に比較すると，自民党の組織は縮小傾向にある一方，民主党の組織は成長が停滞している．自民党の事例によると，党員数の増減と参院選，総裁選との関係も薄れつつある．

　次いで，議員グループの構成と当選回数に注目して院内政党を分析し，候補者間の競争性をもたらす要因を検証する(第2節)．自民党の派閥は総裁選を管理する能力を弱めつつあり，これが候補者間の競争を活性化させると考えられる．旧党派を中心とする民主党の議員グループは代表選を通じて党の結束に悪影響を与えかねないため，候補者間の競争性が抑制されている．院内政党の構成の違いは党首選出過程の競争性に違いをもたらす要因の1つといえる．

　さらに，党員投票の結果に多変量解析を適用し，院内政党による院外組織の動員について詳細に分析する(第3節)．すると，自民党では動員力が時系列的

---

　1)　本章は，上神(2008c)の一部を加筆修正したものである．

に低下傾向にあることが分かる．自主的な判断が可能となったため，党員には投票の実施を支持するインセンティブが生じると考えられる．また，組織によって動員されない党員票という新たな票田の出現は，組織の支持を期待できない潜在的な候補者にとって参入のチャンスとなる．これらの候補者にも党員投票の実施を支持するインセンティブが生じるはずである．民主党においては，候補者間で計量分析の推定結果に差が見受けられる．

　まとめると，院外組織を構成する党員が自らの意思で投票を行うようになり，党内政治に新たなアクターが登場した．その結果，候補者と党員の誘因が変わり，自民党においては党員投票の実施が通例となった．このように大規模な院外の党員集団の存在に起因する変化のメカニズムは民主党には見られないものである．また，院内政党の構成も候補者間の競争性に影響を及ぼしている．自民党では派閥の総裁選管理能力は低下傾向にあるが，民主党では党内の分裂をもたらさないように慎重な代表選びが行われている．前章で述べたように，こうした両党間の違いや自民党における変化をもたらす根本的な原因は選挙制度改革にあると考えられる．

1. 院外組織の包括性

　近年，自民党は党員投票を多く用いており，包括性が高まっている．しかし，党員資格の獲得・維持が難しいものであり，結果として党員数が少ないならば，党員が党首選出に参加することを許されていても真に包括的とはいえないであろう．党首選出手続きに定められた de jure の包括性と，実際の有権者の範囲を示す de facto の包括性を区別する必要がある．そこで，党員としての要件と党員数の推移を検証し，その増減の原因を探る．また，党員と地方議員の割合を分析することにより，組織の強弱とその変容も検証する．

1.1. 党員の要件

　2007 年 8 月現在，自民党と民主党の入党要件は次のとおりである．自民党の場合，党員は日本国民であることを求められる（党則 3 条）．入党に際しては，党員 1 名の紹介を受け，支部の審査を経て，都道府県連の承認を受ける必要が

ある(91条1項)[2]．種類は一般党員，家族党員，特別党員の3つある[3]．一般党員は年額4,000円，特別党員は20,000円以上の党費を納めなければならない．家族党員は同一世帯に一般党員がいる必要がある．党費は年額2,000円である．党則によると，党員の義務は党の理念，綱領，政策及び党則を守ること，各級選挙において党の決定した候補者を支持すること，積極的に党活動に参加すること，党費を納めることである(3条の3)．一方，党員の権利は党内の選挙権及び被選挙権を有すること，役員の選出及び候補者の決定に参加すること，党の政策について提案すること，党の会議または出版物を通じて党の活動に関する自由な討議に参加することである(3条の2)．また，総裁選挙の前年と前々年の2年継続して党費を納めた党員には選挙人の資格が与えられる(総裁公選規定6条1項)．同じく総裁選挙の選挙人である自由国民会議の会員(党友)と国民政治協会の会員については，入会の資格が異なる．前者の場合，自民党支持の趣旨に賛同する個人であれば，年齢，性別，職業を問わず，加入できるとする．紹介者は必ずしも求められない[4]．会費は年額10,000円(1口)以上であるが，そのほかの義務はない．選挙人の資格を得るためには，党友も会費を2年継続して支払う必要がある(総裁公選規定6条1項)．後者は政治資金団体であり，2年継続で年額10,000円以上の寄附をした個人と法人の代表者には総裁選参加の権利が与えられる[5]．

　民主党の場合，党員とは基本理念や政策に賛同する18歳以上の個人であり，入党手続きを経た者である(民主党規約3条1項)[6]．党員はいずれかの支部に所属し，党費を納めなければならず(3条4項)，その額は年に6,000円とされてい

---

2) 紹介党員がいない場合，面談の上，支部連合会の職員が紹介する場合もあるという(自民党本部に対する電話インタビュー，2007年8月23日)．
3) 党員の種類については，内規に定められており，条文は非公開である(自民党本部に対する電話インタビュー，2007年8月23日)．
4) 紹介者とは，都道府県支部連合会，党所属の国会議員・都道府県議会議員・政令指定都市の市議会議員，衆・参の公認候補者及び公認候補内定者，都道府県知事，政令指定都市市長及び職能・職域団体(200口以上)などを指す．
5) 国民政治協会の会員については，総裁公選規定に明記されていない．同協会によると，2年継続して会費を納めた会員と，2年継続して10,000円以上の寄附をした個人または法人の代表者には選挙人の資格がある．
6) 入党手続きは組織規則で定められており，条文は非公開である(民主党本部に対する電話インタビュー，2007年8月23日)．また，2012年に党員は日本国民に限定された(代表選挙の有権者となるサポーターも同様)．

る．そのほかの権利ないし義務としては，党の運営と活動及び政策の決定への参加(3条2項)，代表選挙の投票権がある(3条3項)．サポーターについては，地域において党あるいは党の候補者を支援する 18 歳以上の個人であり，会費を拠出し，(選挙区単位の)総支部に登録した者とされている(5条1項)．サポーターの会費は年額 2,000 円である．サポーターは自らの意思にもとづいて党の行事及び活動に参画できる(5条2項)．活動への参加は任意であるが，代表選挙の投票権を有する点が特徴である(5条3項)．

自民党員ないし民主党員としての要件が厳しいか否か一概にはいえない．比較のために，共産党員について見てみよう．18 歳以上の日本国民で党の綱領と規約を認める人は党員となることができるとされ，自民，民主両党とそれほど違わない．組織に加わって活動し，党費を納める点も同様である(日本共産党規約4条)．入党に際しては，党員2名の推薦を受け，支部で個別に審議した上で決定し，地区委員会の承認を受ける必要がある．地区委員会以上の指導機関は直接に入党を決定することができる(6条)．党費は実収入の1％と規約で定められている(46条)．なお，入党費として 300 円が必要である．党員の権利と義務についてのリストは長い．党規約曰く，社会的責任の履行，反党的行為の禁止，党内における選挙権と被選挙権の行使，政策の討議と提案，党規律への服従，批判の自由，綱領と科学的社会主義の尊重，党内における問題解決，党規約の遵守，処分に対する意見の陳述である(5条)．また，党組織は新規の入党者に対して綱領や規約など基礎知識の教育を最優先で行うとする(8条)．

共産党と比較すると，自民党と民主党の党員資格は獲得と維持が容易であるように思われる．自民党と民主党を比較すると，党首選びに参加するために自民党では2年間の党費納入が求められるのに対して，民主党ではその必要がない．したがって，民主党の方が有権者資格を得られやすいと考えられるが，党費については自民党の方が安価である(特別党員を除く)．会費の納入以外に課される義務がない自民党の党友，国民政治協会員，民主党のサポーターにも選挙権が与えられていることを考え合わせると，両党の党首選出過程に参加するためのハードルは低いといえよう．

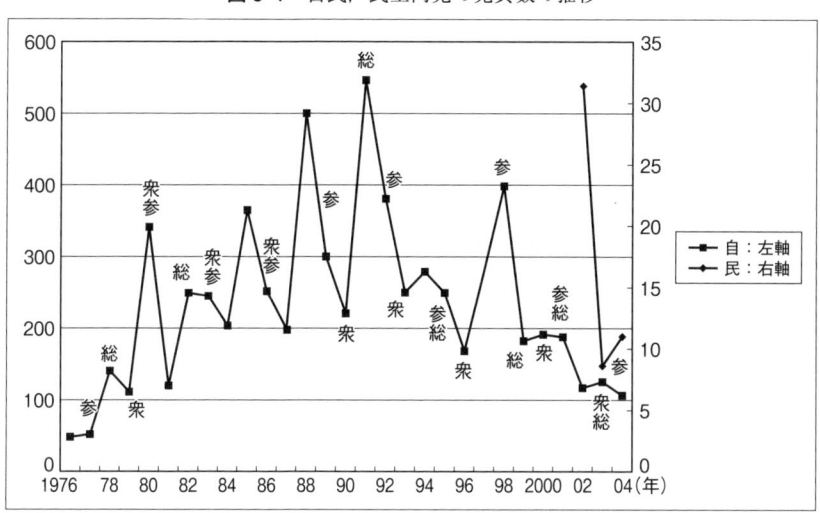

図 5-1 自民, 民主両党の党員数の推移

単位：万人．衆：衆院選．参：参院選．総：総裁選
出所：政治資金収支報告書

1.2. 党員数の推移

では，自民党と民主党はどれほどの有権者を党員として包摂しているのであろうか．図 5-1 は両党の党員数の推移を視覚化したものである．図中には，衆院選，参院選，党員投票が実施された自民党総裁選も示してある．データについては，政治資金収支報告書を参照した[7]．1975 年の政治資金規正法の改正以前については党員数の記載はなく，1976 年以降の分析となるが，党員投票との関連を見るには十分である．

まず，自民党から検討しよう．1976 年には 48 万人に過ぎなかった党員数は大きく振幅しながら 1991 年に 547 万人まで増加した．その後，1998 年には 398 万人を記録した後，減少傾向にある．2004 年は 107 万人である．党員の増減と選挙の関わりについて見ていこう．まず，衆院選との関係であるが，明白に振幅のピークをつけている年は 1980 年のみである．2000 年と 2003 年はわず

---

7) 「本年収入の内訳」の「個人の党費・会費」を参照．

かに前後の年よりも多い．反対に，振幅のボトムとなる年は多い(1979 年, 1990年, 1993 年, 1996 年の各衆院選)．1983 年と 1986 年には前年より減少している．しかし，1980 年と 1986 年は衆参同日選の年であり，1983 年には参院選，2003 年には総裁選がそれぞれ実施されており，衆院選単独の効果と判別できない．以上から，衆院選が党員を増やす効果については懐疑的にならざるを得ない．

参院選についてはどうであろうか．候補者名を記入する全国区に代わって，拘束名簿方式の比例代表制が導入されたのは 1983 年のことである．2000 年に非拘束名簿方式の比例代表制へと変更されるまで，この制度が利用された．拘束名簿方式が導入された結果，候補者の当落にとって名簿に登載される順位が死活的に重要となった．自民党の場合，順位の決定に際して重視されるものは候補者とその支持組織が獲得した党員数とされる．たとえば，特定郵便局長の退職者が構成する大樹の党員数は 23 万人，建設業団体連合会は 17 万人，軍恩連盟は 15 万人などである[8]．したがって，参院選の前には党員数が増加すると予測することができる．実際，参院選の前年に党員数がピークをつけている年は多い(1983 年, 1986 年, 1989 年, 1992 年, 1995 年, 2001 年の各参院選)．1995 年と 2001 年はピークが小さい．参院選が実施された年とピークが一致する年は 1980 年と 1998 年である．衆参同日選や総裁選と重なる年については，参院選の効果と断定することに慎重を期すべきであるが，(制度改正前の)参院選が党員を増やすという仮説はおおむね支持できると思われる．2000 年代に入ってからも党員数は減少を続けており，参議院の選挙制度改革と平仄を合わせている点も仮説を補強する[9]．

では，総裁選挙における党員投票の実施と党員の増減には関係があるのだろうか．選挙運動の結果，党員投票が実施された年には党員数が増加するとも予想できる．党員投票を伴う総裁選が実施された各年のうち，1978 年, 1982 年, 1991 年, 2003 年は前後の年よりも党員が多い．翌年に参院選を控えた 1991 年の党員数の増加は顕著であり，過去最大を記録している．党員投票を伴うことなく総裁が選出された各年のうち，参院選の実施(及びその前年)と重なってい

---

8) 日本経済新聞(2001 年 8 月 5 日朝刊)．
9) Köllner(2002)は，2001 年参院選を事例として，組織による動員力の低下を指摘する．

ない 1984 年, 1987 年, 1993 年には党員数が落ち込んでいる. したがって, 党員投票と党員数には因果関係があると推測できる. しかし, 党員数は 1991 年を頂点に減少傾向にあり, 以後, 党員投票の効果は見られない. 2003 年にわずかに増えているのみである.

以上, 自民党の党員数と国政選挙, 党員投票の関係について見てきた. 1990 年代初頭から党員数は減少傾向にあり, この点では実質的な包括性が低下している. 拘束名簿方式による参院選と総裁選の党員投票には, 党員数を増やす効果が認められたが, その関係も弱まりつつある. 前章で見たように, 党員投票を伴う総裁選の事例は増加しており, 形式的な包括性と反比例の関係にある点が興味深い. 党員数減少の原因は動員効果の減退によると考えられるが, 第 3 節にて再び検討する. また, 党員数の振幅は相当に大きい. 図 5-1 が対象とした期間における標準偏差は 122 万人に達する. 先に指摘した党員資格の獲得の容易さが, この増減をもたらしていると考えられる.

一方の民主党については, 代表選があった 2002 年の 31 万人から大きく減少している. 2004 年は 11 万人である. データ・ポイントが少ないために即断を避ける必要があるが, 2002 年の党員数は代表選における党員集めの効果によるものと考えられる. 自民党と比較すると, 文字どおり桁違いに党員数が少なく, 実質的な包括性は低い.

自民党と民主党とで党員投票の実施頻度が異なる理由の 1 つは, 院外組織の規模にあると考えられる. 2001 年 4 月の総裁選において, 自民党の都道府県連は党本部に予備選挙の実施を迫り, 自らの手で実現したが, 民主党において, そのような動きは散発的なものであった. 組織の規模が大きく, 選挙において集票が期待できるならば, 党本部も地方組織の意向を無視できないと考えられる.

1.3. 地方組織の構成

時系列的な推移に加えて, 特定の時点における党員の分布は地域によっても濃淡がある(補遺 5-1)[10]. たとえば, 2003 年の自民党員が有権者数に占める割

---

10) 後述するように, 総裁選ないし代表選の投票結果であるため, 党員のほかに党友(自民党)やサポーター(民主党)を含んでいる. 行論の便宜上, 党員と表記する.

合は3.7％(富山県)から0.2％(沖縄県)の間，2002年の民主党の場合は0.5％(北海道)から0.1％(沖縄県)の間である．以下では，党所属の地方議員が占める割合と党員比率の関係を検証することによって，党組織の構成を明らかにしたい．地方議員は都道府県連や支部を構成し，地域における活動の中心となる．党員を募集し，動員する主体の1つと考えられる．したがって，党所属の地方議員が多い都道府県においては党員も多いと予想できる．さらに，両者の関係について時間を追って検証することにより，組織構成の変容を垣間見ることができる．

分析の対象は1991年，2001年，2003年の自民党と2002年の民主党とする．自民党と民主党の党員数は総裁選及び代表選の投票結果を，両党の地方議員数は総務省の「地方公共団体の議会の議員及び長の所属党派別人員調等」をそれぞれ参照した(無所属であるが，党籍を有する議員を捉えていないことに注意が必要である)．党員投票が実施された一部の年に分析を限定している理由は，分析上の目的やデータを入手する上での便宜，紙幅の都合である．党員投票の実施によって，国会議員や地方議員のみならず末端の党員も党首選びに参加し，組織は活性化する．したがって，党勢を測る上で望ましいデータ・ポイントとなると考えられる．また，1982年，1995年，1999年に実施された自民党総裁選の党員投票については，全国集計されたため，都道府県別の選挙人数と得票数は記録に残っていない．また，1978年については「党派別人員調」を入手できなかった．ケースは47都道府県と少なく(2001年は広島と山口を除く45都道府県)，分析は外れ値によって影響を受けやすい．そこで，最小2乗法による回帰分析(OLS)に加えて，「頑健な回帰分析robust regression」による推定も行った[11]．

表5-1aはOLSによるモデルの推定結果である．従属変数は党員が有権者に占める割合を都道府県別に算出したものである．独立変数として党所属の都道府県議会議員と市区町村議会議員がそれぞれ全体に占める割合を都道府県別に算出したものと(都道府県議割合，市区町村議割合)，コントロール変数として

---

11) 周知のとおり，ケース数が少ない場合，最小2乗法による回帰直線の当てはめは外れ値によって左右されやすい．外れ値を除外することによって影響を取り除くことはできるが，貴重なケースを失うことになる．そこで，ケースにウェイトを掛けることで，ケース数を減らすことなく，外れ値の影響を軽減しようとする試みである．

第 5 章　政党組織の変容　165

表 5-1a　政党組織モデルの重回帰分析 (OLS)

	1991 年	2001 年	2003 年	2002 年
	自民党	自民党	自民党	民主党
(定数)	-1.28**	-0.45	-0.39	0.12***
	(0.56)	(0.55)	(0.41)	(0.04)
都道府県議割合	0.04***	0.03***	0.02***	0.01**
	(0.01)	(0.01)	(0.01)	(0.00)
市区町村議割合	0.04**	0.05	0.05**	-0.01
	(0.02)	(0.03)	(0.02)	(0.01)
第 1 次産業	0.02	0.10**	0.06*	0.00
	(0.02)	(0.04)	(0.03)	(0.00)
調整済み R2 乗	0.33	0.30	0.27	0.05

括弧内は標準誤差．***：$p<0.01$，**：$p<0.05$，*：$p<0.1$，ケースは都道府県 (2001 年自民党は広島と山口を除外)
「第 1 次産業」は都道府県別の従業人口割合 (1991 年は 1990 年国勢調査，2001 年以降は 2000 年国勢調査)

第 1 次産業人口の割合を都道府県別に算出したものを投入した (第 1 次産業)．「都道府県議割合」と「市区町村議割合」の両変数が有意かつ正の場合，党所属の地方議員が占める割合が高いほど党員比率も高く，党の地方組織は両者の連携によって構成されていると推定できる．

　自民党の分析結果によると，「都道府県議割合」変数の偏回帰係数はすべて有意かつ正の値を示しており，予想どおりである．たとえば，1991 年のモデルでは 0.04 であるから (1%水準で有意)，自民党の都道府県議の割合が 1%高い都道府県は党員比率も 0.04%高いと解釈できる．しかし，2001 年には 0.03，2003 年には 0.02 と，係数は低下傾向にある (共に 1%水準で有意)．一方，「市区町村議割合」変数については，2001 年の有意確率が 0.11 とわずかに 10%水準をクリアできない．1991 年には 0.04，2003 年には 0.05 と係数は横ばい傾向にある (共に 5%水準で有意)．コントロール変数である「第 1 次産業」の係数は 1991 年を除いて有意である．2001 年には 0.1 (5%水準で有意)，2003 年には 0.06 (10%水準で有意) であり，農林漁業従業者の割合が高い都道府県ほど自民党員の比率も高いと解釈できる．なお，単相関係数を計算すると，いずれの年においても「市区町村議割合」と「第 1 次産業」は有意かつ負の相関関係にある[12]．政令指定都市のような大都市部において，党の議員団が組織されている

---

12)　1991 年は -0.4 (1%水準で有意)，2001 年は -0.44 (1%水準で有意)，2003 年は -0.44 (1%水準で有意)．

表 5-1b　政党組織モデルの重回帰分析(ロバスト回帰)

	1991 年	2001 年	2003 年	2002 年
	自民党	自民党	自民党	民主党
(定数)	−0.08	−0.46	0.17	0.13***
	(0.46)	(0.57)	(0.31)	(0.02)
都道府県議割合	0.02**	0.03***	0.02***	0.00
	(0.01)	(0.01)	(0.01)	(0.00)
市区町村議割合	−0.01	0.04	−0.02	0.00
	(0.01)	(0.03)	(0.02)	(0.01)
第 1 次産業	0.02	0.10**	0.03	0.00
	(0.02)	(0.04)	(0.02)	(0.00)
調整済み R2 乗	0.19	0.28	0.24	−0.06

括弧内は標準誤差．***：$p<0.01$，**：$p<0.05$，*：$p<0.1$．ケースは都道府県(2001 年自民党は広島と山口を除外)
「第 1 次産業」は都道府県別の従業人口割合(1991 年は 1990 年国勢調査，2001 年以降は 2000 年国勢調査)

ことの反映と考えられる．しかし，重回帰分析によってほかの変数をコントロールすると，共に党員比率に対して正の係数を示し，予想どおりである．最後に，調整済みの R2 乗を見ると，1991 年 0.33，2001 年 0.3，2003 年 0.27 と次第に説明力が低下している[13]．組織構成の変容がうかがえる．

　民主党については，有意な変数は「都道府県議割合」のみである．偏相関係数は 0.01 と低い(5%水準で有意)．調整済み R2 乗も 0.05 と，やはり低い．自民党と比較すると，モデルの当てはまりがよくない．民主党の組織は地方議員と党員がバランスの取れた構成をしているとはいいがたい．

　表 5-1b は，上記と同じモデルをロバスト回帰によって推定した結果である．一見して分かるように，OLS と比較すると，いずれのモデルにおいても調整済み R2 乗が低く，期待に反して説明力は改善されていない[14]．「都道府県議割合」を見ると，自民党のモデルにおいてはいずれも有意であるが，係数の値は小さくなっている．一方，民主党のモデルにおいては，有意でなくなっている．「市区町村議割合」はすべて有意ではない．「第 1 次産業」については，

---

[13]　モデルの当てはまりを示す絶対的な指標として，推定値の標準誤差(standard error of estimate, SEE)を見るべきとの主張もある(Achen 1990)．各モデルの SEE は，1991 年自民党 0.68，2001 年自民党 0.89，2003 年自民党 0.65，2002 年民主党 0.08．この点について指摘して下さった前田幸男先生に感謝申し上げる．

[14]　各モデルの SEE は，1991 年自民党 0.56，2001 年自民党 0.92，自民党 2003 年 0.47，2002 年民主党 0.05．

2001年の自民党のモデルにおいてのみ有意であり，OLSと同様の結果となっている．

以上から，自民党の場合，党所属の地方議員が占める割合が高い都道府県ほど党員比率も高い傾向があり，両者の連携によって党組織が構成されているという仮説はおおむね支持された．しかし，モデルの説明力自体は次第に低くなっている．党員を募り，動員する主体の1つが地方議員であるならば，地方議員数の減少は党員数の減少をもたらす一方，両者の関係の希薄化は動員力の低下にもつながると考えられる．1990年代以降において党員数が減り，総裁選における動員が進んでいない背景には，このような組織構成の変化があると考えられる．また，自民党と比較すると，民主党のモデルの説明力は顕著に低く，バランスが取れた構成とはいえない．組織の脆弱性を物語る．

本節では，党員の要件，党員数の推移，地方組織の構成に注目して，自民，民主両党の院外組織を分析した．両党の党員資格を獲得し，維持することは比較的に容易であり，その数は大きく変動する．時系列的に見ると，自民党の党員数は減少傾向にあり，民主党のそれも伸び悩んでいる．しかし，政党間で比較すると，自民党の党員数は民主党のそれよりもはるかに多く，党員投票の有権者の範囲が広い．また，自民党においては，参院選と総裁選における動員力が低下しつつあるが，民主党においては，代表選を契機に党員数が増加を見せている．また，自民党の地方組織は党員と地方議員のバランスが崩れてきているが，民主党のそれよりは強固である．したがって，自民党と民主党の違いは院外組織の質量にあり，その違いは党首選出過程の実質的な包括性の違いをもたらす要因の1つと考えられる．自民党組織の動員力の低下については，第3節で再び検討する．

2. 院内政党と競争性

院内政党の構成は党首選出の競争性にどのような経路で影響を及ぼすのであろうか．まずは，候補者の選定を行う国会議員の集団の特徴を把握することが必要である．自民党議員を派閥別に，民主党議員を初当選時の党派別にそれぞれ分類し，構成比と平均当選回数を手掛かりに分析する．時系列と両党間で議

表 5-2 自民党における派閥別の議員数:衆議院/参議院,各年

	木ク・経世平成研	清和会清和研	宏池会・大勇会			政策科学研究所志帥会・近未来研		新政策研番町研	その他不明	無派閥
'78年8月	旧田中 43/30	旧福田 52/23	旧大平 36/18			旧中曽根 39/6		旧三木 32/9	32/6	20/33
'82年8月	田中 64/40	福田 46/27	鈴木 62/25			中曽根 43/6		河本 30/10	14/1	28/25
'91年8月	竹下 62/36	三塚 59/23	宮澤 58/18			渡辺 45/19		河本 22/7	2/0	32/11
'95年8月	旧小渕 28/34	旧三塚 49/21	旧宮澤 52/15			旧渡辺 40/15		旧河本 18/5	1/3	13/16
'99年8月	旧小渕 54/37	森 42/19	加藤 50/19	河野G 16/0		江・亀 40/20	山崎 28/3	旧河本 16/1	2/1	18/5
'01年2月	橋本 60/39	森 40/20	堀内 32/7	加藤 12/4	河野G 11/0	江・亀 35/21	山崎 19/4	旧河本 12/1	7/5	11/6
'03年8月	橋本 58/42	森 39/20	堀内 37/13	旧加藤 10/4	河野G 10/0	江・亀 38/21	山崎 20/6	高村 13/2	0/0	18/4
'06年8月	津島 42/35	森 58/28	古賀 32/15	谷垣 11/4	河野G 10/1	伊吹 18/14	山崎 31/5	高村 14/2	13/2	63/5

「木ク」は旧木曜クラブ,「経世」は経世会,「平成研」は平成研究会,「清和研」は清和政策研究会,「近未来研」は近未来政治研究会,「新政策研」は新政策研究会,「番町研」は番町政策研究所の略. 出所:国会便覧(各年)

員構成を比較検証し,自民党における競争性の高まりと民主党における低い競争性を示す.自民党においては派閥による総裁選の管理能力が低下しているが,民主党においては代表選が慎重に実施されてきたことが分かる.

2.1. 自民党

党員投票を伴う総裁選が実施された年をデータ・ポイントとして,各派閥を構成する議員の数を示す(表5-2).1978年当時の5大派閥は田中派,福田派,大平派,中曽根派,三木派であるが,三木派の後身を除いて,すべての派閥が分裂による再編の影響をこうむっている.1993年の政界再編時に竹下派から小沢一郎と羽田孜を中心とするグループが分かれ,新生党を結党した.また表からは読み取れないが,三塚派を離れた亀井静香は旧渡辺派に合流し,志帥会を結成した(村上・亀井派).保守本流の名門派閥とされる宏池会でも,加藤紘一への代替わりの際に,河野洋平を中心とする反加藤の議員が離脱した(河野グループ).さらに,森内閣不信任案への同調をめぐる「加藤の乱」の際には,堀内光雄を会長とする堀内派と加藤派へと再び派閥が分裂した.かつての中曽

根派においても，渡辺美智雄の亡き後，派閥の後継をめぐって山崎拓を支持するグループが分かれた(山崎派)．2006年8月現在，派閥の数は8を数える．

　派閥の構成人数を衆参合わせると，田中派とその後身は90人から100人程度である．1993年の分裂によって所属する衆議院議員が半減し，1995年には62人であるが，その後は持ち直している．2005年総選挙を受けて，総裁の出身派閥である森派が最大派閥となった．新人議員の加入により，平均当選回数も低下している(補遺5-2)．一方，宏池会と中曽根派の後継派閥は分裂の影響から回復していない．後者においては，郵政民営化をめぐる混乱のなかで会長の亀井を含む数名が離党しており，勢力が大きく減退した．また，旧三木派も長期的な減少傾向を免れていない．

　無派閥の動向も興味深い．派閥に所属しない議員の数を衆参合わせると，2001年に17人まで減少するが，一転して，2006年には68人と最も多くなっている．また，1995年に9.4回を記録した衆議院議員の平均当選回数は低下傾向をたどり，2006年には2.5回と最も少なくなっている(補遺5-2)．2005年総選挙において新人議員(小泉チルドレン)が大量に当選し，派閥に所属しない者が多かったことを反映している．

　図5-2は構成議員数によって重みづけをした派閥の数を表している[15]．1978年の数値は5.82と高いが，旧船田派(11人)，旧椎名派(10人)，旧水田派(10人)，旧石井派(4人)など，小派閥の残存によるものである．その後，1982年，1991年，1995年と連続して5を割り込んでいる．小選挙区制導入後，上昇傾向にあるように見える．2006年には6.01と最も高い値を記録している．

　「三角大福中」による派閥の角逐の時代から，1980年代の田中派支配を経て，自民党内における派閥の支配は確立したとされる．しかし，かつての派閥は中選挙区制に基礎を持っていたので，選挙制度改革の効果が浸透するにしたがって，その存在意義が揺らぐことになる．その拘束力が弱まった結果，多くの派閥が分裂を経験し，有効派閥数は上昇している．また，所属する意義が低下したため，無派閥の議員も増えている．

　このような派閥の変化は，総裁選の競争性にも影響を及ぼしている．1998

---

15) Laakso and Taagepera(1979)による有効政党数の算出方法に倣った．

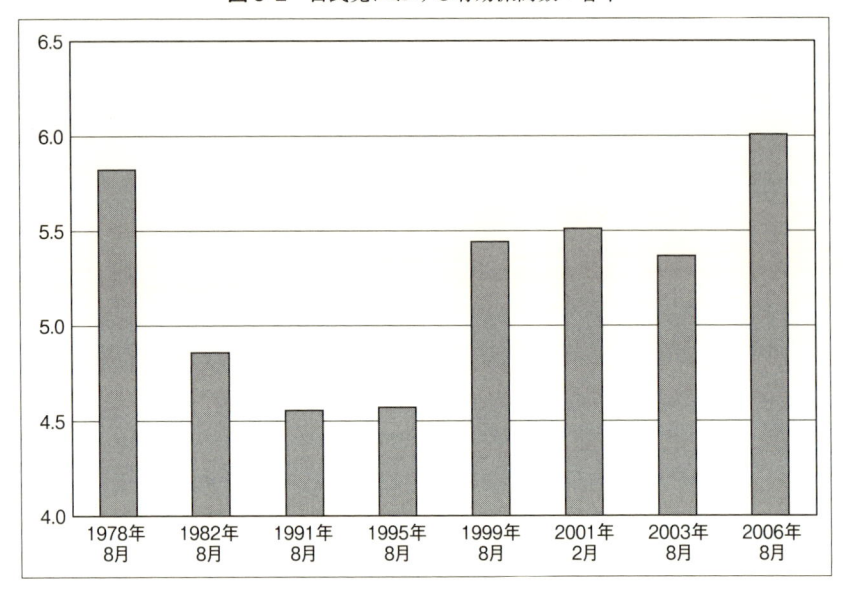

図 5-2　自民党における有効派閥数：各年

年 7 月の総裁選には，リーダーの小渕恵三が出馬しているにもかかわらず，梶山静六が派閥を離れ，立候補した．また，2003 年 9 月の総裁選では，衆院の橋本派は藤井孝男を，参院の橋本派は小泉純一郎をそれぞれ支援した．梶山の事例は，派閥の支持がなくとも総裁選に出馬できることを示した．橋本派の対応が割れた事例は，1 つの派閥が複数の候補者を支援しても，なお派閥として存続できることを意味している．さらにつけ加えるならば，1990 年代以降，候補者が派閥のリーダーである必要もなくなった（第 4 章の表 4-1）．1993 年 7 月の河野に始まり，1995 年 9 月の橋本と小泉，1998 年 7 月の梶山と小泉，2001 年 4 月の小泉と麻生，2003 年 9 月の小泉と藤井，2006 年 9 月の安倍と麻生は，いずれも立候補の時点において派閥のリーダーではなかった[16]．要するに，派閥は候補者の選定や支援を通じて総裁選をコントロールする機能を失いつつある．旧田中派を中心とする派閥支配の安定期に低下した総裁選の競争性は，派

---

[16]　2001 年 4 月の総裁選に出馬する前に，小泉は派閥の会長職を経験している（森が首相となったため）．小渕亡き後，会長を引き受けたのは橋本である．河野と麻生は総裁選を経験した後に派閥の会長となった．

表 5-3　民主党における旧党派別の議員数：衆議院/参議院，各年

	民主	社会	自民	民社	さ・日本新	新生	新進	自由	その他	無所属
'96 年 9 月	0/0	35/5	3/0	1/0	10/0	0/0	0/0	0/0	1/0	2/0
'96 年 10 月	17/0	23/5	2/0	1/0	6/0	0/0	0/0	0/0	1/0	2/0
'98 年 7 月	18/15	24/15	12/2	9/6	10/1	3/0	11/5	0/0	1/3	4/0
'00 年 6 月	58/17	21/15	10/2	8/6	16/1	3/0	8/6	0/0	1/4	2/4
'01 年 7 月	57/28	21/13	10/2	8/3	15/1	3/0	8/5	0/0	1/4	2/3
'03 年 11 月	105/28	16/11	11/4	10/3	17/2	1/1	8/5	5/4	1/4	3/4
'04 年 7 月	105/49	15/8	11/7	10/1	17/1	1/1	8/5	5/4	1/3	3/3
'05 年 9 月	68/49	12/6	7/6	6/1	8/1	1/1	4/5	1/4	1/3	5/4

初当選時における党派．「その他」には，衆議院の社会民主連合，参議院の社会民主連合（社会市民連合），公明，スポーツ平和党，第二院クラブ，民主改革連合が含まれる．

閥支配の弱体化により再び上昇していると考えられる．

2.2. 民主党

国政選挙が実施された年をデータ・ポイントとして，旧党派のグループを構成する議員の数を示す（表5-3）．周知のとおり，民主党はさまざまな政党の出身者によって構成されており，かつての所属政党を軸とするグループの存在感を無視できない．そこで，民主党議員が初当選時に届け出ていた党派を手掛かりとして，グループの仕分けを行った．その結果，民主党，社会党，自民党，民社党，新党さきがけないし日本新党，新生党，新進党，自由党の主要8グループに分類できる[17]．

当然のことながら，国政選挙を経るにしたがって，初当選時の党派が民主党という議員が増えてくる．引退ないし落選によってベテラン議員の数が減少する一方，党の躍進に伴い，新人議員が増加するためである．最初の国政選挙となる1996年の総選挙によって17人の新人が誕生した後，2004年の参院選後に衆参合わせて154人に達している．2005年の時点においては，民主党の衆議院議員の60%，参議院議員の61%を占めている．また，ほかのグループと比較すると平均当選回数は最も低いが，時系列的にはゆっくりとしたペースで伸びている（補遺5-3）．衆議院議員について見ると，1996年の1回から2005年

---

[17] 旧党派のグループとは分析上の概念である．実際の党内グループと必ずしも一致しない場合がある．また，初当選時の党派が民主党であっても，旧党派と無関係とは一概にいえないことに注意を要する．

の 2.2 回への増加である．

一方の旧党派については，該当する議員の数が次第に減少すると予想できる．旧社会党出身者のグループは横路孝弘を中心に一定の存在感を党内で示してきた．しかし，初当選時に社会党を名乗っていた議員の数は，衆参合わせて 40 人から，直近の 2005 年総選挙後には 18 人まで減少している．旧自民党の議員はさきがけや新進党を経由して民主党入りした議員が多い．1996 年と 1998 年の間に 2 人から 14 人へと議員数が増加している理由は，1997 年の新進党解党を受け，新たに入ってきた者がいるためである．2003 年の増加分は，総選挙直前に合同した自由党の議員である．そのほか，政界再編前から存在する民社党の出身議員がいる．大半は新進党解党後の入党者であり，15 人から 7 人へと勢力を減じている．さきがけ・日本新党，新生党，新進党を名乗って初当選してきた議員も，新進党解党後に民主党入りしている．これらも無視できない数である．さきがけ・日本新党を名乗って初当選した民主党議員の数は 2003 年に 19 人，直近では 9 人である．新進党の議員は 1998 年に 16 人，直近では 9 人である．新生党は 2 人から 3 人である．また，自由党の議員も合同後に入党しているが，2005 年総選挙で衆議院議員を 4 人減らしている．

定義上，新人議員の加入がない旧党派のグループについては，構成議員数が減少する一方，当選回数の平均値は上昇する傾向にある(補遺 5-3)．2005 年総選挙後の衆議院議員について見ると，自民党出身は 8.9 回，民社党出身は 6.7 回，社会党出身は 5.8 回，さきがけ・日本新党出身は 4.6 回，新進党出身が 4 回など，いずれも初当選時から民主党のグループより高い．当選回数の多さが政治的な経験と影響力の差につながるのならば，数においては劣る旧党派の議員を無視することはできない．

図 5-3 は議員数によってウェイトをつけた旧党派のグループ数を示している．結党当初の 1996 年，党内には社会党出身者が多かったので，有効グループ数は 1.92 と小さい．その後，民主党を名乗って初当選した者が急速に増えていくと同時に，解党した新進党の(部分的な)吸収によって，民主党はさまざまな政党の出身者を抱え込むことになった．図中では，そのピークが 1998 年であり，有効グループ数は 5.65 を記録している．2003 年，民主党は自由党を吸収するが，有効グループ数の減少傾向は変わらない．民主党以外の政党から入党

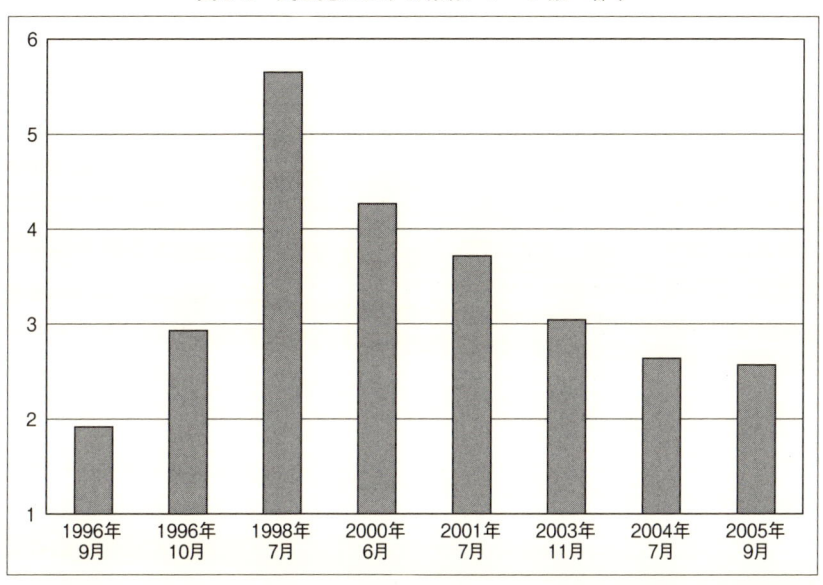

図 5-3 民主党における有効グループ数:各年

年月	有効グループ数
1996年9月	約1.9
1996年10月	約2.9
1998年7月	約5.7
2000年6月	約4.3
2001年7月	約3.7
2003年11月	約3.0
2004年7月	約2.6
2005年9月	約2.57

する者がなければ,今後とも減少していくと考えられる.なお,2005年の有効グループ数は 2.57 である.

上記の分析から,議員構成と代表選の関係についてインプリケーションを導くことができる.初当選の時から民主党公認であり,ほかの政党を経験していない議員にとって,民主党というラベルは重要と考えられる.これらの議員は半分以上の割合を占め,今後とも増加を見込めるが,依然として旧党派出身の議員も多い.代表選における候補者間競争が旧党派の別と連動する場合,党の結束が弱まる恐れがある.また,初当選時より民主党のグループと旧党派のグループとの間には当選回数の格差が存在する.前者は最大勢力であるが,当選回数が少なく,代表の責任を担うに足る人材は十分ではない.そのため,当選回数が多く,経験を積んだ議員が多い後者に候補者の供給を依存することになろう.実際,分析の対象となる期間において,候補者はすべて旧党派の出身者である(第4章の表4-2).最も当選回数が少ない候補者は 1999年1月の松沢と 2002年9月の野田であり(共に2回),両者とも敗北を喫している.最も当選回数が少ない当選者は 1999年9月の鳩山である(4回).適切な候補者の供給

には限りがあるのみならず，党内に亀裂が生まれないように競争を制限しなくてはならない．したがって，代表選の競争性が制約されることになる．議員構成の変化は時間を必要とするが，長期的には代表選の競争性も向上すると考えられる．

　本節では，自民党と民主党の議員グループに注目して，院内政党の構成を分析した．選挙制度改革の結果，自民党における派閥の多くが分裂を経験し，無派閥議員も増えている．派閥は総裁選をコントロールする能力を弱めつつあり，結果として候補者間競争の活性化をもたらしている．民主党においては，選挙制度改革への適応の過程で旧党派の連合体としての性格が生じたことにより，代表選が競争的になることは制約されている．自民党と民主党を比較すると，院内政党による党首選出過程のコントロールが必要か否かによって，競争性の程度が変わると考えられる．自民党にとっては，派閥の影響力が弱まり，総裁選が競争的になっても支障はない．一方，民主党においては，議員が代表選における競争を抑制しなくては党の結束に悪影響が及ぶ．党首選出の違いをもたらす要因として，政党の成り立ちも考慮に入れる必要がある．

3. 院内政党による院外組織の動員

　さて，院内政党と院外組織の関係も党首選出過程に影響を及ぼす重要な要因である．国会議員が動員を通じて党員の投票選択を支配しているならば，党員投票は名目に過ぎない．この場合，党員にとって投票の実施を求めるインセンティブがないといえる．また，組織的な党員の動員が可能ならば，組織の支持を獲得できない潜在的な候補者の参入は抑制され，競争性が阻害されると考えられる．

　本節では，都道府県別に党員投票の結果を得られる1978年11月，1991年10月，2001年4月，2003年9月，2006年9月の自民党総裁選と，2002年9月の民主党代表選を対象に，多変量解析を用いて分析する[18]．そして，とくに自民党における組織動員力の低下を明らかにする．

---

18) 1982年11月，1995年9月，1999年9月の自民党総裁選は党員投票の結果が全国集計されたため，都道府県別のデータが存在しない．

表 5-4 自民党総裁選における党員投票の得票数

	投票者数※1	当選者	他の候補者(得票順)		
1978年11月	1,314,074	大平正芳	福田赳夫	中曽根康弘	河本敏夫
	(87.6%)	550,891	472,503	197,957	88,917
1982年11月	974,150	中曽根康弘	河本敏夫	安倍晋太郎	中川一郎
	(93.2%)	559,673	265,078	80,443	66,041
1991年10月	963,058	宮澤喜一	渡辺美智雄	三塚 博	
	(54.8%)	475,591	311,677	173,054	
1995年9月	808,309	橋本龍太郎	小泉純一郎		
	(53.7%)	653,573	152,751		
1999年9月	1,435,927	小渕恵三	加藤紘一	山崎 拓	
	(49.3%)	970,482	283,780	175,224	
2001年4月	1,367,039	小泉純一郎	橋本龍太郎	亀井静香	麻生太郎
	※2	793,130	413,278	87,030	73,601
2003年9月	972,419	小泉純一郎	亀井静香	藤井孝男	高村正彦
	(69.3%)	555,771	240,792	104,158	69,318
2006年9月	656,726	安倍晋三	麻生太郎	谷垣禎一	
	(61.5%)	393,899	163,582	96,861	

※1 下の括弧は投票率を示す/2001年4月は有効投票数. ※2 投票率は不明.
出所:各新聞社の報道と自民党の発表

3.1. 自民党

選挙制度改革の結果,従来の有権者とのリンケージ,派閥領袖―構成メンバー――後援組織と連なる組織の動員力は有効性を失ったのであろうか.表5-4は投票者数と各候補者の得票数を示したものである.

投票者数は1978年11月の131万人から1995年9月には81万人弱に落ち込むが,意外にも1999年9月に過去最高の144万人弱まで急激に盛り返している.しかし,その後は直近の2006年9月に過去最低の66万人弱まで落ち込んでいる.投票率で見ると,1982年11月に93.2%を記録したものが最高である[19].これらの数字から明白な傾向を見出すことは難しい.また,上位2候補者が占める得票割合が大きく,小選挙区制の特性があらわれている[20].

都道府県ごとに各候補者の得票が発表されている党員・党友投票の結果を用

---

[19] 2001年4月の総裁選については,自主的な予備選挙という性格からか,正確な選挙人数を確認できなかった.同年,自民党が政治資金収支報告書に記載した党員数は1,879,533人であるから,この数字から計算すると,72.7%となる.
[20] 3位以下の候補者による得票の割合が最も高い事例は1978年11月の中曽根と河本の合計21.8%,最も低い事例は2001年4月の亀井と麻生の合計11.8%である.

いて「組織動員モデル」を検証する．したがって，分析の単位は都道府県となる．具体的には，得票率を従属変数とし，各候補者が支持を得ている派閥の所属議員が当該都道府県の自民党議員に占める割合（支持議員）[21]，特定郵便局の支持を受ける参院選候補者が直近の参院選で獲得した票が当該都道府県の自民票に占める割合（郵政候補）を独立変数とする．加えて，各都道府県の社会経済的属性の影響をコントロールする変数として，第1次産業の就業人口割合を投入し（第1次産業），重回帰分析（OLS）によって各候補者の得票構造を推定したものが表5-5のモデルⅠである（候補者名にⅠがつけられている列）．また，本章の1.3節と同じく，ケースの数が少ないために分析が外れ値の影響を受けやすいと考えられるが，一見したところ，得票割合が極端に高いケースは候補者の地元であることが少なくないようなので，地元ダミーをコントロール変数とするモデルⅡも推定した（候補者名にⅡが付されている列）．なお，2001年4月の亀井については，地元の広島では党員投票が実施されなかったので，モデルⅡを推定できなかった．

「支持議員」変数の係数が有意かつ正である場合，（ほかの変数の影響をコントロールした上で）支持を受けている議員の割合が高いほど各候補者の得票割合も高く，それゆえ，議員の後援会が党員を効果的に動員していると考えられる[22]．「郵政候補」変数については，係数が有意かつ正である場合，特定郵便局の利益を代表する参院選候補者の得票割合が高いほど各候補者の得票割合も高く，特定郵便局による党員の動員効果と推定できる．つまり，後援会（支持議員）と圧力団体（郵政候補）という自民党の伝統的な組織動員をモデル化し，党員投票における効果を検証する．

表5-5によると，2001年の麻生Ⅰを除いて，「支持議員」変数の偏回帰係数は有意かつ正を示している．「郵政候補」変数は1991年の宮澤Ⅰ・Ⅱ，2001年の小泉Ⅰ・Ⅱと橋本Ⅰ・Ⅱ，2003年の小泉Ⅰ・Ⅱと藤井Ⅰ，高村Ⅰ・Ⅱの

---

21) 2003年9月の総裁選の場合，橋本派の支持候補は衆院（藤井）と参院（小泉）で異なる．衆議院の比例代表ブロックから選出された議員は住所より該当する都道府県を推定したが，参議院の全国区ないし比例区の選出議員を分析より除外した．
22) 本小節では，所属する派閥から議員が支持する総裁選の候補者を推定している．したがって，議員が派閥の意向に沿わない場合，「支持議員」変数の係数の低下は派閥の結束力の低下を示しているとも考えられる．

第 5 章 政党組織の変容

表 5-5 組織動員モデルの重回帰分析（OLS）：自民党

1978 年 11 月

	大平 I	大平 II	福田 I	福田 II	中曽根 I	中曽根 II	河本 I	河本 II
(定数)	15.18**	13.62**	24.19***	25.37***	9.36***	9.36***	2.79	0.51
	(6.36)	(5.23)	(5.01)	(4.94)	(2.93)	(2.97)	(2.73)	(2.29)
支持議員	0.49***	0.49***	0.79***	0.73***	0.56***	0.56***	0.51***	0.50***
	(0.11)	(0.09)	(0.10)	(0.11)	(0.08)	(0.08)	(0.09)	(0.08)
郵政候補	0.53	0.50	0.41	0.41	−0.05	−0.06	0.19	0.18
	(0.52)	(0.43)	(0.41)	(0.40)	(0.24)	(0.24)	(0.25)	(0.21)
第 1 次産業	0.51	0.53**	−0.42*	−0.45*	−0.07	−0.07	−0.15	−0.01
	(0.32)	(0.26)	(0.24)	(0.23)	(0.15)	(0.15)	(0.16)	(0.13)
地元ダミー		55.90***		20.25*		−1.59		27.55***
		(11.95)		(11.57)		(6.86)		(5.89)
調整済み R2 乗	0.34	0.55	0.57	0.59	0.52	0.50	0.37	0.57

1991 年 10 月

	宮澤 I	宮澤 II	渡辺 I	渡辺 II	三塚 I	三塚 II
(定数)	22.62**	24.81***	26.12***	23.76***	8.78	8.61**
	(9.36)	(9.09)	(6.92)	(5.68)	(6.35)	(4.12)
支持議員	0.37**	0.29**	0.54***	0.47***	0.64***	0.56***
	(0.14)	(0.14)	(0.15)	(0.12)	(0.15)	(0.10)
郵政候補	2.01*	1.79*	−1.16	−0.57	−0.63	−0.40
	(1.10)	(1.06)	(0.92)	(0.76)	(0.82)	(0.53)
第 1 次産業	−0.15	0.09	0.33	0.21	−0.05	−0.14
	(0.53)	(0.53)	(0.43)	(0.35)	(0.37)	(0.24)
地元ダミー		36.55**		58.27***		67.05***
		(17.86)		(12.33)		(8.64)
調整済み R2 乗	0.15	0.20	0.22	0.48	0.25	0.68

2001 年 4 月

	小泉 I	小泉 II	橋本 I	橋本 II	亀井 I	麻生 I	麻生 II
(定数)	58.75***	56.78***	16.48***	17.57***	0.32	4.77**	3.10***
	(4.65)	(4.78)	(4.22)	(3.78)	(1.02)	(2.13)	(1.09)
支持議員	0.22***	0.22***	0.19***	0.18***	0.25***	0.12	0.08**
	(0.07)	(0.06)	(0.06)	(0.05)	(0.03)	(0.08)	(0.04)
郵政候補	−4.37***	−4.07***	3.92***	2.93**	0.33	0.58	0.50
	(1.39)	(1.39)	(1.36)	(1.25)	(0.33)	(0.75)	(0.38)
第 1 次産業	0.49	0.58	−0.54	−0.30	0.22*	−0.21	−0.02
	(0.46)	(0.45)	(0.46)	(0.42)	(0.11)	(0.25)	(0.13)
地元ダミー		15.44		31.22***			31.17***
		(10.55)		(9.30)			(2.84)
調整済み R2 乗	0.34	0.35	0.29	0.43	0.70	0.00	0.75

	2003 年 9 月							
	小泉 I	小泉 II	亀井 I	亀井 II	藤井 I	藤井 II	高村 I	高村 II
(定数)	54.55***	54.10***	13.54***	14.32***	1.02	5.12***	5.74***	4.82***
	(3.99)	(4.08)	(3.97)	(3.20)	(4.13)	(1.84)	(1.98)	(1.07)
支持議員	0.37***	0.36***	0.40***	0.34***	0.27***	0.22***	0.71***	0.49***
	(0.06)	(0.06)	(0.10)	(0.08)	(0.09)	(0.04)	(0.11)	(0.06)
郵政候補	−4.98***	−4.83***	−1.05	−2.21	5.64***	−0.15	−1.77*	−1.15**
	(1.57)	(1.60)	(1.81)	(1.48)	(1.85)	(0.92)	(0.97)	(0.53)
第1次産業	−0.51	−0.47	1.06**	1.28***	−0.93**	−0.01	0.37*	0.37***
	(0.37)	(0.38)	(0.43)	(0.35)	(0.42)	(0.20)	(0.22)	(0.12)
地元ダミー		5.53		38.82***		66.25***		29.96***
		(8.86)		(7.90)		(4.93)		(2.92)
調整済み R2 乗	0.51	0.51	0.27	0.53	0.26	0.86	0.50	0.85

	2006 年 9 月					
	安倍 I	安倍 II	麻生 I	麻生 II	谷垣 I	谷垣 II
(定数)	47.77***	48.91***	16.52***	14.06***	15.76***	12.05***
	(6.69)	(6.40)	(5.10)	(3.91)	(3.60)	(2.80)
支持議員	0.26***	0.23***	1.12***	0.96***	0.84***	0.77***
	(0.08)	(0.07)	(0.31)	(0.24)	(0.12)	(0.09)
郵政候補	−0.16	−0.09	1.08	0.93	−0.29	0.37
	(2.40)	(2.29)	(2.35)	(1.79)	(1.74)	(1.32)
第1次産業	−0.14	−0.17	0.51	0.78*	−0.42	−0.15
	(0.55)	(0.53)	(0.55)	(0.42)	(0.41)	(0.31)
地元ダミー		28.41**		54.79***		41.32***
		(12.36)		(9.65)		(7.18)
調整済み R2 乗	0.18	0.25	0.19	0.53	0.51	0.72

括弧内は標準誤差．***：p＜0.01，**：p＜0.05，*：p＜0.1．ケースは都道府県(2001年4月は広島と山口を除外)．「支持議員」は各候補を支持する議員が当該都道府県の自民議員数に占める割合(各年，参院全国区ないし比例区選出の議員を除外，国会便覧)．「郵政候補」は特定郵便局の支持を受ける参院選候補の得票が自民票に占める都道府県別の割合(各年)．「第1次産業」は都道府県別の従業人口割合(各年の国勢調査)
1978年11月：大平の「支持議員」は大平派と田中派．福田は福田派，中曽根は中曽根派，河本は三木派(1978年8月)．「郵政候補」は西村尚治(1977年)．「第1次産業」は1980年
1991年10月：宮澤の「支持議員」は宮澤派，竹下派と河本派，渡辺は渡辺派，三塚は三塚派(1991年8月)．「郵政候補」は長田裕二(1980年)と高祖憲治(2001年)の得票の平均を比例区の自民党得票数(1992年)で割ったもの．「第1次産業」は1990年
2001年4月：小泉の「支持議員」は森派，山崎派と加藤派．橋本は橋本派と堀内派，亀井は江藤・亀井派，麻生は河野G(2001年2月)．「郵政候補」は高祖憲治(2001年)．「第1次産業」は2000年
2003年9月：小泉の「支持議員」は森派，山崎派，加藤派，河野Gと参院橋本派．亀井は江藤・亀井派，藤井は衆院橋本派，高村は高村派(2003年8月)．「郵政候補」は長谷川憲正(2004年)．「第1次産業」は2005年
2006年9月：安倍の「支持議員」は森派，古賀派，志帥会，高村派と二階G．麻生は河野G．谷垣は谷垣派(2006年8月)．「郵政候補」は長谷川憲正(2004年)．「第1次産業」は2005年

各モデルでは有意であり，正負のサインもおおむね予想された方向である（小泉マイナス，橋本と藤井プラス）．小泉と橋本派の各候補者について係数の解釈を試みると，2001年のモデルIの場合，小泉の支持議員割合の偏回帰係数が0.22（1％水準で有意），高祖得票率は－4.37（1％水準で有意）である．橋本の支持議員割合が0.19（1％水準で有意），高祖得票率は3.92（1％水準で有意）となっている．つまり，ほかの変数を一定として，小泉の得票率は小泉支持議員の割合が1％高いと0.22％高くなり，高祖の得票率が1％高いと4.37％低くなると解釈できる．橋本の得票率は橋本支持議員の割合が1％高いと0.19％高くなり，高祖の得票率が1％高いと3.92％高くなる．2003年のモデルIの場合，小泉の支持議員割合の偏回帰係数が0.37（1％水準で有意），長谷川得票率は－4.98（1％水準で有意）である．藤井の支持議員割合が0.27（1％水準で有意），長谷川得票率は5.64（1％水準で有意）となっており，2001年と同様の傾向がうかがえる．小泉と橋本派の各候補者のモデルを比較すると，「郵政候補」変数の偏回帰係数が対照的な値を示しており，特定郵便局による組織動員の効果を見て取ることができる．

　当選者について，「支持議員」変数の偏回帰係数の推移を見ると，2001年に大幅に低下し，2003年には上昇するが，依然として1978年の水準より低い．2006年には再び低下していることが分かる．第2位の候補者については，2006年の麻生モデルが最も高い数値を示しているが，河野グループの構成人数は少なく，派閥による党員の動員効果には限界があることに注意すべきである．以上から，1978年には派閥に所属する議員を通じた動員は有効であったが（Tsurutani 1980），その力が落ちていると解釈できよう．

　定数項は変数の影響を考慮に入れない場合の基礎票を表すものである．2001年，2003年の小泉モデルの定数項と2006年の安倍モデルのそれは顕著に大きい．表5-4によると，実際の小泉票は橋本票の1.92倍，藤井票の5.34倍であるが，OLSによる小泉モデルの定数項は橋本の3.56倍，藤井の53.48倍もある（モデルI）．安倍票は麻生票の2.41倍，OLSによる定数項は2.89倍と大差ない（同）．小泉と安倍の得票は組織動員に依存しない部分が多いことを物語る．

　また，当選者のモデルIについて，その説明力を表す調整済みR2乗の推移を見ると，1991年に大幅に低下し，2001年と2003年に回復するが，2006年

には再び低下している．第2位の候補者については，おおむね低下傾向にある．組織動員モデルの有効性は次第に低くなっているといえる[23]．地元ダミーを追加投入したモデルIIについては，すべての選挙において最下位得票者のモデルの説明力が大幅に向上している．次点以下でも，1991年の渡辺，2003年の亀井と藤井，2006年の麻生の各モデルの説明力向上は顕著である．弱い候補者ほど地元での得票にモデルの当てはまりが左右されることを示している．

　党員に対する調査を実施できなかったため，本小節の分析には限界がある．しかし，党員投票の多変量解析の結果によると，「支持議員」変数の係数は低下傾向にあり，小泉や安倍のモデルでは定数項も大きい．さらに，モデルの調整済みR2乗も落ちてきている．つまり，自民党の総裁選においては，議員の後援会や圧力団体（大樹）を通じた集票ルートの動員力が低下していると推測できる[24]．組織動員の有効性の低下により，自律的に判断する党員が増加し，候補者が支持を獲得する機会も開かれたものになっている．総裁選におけるこのような変化が自民党総裁選における党員投票の通例化と候補者間の競争をもたらしたといえよう．また，2001年の総裁選において，マス・メディアを通じてカリスマ的な指導者像の流布に成功した小泉が大勝利を収めることを可能にした要因の1つと考えられる．

3.2. 民主党

　民主党の発表によると，2002年9月に実施された党員・サポーター投票の結果は，鳩山56,417，菅41,167，野田33,012，横路26,846である．都道府県ごとに各候補者の得票が明らかになっており，自民党と同様，「組織動員モデ

---

[23] 参考までにモデルIのSEEを付記する．大平14.40，福田10.97，中曽根6.64，河本6.94（以上1978年），宮澤17.44，渡辺14.62，三塚13.09（以上1991年），小泉10.13，橋本9.94，亀井2.43，麻生5.48（以上2001年），小泉8.22，亀井9.30，藤井9.69，高村5.00（以上2003年），安倍12.54，麻生12.33，谷垣9.11（以上2006年）．

[24] 2001年4月の総裁選における党員投票を計量的に分析したものとして，Ehrhardt(2006)がある．本章と同様，国会議員を通じた動員の限界を指摘するが，その分析には疑問がある．まず，モデル固有の問題としては，党員投票が実施されなかった広島と山口の事例を除外していないこと，（統計的な処理が試みられているものの）小泉支持議員割合と橋本支持議員割合，亀井支持議員割合のように，お互いの関数として表現できる変数を同時に投入しており，多重共線性が発生していないことを明示していないことがある．また，都道府県単位で党員投票の結果を確認できるのは2001年4月の事例のみと事実を誤認している．

表 5-6 組織動員モデルの重回帰分析（OLS）：民主党

	2002 年 9 月							
	鳩山 I	鳩山 II	菅 I	菅 II	野田 I	野田 II	横路 I	横路 II
（定数）	29.88***	29.11***	28.18***	26.63***	17.69***	15.35***	1.11	1.47
	(7.97)	(8.11)	(5.58)	(5.87)	(4.62)	(4.19)	(2.90)	(2.67)
支持議員	0.18	0.19	0.15	0.14	0.39***	0.39***	0.59***	0.56***
	(0.12)	(0.13)	(0.09)	(0.09)	(0.09)	(0.08)	(0.06)	(0.06)
支持労組	0.87	0.97					0.22	0.17
	(0.84)	(0.85)					(0.25)	(0.23)
第 1 次産業	−0.45	−0.48	−0.11	0.08	−0.36	−0.16	0.82**	0.82**
	(0.71)	(0.71)	(0.72)	(0.76)	(0.58)	(0.52)	(0.39)	(0.36)
地元ダミー		11.39		15.10		36.69***		19.73**
		(16.12)		(17.14)		(11.63)		(7.32)
調整済み R2 乗	0.01	0.00	0.01	0.01	0.30	0.44	0.74	0.78

括弧内は標準誤差．***：p＜0.01，**：p＜0.05，*：p＜0.1．ケースは都道府県（青森，岩手，福井，和歌山，島根，香川，愛媛，宮崎，沖縄を除外）
「支持議員」は各候補の推薦人が当該都道府県の民主党議員数に占める割合（参院比例区選出の議員は除外，2001 年 7 月時点，国会便覧），鳩山の「支持労組」は旧同盟系，横路の「支持労組」は旧総評系，それぞれの組織内候補（下記参照）が 2001 年参院選において獲得した票の合計が民主票に占める都道府県別の割合，「第 1 次産業」は都道府県別の従業人口割合（2000 年国政調査）
分析対象となる連合の組織内候補は，「旧総評系」が朝日俊弘（自治労），伊藤基隆（全逓），神本美恵子（日教組），高見裕一（情報労連），「旧同盟系」は藤原正司（電力総連），柳沢光美（ゼンセン同盟），前川忠夫（JAM）の計 7 名である

ル」の統計的な検証が可能である．各候補者の得票率を従属変数とし，各都道府県において各候補者の推薦人の数が民主党議員に占める割合（支持議員），労働組合出身の参院選候補者の都道府県別の得票が民主票に占める割合（支持労組）を独立変数，各都道府県の社会経済的属性として第 1 次産業の就業人口割合（第 1 次産業）をコントロール変数としたモデル I，地元ダミーをコントロール変数として追加したモデル II，それぞれを重回帰分析（OLS）によって推定した（表 5-6）．なお，この代表選では旧同盟系が鳩山を支持し，旧総評系は横路を支持した．したがって，「支持労組」変数は鳩山と横路のモデルにのみ投入されており，旧同盟系と旧総評系，それぞれの組織内候補による得票を表現している[25]．分析の単位は都道府県であるが，ケースの数が 38 と少ないことに

---

25) 1993 年 3 月の総評センター解散に伴い，旧総評系を中心とする「社会党と連帯する労働組合会議」が発足し，友愛会議を解散する旧同盟系の労組も「民社党を支援する労働組合会議」を組織したが，旧中立労連や純中立系の労組は「準加盟」などの形で両者に加入することがあり，色分けは困難である．そのため，分析を旧総評系と旧同盟系の組織内候補者に限定し，若林秀樹（電機連合，旧中立労連）と池口修次（自動車総連，純中立）を除外した．なお，自治労出身の朝日俊弘は菅の推薦人に名を連ねているが，自治労自体は旧社会党系議員と関係が深いため，横路の「支持労組」とカウントした．

注意が必要である[26]．

「支持議員」変数の係数が有意かつ正である場合，（ほかの変数の影響をコントロールしても）各候補者を支持する議員の割合が高いほど得票割合も高く，したがって，議員の後援会による党員・サポーターの動員が有効であると考えられる．また，「支持労組」変数の係数が有意かつ正である場合，各候補者を支持する労働組合出身の参院選候補者が当該参院選において獲得した票の割合が高いほど各候補者の得票割合も高く，労働組合による党員・サポーター動員の有効性を推定できる．自民党と同様，後援会（支持議員）と圧力団体（支持労組）という民主党の組織動員をモデル化し，党員・サポーター投票における有効性を検証する．

まず，鳩山と菅の上位2名については，モデルの当てはまりが悪いことが分かる．調整済みR2乗の値を見ると，それぞれ1%程度の説明力しかない[27]．投入された変数の偏回帰係数もすべて有意ではない．菅のモデルⅠでは，「支持議員」変数がわずかに10%の有意水準をクリアできない（p＝0.126）．「支持議員」変数が有意でない理由としては，国会議員票を63獲得した鳩山が25人，45獲得した菅が20人と，得票に対する推薦人の占める割合が少ない．したがって，推薦人によって支持者の分布を近似することが適切でないためと考えられる．また，鳩山の得票と旧同盟系労組の組織内候補者が2001年参院選で集めた票との関係性が見られなかったことも予想に反する．労組の組織力が低下していること，（当初の候補者であった）中野寛成から鳩山への支持変更が末端の組織まで浸透しなかったことなどが考えられる．

国会議員票を31獲得した横路の推薦人は20人，44獲得した野田は25人であり，支持者をより適切に代表するためか，両者のモデルの説明力は高い．横路のモデルは最も説明力が高く（調整済みR2乗は0.7以上），「支持議員」「第1次産業」「地元ダミー」が有意である．野田のモデルを見ると，説明力は横路に及ばないが，「支持議員」と「地元ダミー」は有意である．モデルⅠについて係数の解釈を試みると，ほかの変数を一定として，支持議員の割合が1%

---

26) 青森，岩手，福井，和歌山，島根，香川，愛媛，宮崎，沖縄の各県では，民主党議員が存在しないため（2002年8月時点），これらのケースを分析から除外した．
27) モデルⅠのSEEは，鳩山15.56，菅16.07，野田12.76，横路7.66．

多くなると，0.59％（横路）ないし 0.39％（野田）得票率が上昇する関係がある．また，第 1 次産業従業者の割合が 1％多くなると，横路の得票率は 0.82％高くなる．横路モデルの「支持労組」変数は「第 1 次産業」変数と相関関係にあり[28]，後者をコントロールすると，有意ではなくなる．「第 1 次産業」変数を除いたモデルでは，総評系支持労組の組織内候補者の得票割合が 1％多くなると，横路の得票率も 0.46％上がるという関係があらわれる（5％水準で有意）．

なお，地元ダミーを追加投入したモデル II であるが，説明力の顕著な向上は見られない．野田のモデルが若干改善した程度である．

自民党と同じく党員に対する調査を利用できず，ケース数の制約や変数操作化の困難などモデル固有の問題もあり，性急に結論を導くことは避けるべきである．しかし，野田と横路のモデルでは，「支持議員」変数は有意かつ正であり，国会議員を通じた組織的な動員は有効と考えられる．また，横路のモデルでは，「第 1 次産業」変数を除くと，「支持労組」変数が有意かつ正となり，労組による動員にも効果があるように見える．一方，鳩山と菅のモデルは組織動員によって説明できる部分が少ない．党員・サポーターが自律的に判断して投票する機会を提供したと考えるならば，彼らの立候補は党員投票の実質的な包括性を高めたともいえる．

鳩山と菅のモデルの操作化が困難であったことを考慮すると，自民党との単純な比較は適当ではないが，ほぼ同時期の 2001 年 4 月に実施された自民党総裁選より，実質的な包括性と競争性が高いと評価することは難しい．紙幅と時間の制約で時系列的な比較ができないことも，民主党の代表選についての評価を慎重にする理由である．

むすび

政党組織の成り立ちは党首選出過程を左右する．党員投票を実効的なものにするには，一般有権者を包括する院外組織と競争性を担保する院内政党の存在が重要である．いいかえると，党員が構成する院外組織の規模，院内政党が候

---

[28] 相関係数 0.43，1％水準で有意．

補者間の競争をコントロールする程度,院内政党による院外組織の動員如何に依存する.

前章で見たように,自民党における党首選出手続きは党員投票を多用するようになってきている.自民党の院外組織は時系列的には規模の縮小に直面しており,参院選や総裁選を契機とする動員の力も弱まっている[29].組織を構成する地方議員と党員の構成バランスも崩れつつあるが,民主党と比較すると,依然として党員の数は桁違いに多い.組織の縮小傾向にもかかわらず,党員投票の実施が通例となるのは直感に反するが,党本部は組織を維持するためにも党員の権利を重視する必要がある[30].

また,選挙制度改革を契機として,自民党の派閥が総裁選をコントロールする力は弱まっており,候補者間の競争性が高まっている.かつての中選挙区制下で発達した国会議員と地方議員の系列関係であるが,小選挙区制下においては自明のものとなったことにより,両者の関係は弛緩したと考えられる.組織動員の有効性は減少しており,党員による自主的な判断の可能性が高まりつつある.組織によって動員されない新たな票田の登場は,潜在的な候補者にも参入の機会を提供することにより,党員投票の支持者を増やす効果がある.従来,自民党の総裁選びにおいては,国会議員の集団である派閥が中心的な役割を果たすと考えられてきた.しかし,小泉政権の成立過程において明らかなように,国会の外にある党員の存在を無視することは最早できない.

民主党においては,包括性を支える地方組織,競争性を担保する院内政党,共に自民党のそれに匹敵するに至っていない.それでは,両党の組織間の不均衡は今後とも継続していくのであろうか.この問いを解く鍵は民主党の今後にある.自民党の組織が衰退する一方で民主党の組織は持ちこたえられるか,民

---

[29] 組織動員の有効性が低下した背景には,支持と便益を交換するクライエンテリズムが衰退したこともあると考えられる.たとえば,公共事業関係費は1980年代前半には毎年減額され,1987年に年間6兆円となった後,1997年には9.7兆円まで増加,その後は減少傾向にあり,2007年には7兆円を割り込んでいる.

[30] 党員の存在は党に正統性を与え,選挙の際には重要な支持者となるだけでなく,日常活動を通じて支持者を涵養し,財政的に党を支え,その活動を担い,社会との架け橋となり,新たなアイディアを供給し,人材の供給源となるなど,党の重要な「資産」である(Scarrow 1996, 41-46).一方で,党員は一般有権者にとって不人気な政策に固執し,その維持のために費用と労力が求められる点で,党の「負債」としての側面もある(*Ibid.*, 40-41)

主党が選挙を重ねて党内における割拠性を克服できるか．民主党の組織作りは停滞しているが，自民党の組織のように顕著な弱体化を示してはいない．また，旧党派にもとづく割拠性は時間の経過によって消えゆく運命にある．初当選時より民主党を名乗る議員が増えていけば，新たな摩擦を生じつつも長期的には党の構成を根本より変えていくであろう．

補遺

補遺 5-1　都道府県別の地方議会議員と党員の構成比：自民党と民主党，各年

	1991 年：自民党			2001 年：自民党			2003 年：自民党			2002 年：民主党		
	都道府県	市区町村	党員	都道府県	市区町村	党員	都道府県	市区町村	党員	都道府県	市区町村	党員
北海道	41.8%	4.6%	1.0%	38.7%	3.7%	0.9%	42.6%	3.7%	0.8%	24.5%	2.9%	0.5%
青森県	58.8%	4.8%	0.9%	36.7%	3.2%	1.3%	40.0%	3.8%	0.8%	0.0%	0.7%	0.1%
岩手県	56.9%	0.1%	1.3%	26.0%	0.0%	1.7%	27.5%	0.1%	0.8%	0.0%	0.3%	0.1%
宮城県	58.7%	2.3%	1.5%	41.3%	0.9%	1.5%	36.5%	1.2%	0.7%	9.5%	1.1%	0.1%
秋田県	55.1%	2.1%	1.1%	53.2%	1.1%	2.3%	50.0%	1.1%	1.2%	8.5%	0.3%	0.2%
山形県	65.3%	5.7%	1.4%	56.3%	2.5%	2.4%	56.5%	1.9%	1.1%	4.3%	0.2%	0.2%
福島県	71.7%	1.3%	1.5%	61.0%	1.9%	1.7%	65.5%	1.8%	1.0%	3.4%	0.4%	0.1%
茨城県	68.2%	1.9%	1.5%	66.7%	2.4%	2.3%	59.4%	2.4%	1.6%	7.6%	0.7%	0.1%
栃木県	51.9%	4.7%	1.8%	53.7%	4.4%	1.6%	47.2%	4.0%	1.0%	3.9%	0.8%	0.2%
群馬県	71.9%	0.7%	1.3%	66.1%	0.0%	2.4%	75.0%	0.3%	1.5%	3.6%	0.2%	0.1%
埼玉県	66.0%	3.7%	0.6%	46.2%	3.1%	0.7%	55.3%	3.3%	0.5%	4.4%	1.4%	0.1%
千葉県	59.8%	4.1%	0.5%	53.6%	3.4%	0.7%	61.9%	3.6%	0.4%	6.3%	0.9%	0.1%
東京都	33.3%	30.4%	0.5%	41.7%	21.2%	0.6%	40.2%	21.4%	0.5%	16.7%	6.7%	0.2%
神奈川県	37.4%	9.1%	0.5%	41.9%	7.4%	0.5%	40.6%	6.8%	0.5%	21.9%	3.7%	0.1%
新潟県	61.3%	1.9%	1.7%	50.8%	0.9%	2.4%	54.1%	0.8%	1.4%	1.7%	0.3%	0.1%
富山県	68.1%	32.8%	3.8%	67.4%	26.9%	4.6%	68.9%	28.9%	3.7%	2.2%	0.9%	0.1%
石川県	71.7%	20.4%	2.9%	42.6%	12.0%	4.0%	56.5%	13.3%	2.8%	4.2%	0.5%	0.1%
福井県	70.0%	1.0%	2.6%	48.7%	1.2%	3.1%	37.5%	1.4%	2.3%	2.7%	0.2%	0.3%
山梨県	44.2%	0.0%	1.8%	63.4%	0.0%	3.0%	51.2%	0.0%	1.7%	5.1%	0.2%	0.4%
長野県	48.4%	0.0%	1.5%	9.8%	0.0%	1.8%	10.3%	0.0%	1.0%	1.7%	0.1%	0.2%
岐阜県	75.0%	5.4%	3.3%	70.6%	3.9%	3.0%	65.3%	4.0%	2.3%	10.0%	1.0%	0.1%
静岡県	57.7%	6.3%	1.2%	42.9%	3.9%	1.5%	48.1%	3.4%	1.0%	2.6%	0.5%	0.3%
愛知県	59.3%	5.3%	0.6%	46.6%	3.9%	0.8%	53.3%	4.2%	0.7%	9.6%	2.2%	0.1%
三重県	50.0%	1.9%	1.2%	30.9%	0.8%	1.3%	35.3%	1.0%	0.9%	1.9%	0.4%	0.2%
滋賀県	60.4%	0.4%	2.2%	44.7%	0.6%	2.1%	47.8%	0.6%	1.5%	8.3%	0.9%	0.2%
京都府	43.1%	5.0%	0.8%	40.0%	4.4%	1.3%	40.3%	4.9%	0.8%	6.2%	3.2%	0.2%
大阪府	41.6%	13.5%	0.3%	35.5%	13.5%	0.8%	35.7%	13.5%	0.4%	10.2%	7.3%	0.1%
兵庫県	43.0%	4.1%	0.5%	27.2%	2.7%	0.9%	27.2%	2.9%	0.6%	10.9%	1.5%	0.1%
奈良県	58.3%	4.0%	1.2%	39.1%	3.7%	1.4%	47.9%	3.0%	0.8%	13.3%	1.7%	0.2%
和歌山県	63.8%	1.6%	1.3%	56.5%	0.8%	1.4%	50.0%	0.5%	0.8%	0.0%	0.3%	0.2%
鳥取県	62.5%	3.1%	2.3%	51.4%	0.5%	3.7%	50.0%	0.2%	1.8%	5.7%	0.3%	0.2%
島根県	56.1%	0.3%	2.1%	65.9%	0.4%	4.7%	56.4%	0.5%	3.2%	5.0%	0.3%	0.1%
岡山県	55.2%	0.1%	1.3%	53.6%	0.0%	2.1%	62.5%	0.0%	1.3%	5.4%	0.3%	0.1%
広島県	68.1%	2.1%	1.5%	58.0%	2.2%	—	60.0%	2.5%	1.7%	1.4%	0.3%	0.1%
山口県	61.1%	1.7%	1.6%	50.0%	1.3%	—	60.4%	1.5%	1.5%	3.8%	0.7%	0.1%
徳島県	52.4%	0.0%	1.2%	47.6%	0.0%	2.3%	35.0%	0.0%	1.1%	4.8%	0.5%	0.1%
香川県	62.2%	6.7%	1.8%	68.2%	6.5%	3.4%	57.8%	7.0%	2.1%	2.2%	0.1%	0.1%
愛媛県	66.0%	7.6%	4.1%	49.0%	6.1%	3.7%	62.0%	5.9%	2.9%	0.0%	0.4%	0.1%
高知県	66.7%	2.8%	1.2%	48.8%	1.1%	2.5%	50.0%	0.8%	1.5%	2.4%	0.4%	0.2%

福岡県	36.7%	3.1%	0.5%	41.6%	3.1%	1.0%	50.6%	3.2%	0.5%	3.4%	0.5%	0.1%
佐賀県	73.2%	3.6%	1.6%	58.5%	3.4%	2.5%	73.2%	3.2%	1.8%	2.6%	0.5%	0.1%
長崎県	60.0%	5.7%	1.7%	50.0%	4.4%	2.7%	52.9%	4.1%	1.6%	12.0%	0.8%	0.1%
熊本県	67.9%	3.5%	1.6%	60.7%	2.6%	1.8%	52.7%	1.9%	1.0%	1.9%	0.2%	0.1%
大分県	59.6%	3.0%	1.6%	40.9%	3.4%	2.4%	50.0%	3.1%	1.3%	2.3%	0.1%	0.1%
宮崎県	60.9%	4.8%	1.1%	72.1%	4.9%	1.8%	75.0%	4.7%	1.1%	7.0%	2.1%	0.2%
鹿児島県	73.7%	3.5%	1.2%	73.6%	2.8%	2.5%	73.6%	2.6%	1.7%	1.9%	0.2%	0.1%
沖縄県	38.3%	4.1%	0.4%	31.3%	2.5%	0.7%	30.4%	2.7%	0.2%	0.0%	0.0%	0.1%
合　計	56.0%	4.8%	1.1%	47.8%	3.6%	1.4%	49.6%	3.7%	0.9%	6.8%	1.2%	0.2%

党員の構成比は，直近の総選挙における選挙人名簿登録者数に対する総裁選の投票者の比率．

補遺 5-2　自民党における派閥別の平均当選回数：衆議院/参議院，各年

	木ク・経世 平成研	清和会 清和研	宏池会・大勇会	政策科学研究所 志帥会・近未来研	新政策研 番町研	その他 不明	無派閥
'78年8月	旧田中 4.3/1.9	旧福田 5.2/2	旧大平 4.3/2.2	旧中曽根 3.5/1.5	旧三木 5.5/1.9	7.2/2.5	6.5/1.4
'82年8月	田中 5.4/2	福田 5.6/2	鈴木 4.2/2	中曽根 5.2/1.7	河本 7/1.5	5.4/1	7.9/2.2
'91年8月	竹下 4.4/1.9	三塚 3.6/2.2	宮澤 4.7/1.9	渡辺 5/1.9	河本 4.6/2.4	13/—	7.9/2.4
'95年8月	旧小渕 5.6/2.1	旧三塚 4/1.8	旧宮澤 6.1/1.9	旧渡辺 6.2/2.2	旧河本	7/3	9.4/1.7
'99年8月	旧小渕 3.7/1.8	森 4.1/1.6	加藤 4.7/1.7 河野G 4.9/—	江・亀 5.9/1.6 山崎 4.1/1	旧河本 4.9/4	1/2	4.9/1
'01年2月	橋本 3.7/1.8	森 4.1/1.5	堀内 4.5/1.6 加藤 5.9/1.5 河野G 5.9/—	江・亀 5.3/1.6 山崎 5.7/4	旧河本	4/2.4	4.2/1.3
'03年8月	橋本 3.5/2	森 3.9/2	堀内 4.3/1.9 旧加藤 5.6/1.3 河野G 5.4/—	江・亀 5/1.7 山崎 4.2/1.3	高村 4.4/3	—/—	5.4/1.3
'06年8月	津島 4.3/2	森 3.6/1.7	古賀 4.5/1.8 谷垣 4.9/1.8 河野G 4.7/1	伊吹 4.1/2.3 山崎 4.9/1.8	高村 4.8/3	4.2/2.5	2.5/1.2

「木ク」は旧木曜クラブ，「経世」は経世会，「平成研」は平成研究会，「清和研」は清和政策研究会，「近未来研」は近未来政治研究会，「新政策研」は新政策研究会，「番町研」は番町政策研究所の略．出所：国会便覧(各年)

補遺 5-3　民主党における旧党派別の平均当選回数：衆議院/参議院，各年

	民主	社会	自民	民社	さ・日本新	新生	新進	自由	その他	無所属
'96年9月	—/—	3.3/1	2.3/—	2/—	1/—	—/—	—/—	—/—	5/—	3.5/—
'96年10月	1/—	4/1	3.5/—	3/—	2/—	—/—	—/—	—/—	6/—	4.5/—
'98年7月	1.1/1	3.7/2.1	5.8/1.5	4.8/2.2	2/2	2/—	1/—	—/—	6/2	3.7/2
'00年6月	1.3/1	4.4/2	6.3/1.5	5.4/2.2	2.6/2	3/—	2/1	—/—	7/2.3	2.5/1
'01年7月	1.2/1	4.4/2.2	6.3/1.5	5.4/2.3	2.6/2	3/—	2/2	—/—	7/2.3	2.5/1
'03年11月	1.6/1	5.3/2.1	7/1.8	6.6/2.3	3.4/1.5	3/1	3/2	2/1	8/2.3	3.3/1.3
'04年7月	1.6/1.2	4.9/2.5	7/1.9	6.6/3	3.4/3	3/1	4/2	2/1.3	8/3	3.3/2
'05年9月	2.2/1.2	5.8/2.5	8.9/1.7	6.7/3	4.6/3	4/1	4/2	3/1.3	9/3	3.2/2

初当選時における党派，「その他」には，衆議院の社会民主連合，参議院の社会民主連合(社会市民連合)，公明，スポーツ平和党，第二院クラブ，民主改革連合が含まれる．

第6章 不均一な選挙区範囲が政策に及ぼす影響

はじめに

　第1部では，党派化されていない地方議員に集票を依存する場合，国政と地方の選挙制度不均一の影響によって，衆議院の小選挙区における候補者の政策的な立場は必ずしも収斂せず，政党の凝集性が高まらないことを指摘した[1]．しかしながら，そもそも議院内閣制の運用においては，政党の政策的な規律が必要とされるし，選挙制度改革は政党の政策にもとづく有権者の投票選択を促進する側面もあり，何らかの仕組みによって，議員による個別的な利益の表出だけではなく，政党の集合的な利益の確保が必要となる．

　本章では，個々の議員の選挙とは別に，党員を中心とする広範な有権者によって党首が選ばれるという，第2部の選挙制度不均一がもたらす政策的な帰結について考察し，実証的に検証する．

　まず，そのヒントを得るため，議会の選挙とは別に，エグゼクティブのリーダーを選挙で決める大統領制についての先行研究を検討し，理論的なインプリケーションを得ることから始める．曰く，大統領と議員の選挙区は範囲が異なるため，両者の選好には違いが生じる[2]．議員に地域ないしセクターの個別的な利益を追求するインセンティブがある場合，議会は大統領に国全体の利益を

---

[1] 本章は，上神（2007）を加筆修正したものである．自民党と民主党のマニフェスト作成過程については，飯尾潤先生と複数の匿名の協力者（自民党）にインタビューをさせていただいた．また，堤英敬先生にはマニフェスト・データ作成に際してコーダーを務めていただき，候補者データの作成にも尽力いただいた．以上の皆様に対して，記して謝意を表する．
[2] 砂原（2011a）は，日本の都道府県を事例として同様の関係が首長と議員に存在することを検証している．

代表させることにより，委任と分業の関係が形成されるという．党首選出過程の民主化によって，議院内閣制の作動が大統領制のそれに近づくならば，同様の関係が一般議員と党執行部の間に発生する可能性がある．この予想を日本の自民党と民主党に適用すると，党員投票の実施が通例化している自民党の方が民主党よりもその傾向は顕著となるはずである(第1節)．

次いで，政党のマニフェスト(政権公約)が選挙運動に用いられたという意味で，初の「マニフェスト選挙」となった2003年総選挙に至るマニフェストの策定過程について，自民党と民主党の事例を比較検討する(第2節)．総裁選と同期することによって，党執行部の選好がマニフェストに色濃く反映された自民党と，同様の経緯をたどらなかった民主党の違いを描き出す．

最後に，政党の集合的な評価に貢献する選挙アピールと，候補者の個別的な評価に寄与する選挙アピールのバランスを検証することにより，選挙制度不均一の影響を実証的に探る(第3節)．具体的には，2003年総選挙における自民党と民主党を事例として，マニフェストと候補者の選挙公報を比較し，両者の相違と相互の関係を明らかにする．政党のマニフェストと候補者の政策立場には，集合財と私的財の分業関係が存在すること，党員投票によって総裁を選ぶ慣行が定着しつつある自民党においては，民主党と比べて，この分業関係がより明確であったことを指摘する[3]．また，マニフェストと候補者公約の違いをもたらす要因として候補者属性の影響についても検証し，選挙区特性の重要性を指摘する．

1. 政策的な分業関係

以下では，大統領制についての先行研究を紹介しつつ，議院内閣制における党首選出過程の民主化が政策に及ぼす影響について理論的に考察する．

---

[3] 一般的には，①排除不可能性と②非競合性という性質を有する財を「公共財」，①のみ満たす財を「集合財」，両方を満たさない財を「私的財」と区別できる．以下，冗長を避けるため，公共財と集合財を併せて「集合財」と表記する．

1.1. 大統領と議会

　大統領制と議院内閣制を分かつ重要なメルクマールは，行政府の長（エグゼクティブのリーダー）を一般有権者が選ぶか，あるいは議会が選ぶかという違いにあることを，第4章にて述べた．このことは，エグゼクティブのリーダーと個々の議員の政策的な選好に留まらず，両者の関係にも影響を及ぼす．

　大統領と議員の選好の違いがもたらす影響については，先行研究においても議論されてきた．たとえば，モーとキャルドウェルは，アメリカの大統領制とイギリスの議院内閣制における官僚制を比較する(Moe and Caldwell 1994)．全国大の選挙区から選ばれる大統領は広範囲にわたる諸問題を解決するために能力が高い官僚制を欲するのに対して，狭小な選挙区から選ばれる議員は利益集団による個別的な利益の要求に応じやすく，彼らの既得権益を保護するべく，大統領の手足となる官僚制を規則で縛りたがる．一方，議院内閣制を採用するイギリスにおいては，政府と議会多数派の利益は一致しており，両者は効果的で応答的な官僚制を構築するという．

　コロンビアにおける憲法改正の事例を分析したニールソンとシュガートによると，小選挙区制によって選ばれる大統領は，都市部に居住する中位投票者の利益を重視せざるを得ず，国民的利益の推進者であり続けた．しかし，議会の定数は農村部の選挙区へ過重に配分されており，選挙制度が個人投票を促進することもあり，議員は個別的な利益の配分に没頭しがちであった．議会による農村部の偏重とクライエンテリズムによる腐敗は都市部の有権者の怒りを買い，議会の選挙制度改革と，政治資金制度の改革を含む政党改革に帰結したという(Nielson and Shugart 1999)．

　民主化によって有権者の意思が政治に反映されるようになったことで，大統領と議会の選好が乖離し，政策に影響を及ぼすこともある．チェンとハガードは，台湾の民主化と財政政策の関係を事例として分析する(Cheng and Haggard 2001)．総統と総統によって指名される首相が主導的な役割を果たしてきた予算編成過程においては，民主化に伴い，個人投票を促進する単記非移譲式投票制によって選ばれる立法院議員が介入するようになった．立法院選挙における政党間競争と党内競争の活性化によって，利益誘導的な政策が求められるよう

になり，財政赤字が拡大したという．

また，ハガードとノーブルは，台湾の民主化と電力産業に対する規制の関係について検証する (Haggard and Noble 2001)．民主化以前には，総統の政府による監視の下，体制の支持者である軍人や農民に対する価格面での優遇を強いられたものの，電力会社は長期的な観点から需給にもとづく投資を実行してきた．しかし，民主化によって，電力の価格や供給量は新たな政治的影響力にさらされるようになった．原発反対に代表される環境運動の高まりは供給力の増強を制約し，単記非委譲式投票制が生み出す金権政治はビジネスの利益を立法院に反映させ，商業利用に対する差別的な価格づけを是正したという．

上記の議論における大統領と議員の選好は単純化されたものである．たとえば，ラテン・アメリカ諸国の大統領制における官僚制の運用を検証したゲッディスによると，もう少し精密に大統領の選好を定義できる (Geddes 1994, Chapter 6)．大統領の目標は，現時点における生き残り，効果的な統治，忠実な政治的マシーンの創設，以上の3つである．これらのうち，いずれに重きを置くかについては，大統領が置かれている政治的状況によって異なる．自らの政党が十分に組織化されていない大統領は，任期中に組織を建設するために，党派的任用によって官僚制へ支持者を送り込む．党派的任用は，個別的な利益を配分するためにも必要である．一方，政党へ依存せずに当選した大統領や，公認を受ける際，自らが所属する政党のリーダーによる反対に直面した大統領は，政党と利害が一致しないため，専門的能力を基準として官僚の任用を行い，有効な統治の実現を目指す．政党の公認によって大統領となった場合は，全2者の中間となる．また，軍部によるクーデタの可能性にさらされている大統領は，政治的な支持を獲得するために，党派的な任用を増やすという．しかし，上記の議論においても，大統領が公共財に，議員が私的財に，それぞれ政策的な重点を置くという違いがあることは前提となっている (*Ibid.*, 141-142, 148-151)．

委任と分業

シュガートとキャリーは，このような大統領と議員の選好の違いをもたらす要因として選挙制度を挙げ，その帰結について注目すべき議論を展開している (Shugart and Carey 1992, Chapter 9)．大統領制においては，全国大の選挙区から

1名の大統領が選出されるため,彼ないし彼女は全国的な利益を代表する必要がある.一方,議員の政策選好は選挙制度に依存する.選挙区の範囲が狭く,非拘束名簿式ないし単記非移譲式投票制のように個人投票を促進する制度である場合や,大統領選挙との実施サイクルが異なるため,全国的な争点が重要となる大統領選挙の影響が及ばない場合,議員は個別的な利益を追求すると考えられる.

重要な点は,大統領と議員の選好の異同が両者の関係を形成することである.大統領制においては,議会内の政党が大統領を支持し続ける制度上の必要がなく,大統領も議会に対して責任を負わないため,政党の政策的規律が緩くなりがちである.国政の運営に責任を負う大統領が集合財の供給によって党の評判を改善するならば,党の所属議員は私的財の追求によって個人的な評価を高めることに専念できる.そのため,議会が大統領に全国的な利益を実現するために必要な権限を委任することにより,自らは個別利益を追求するという本人・代理人関係と政策的な分業関係が生じる.代理人である大統領を統制する手段としては,大統領が立法上の権限を活用するために議会多数派の支持を必要とすること,大統領の拒否権を覆すに必要な議員の数を少なくすること(たとえば,3分の2から2分の1へ),大統領の予算上の権限を弱めること,大統領の再選を禁止すること,議会が憲法改正の権限を掌握することなどが挙げられる.

大統領制における集合財と私的財の担い手は,選挙制度が政党組織を強化する程度によって異なる.議会の選挙制度が個人投票を促進し,政党によるコントロールを弱めるならば,議会は大統領に強い権限を認めることによって集合財の供給を委任する.政党による選挙コントロールが強いならば,議会は自ら集合財を供給する役割を担い,大統領の権限は小さくなると考えられる.この大統領の立法上の権限と政党のリーダーシップの関係は実証的にも確認できる.

シュガートとキャリーは,中南米11ヵ国とアメリカ,フィリピンを対象に分析し,立法に関する大統領権限の強さと政党のリーダーシップの強さとの間には反比例関係があることを発見した(*Ibid.*, Figure 9.1).政党の強さは公認や名簿順位のコントロールの有無,同一政党候補者間の得票プーリングの有無,党内競争の有無,新政党に対する参入障壁の高さから,大統領権限の強さは包括的拒否権ないし個別条項拒否権の有無や無効とするために必要な議員数,大

統領令を発する権限や特定の政策領域における法案提出権,予算に関する権限の強さ,国民投票を発議する権限の有無から(*Ibid.*, Table 8.1),それぞれ算出されたものである.選挙制度や憲法の変更により,1国が複数の事例を伴う場合があるため,データ・セットは合計17の事例から構成される.政党が弱く,大統領が強いカテゴリーと,政党が強く,大統領が弱いカテゴリーの事例数はそれぞれ6つであり,多くの事例がいずれかに含まれることが分かる.前者においては,大統領選挙と議会選挙の周期がすべての事例で一致しておらず,後者においては,両者の選挙が完全に一致しない事例は1つのみである[4].選挙の周期が一致しない場合,大統領選挙における全国的な争点の影響が議会選挙に及ばず,議員は個別的な利益を追求するために,大統領へ権限を委任するという彼らの説明に適合的である.

　シュガートとキャリーの研究は,制度が政策にどのような影響を及ぼすのかという問題関心に引き継がれていく.ハガードとマッカビンズの編著が,この問題に取り組んでいる(Haggard and McCubbins eds. 2001).同書の第2章となるコックスとマッカビンズの論文は,拒否権アクターの数に注目して議論する(Cox and McCubbins 2001).まず,政府における権力分立の度合いと各部門の目標の違いに応じて,拒否権アクターの数は異なり,果断な政策によって変化がもたらされるか(decisiveness),あるいは,断固とした政策によってコミットメントが維持されるか(resoluteness),政策の結果に影響を及ぼす.また,公共財と私的財のいずれが重視されるかについても,権力分立と目標の違いが影響を及ぼすという.

　コックスとマッカビンズは,権力分立をもたらす要因として大統領制や2院制,連邦制などの統治構造に関する制度を,目標の相違をもたらす要因としては選挙制度を挙げており,多様な制度的要因を考慮に入れている(*Ibid.*, Figure 2.1).大統領制と議院内閣制の制度的な違いがもたらす政策的な効果に限って議論すると,前者においては,行政府と立法府における権力分立の度合いが強

---

[4] 大統領が強く,政党が弱いカテゴリーに入る事例は,ブラジル(1946年,1988年),チリ(1958年以前と以後,1970年),コロンビアである.大統領が弱く,政党が強いカテゴリーに入る事例は,アルゼンチン,コスタリカ,ドミニカ,エルサルバドル,ニカラグア,ベネズエラであり,大統領選挙と議会選挙の周期が完全に一致しないのはエルサルバドルのみである(なお,アルゼンチンは中間選挙を伴う).

く,(選挙制度が異なるため)両者の目標も異なり,拒否権アクターが多い.新しい政策の支持者を糾合することが難しく,政策は果断さを失い,現状に固定されるようになる.一方,後者においては,内閣は議会の多数派によって支えられており,権力の統一性が高く,目標も一致しているため,果断な政策決定が可能となるが,政策の安定性は損なわれる.また,大統領制においては,政策を推進する連合を形成するために私的財を分配する必要に迫られるが,議院内閣制においては,行政府と立法府の多数派が結束しているため,その必要性は小さいと考えられる[5].

大統領制におけるバリエーションについては,第3章となるシュガートとハガードの論文が,先に検討したシュガートとキャリーの議論を新たな事例にも適用し,権力の分立と目標の相違の関係を分析している(Shugart and Haggard 2001).中南米諸国16ヵ国とアメリカ,フィリピン,韓国,台湾,ロシア,グルジアについて,議会に対する大統領の立法上の権力と[6],両者の目標の違いを促進する制度の関係を検証した.とくに後者については,大統領と議会の選挙サイクルのずれ,議員間の改選サイクルのずれ,選挙制度が政党中心か候補者中心か,大統領と議員の選挙区の一致度を挙げている(この点については,再び検討する).

さて,権力の分立と目標の相違の間には,大統領の権限が強いと目標の一致度が低く,大統領の権限が弱いと目標の一致度が高いという反比例の関係が見出された(*Ibid.*, Table 3.4).大統領と議会,議員間において選挙サイクルが異なり,選挙制度が候補者中心で,大統領と議員の選挙区が一致していない場合,政府部門を構成するアクターの目標は多様なものとなり,大統領はその違いを乗り越えるために,強い権限を与えられると考えられる.また,議会による個別的な利益の追求は,公共財を供給する大統領の強い権限によって相殺されるとも考えられ,先のシュガートとキャリーの研究と同様に,両者の間に委任と分業の関係が存在することを示唆している.

クリスプらも同様の問題関心に立ち,大統領制を採用するラテン・アメリカ

---

5) 曽我・待鳥(2007)は,日本の都道府県議会と知事の関係に応用する(第1章第3節).
6) 前述のシュガートとキャリーの定義から,予算に関する権限の強さと国民投票を発議する権限の有無を除いている.

6ヵ国のデータを利用して，選挙制度や統治構造が議員の政策的選好に与える影響を分析している(Crisp *et al.* 2004)[7]．まず，選挙制度が個人投票を促進する場合，議員は個別的利益を選挙区に還元することによって，再選を目指すと考えられる．具体的には，候補者選定の手続きが中央集権的か否か，拘束名簿式か非拘束名簿式か，政党を同じくする複数の名簿が競合するか否か，個人投票の誘因を増減させる選挙区定数や再選率の効果を考慮して，選挙制度がもたらす誘因をモデル化する．選挙制度の影響についての議論は，むしろ旧聞に属するものである．

本章の観点からは，大統領と議員の関係が重要である．前述の議論と同様，全国的な利益に責任を持つ大統領は有権者によって直接的に選出されるため，議会が支える必要はなく，個別的な利益の追求を含め，議員は選挙制度の誘因にしたがいやすくなる．クリスプらの研究はすべて大統領制の事例を対象とするため，検証されるべき事例間の差異は，大統領と同じ政党に所属するか否かということである．つまり，大統領と同じ政党に所属する議員は，政党の集合的な評判の改善を大統領に委任し，自らは個人的な評価を高めることに専念することができる．一方，大統領とは異なる政党に所属する議員は，個別的な利益の追求が党の集合的な評判を傷つける恐れを考慮に入れる必要があろう．

以上の理論的な検討から，クリスプらはラテン・アメリカ6ヵ国の議会における法案を事例として，多変量解析を用いて検証する．従属変数は，利益誘導的な法案であるか否か，法案の共同提案者の数，法案が成立したか否かである．分析結果によると，仮説はおおむね肯定された(*Ibid.*, Table 2)．選挙制度が個人投票を促進する場合，議員は利益誘導的な法案を提出することが多くなる．とくに，選挙区定数が大きくなるほど，個人投票の効果は増幅される(*Ibid.*, Figure 1)．共同提案者の数についても，整合的な結果が得られた．個人投票が促進されると，法案の利益誘導的な性格が強まり，共同提案者が少なくなると考えられる．さらに，法案の提案者が個人投票の影響に直面していると，利益誘導的な法案の成立率が顕著に高くなることが判明した(*Ibid.*, Table 3)．

本章の関心事である大統領と議員の関係についても，仮説を支持する結果が

---

7) アルゼンチン，チリ，コロンビア，コスタリカ，ホンジュラス，ベネズエラの以上6ヵ国．

得られた．選挙制度の影響をコントロールしても，大統領と同じ政党に属する議員は利益誘導的な法案をより多く提出し，法案の共同提案者はより少なく，法案は成立しやすい．つまり，大統領制における与党の議員は大統領に公共財の供給を委任し，個別財の獲得に注力することを実証的に示している．

　以上，大統領と議員の選好の違いと両者の関係を中心に先行研究を検討してきた．大統領と議員の選挙制度は異なるため，両者の政策的な選好は乖離する傾向にある．大統領は全国大の選挙区から1名選ばれるため，国全体の利益に関わる争点をアピールする必要に迫られるが，議会の選挙制度が個人投票を促進する場合，議員には地域ないしセクターの個別的な利益を追求する誘因が生じる．議員が個別的な利益を追求する場合，議会は大統領権限の強化を認めることによって，全国的な利益の実現を委ねる．とくに大統領と議員の政党が同じである場合，大統領への委任によって，議員は政党の集合的な評判を傷つけることなく，個別的な利益の追求に邁進できる．本人・代理人関係の視点から，議員間の集合行為問題を解決する存在として大統領を捉えることができる．

1.2. 日本の議院内閣制に対するインプリケーション

　議院内閣制の大統領制化を主張するPoguntke and Webb eds.(2005)は，首相権力とその支持基盤のあり方が大統領制のそれに近づくことを指摘するが(本書の第4章脚注3)，その政策的な帰結についての議論は十分に尽くされてはいない．前小節の議論から，党首選出過程の民主化により，大統領制における委任関係と政策的な分業に類似する変化が生じる可能性を想定できる．

　しかし，議院内閣制には大統領制と区別される固有の論理が存在する．とくにエグゼクティブのリーダーが直接的に有権者によって選ばれるか，議会によって選ばれるかという違いが重要である．前小節の議論は主に大統領制についてのものであり，そのまま当てはめることは適切ではなく，制度的な違いに起因する制約に留意しつつ検討する必要がある．

　繰り返しになるが，議院内閣制においては，内閣は議会における多数派の信任に依拠する．そのことは，首相と与党の政策立場が最終的には一致しなければならないことを意味する(Shugart and Carey *op. cit.*)．議会は政府・与党と野党の対決の場となり，有権者による政治の理解は主に政党を単位とするように

なる．その結果，政党の集合的な評判が重要となり，個々の議員にはそれを気にかける誘因が生じる．無論，選挙制度が個人投票を促進する場合，日本の中選挙区制における自民党のように，党内に派閥が割拠することもある．第1部で扱った国と地方の選挙制度不均一におけるように，議員は系列地方議員の利益に配慮する必要から，政党の政策的な凝集性が高まらないこともあるだろう．一方，選挙制度が候補者個人の評価を追求する誘因を与えないならば，選挙における有権者の候補者選択を，政策プログラムを判断基準とする政権選択に直結させることもできよう(Cox 1987)．上記の議院内閣制の基本的な作動原理を免れるわけではないが，政策的な規律の強さには幅があると考えられる．

何らかの理由により個人的な政策目標を追求したい所属議員において，党の評判には「消費の非競合性」と「消費の排除不可能性」という公共財の性質があるため，ただ乗りする者(フリー・ライダー)が出現すると合理的に予想できる．この集合行為問題を解決するためには，本人である議員の代理人として，政党執行部に人事や政治資金など選択的誘因の運用に関する権限をある程度まで移譲する方法が考えられる．政党執行部は議員から委任を受けることにより，所属議員に規律を守らせ，ただ乗り行為(フリー・ライド)を抑制し，政党の集合的な利益を守ろうとするであろう[8]．

党執行部には，集合的利益を守る手段として選択的誘因を活用する権限が与えられるとしても，依然として課題が残る．1つ目は，どのように党執行部をして議員からの委任に背かないようにするか(エージェンシー問題)，2つ目は，どのように党執行部は党の集合的利益を常に発見できるか(集合的利益の定義問題)，これらは党執行部の意志と能力に関わる問題である．第1の問題を解決するためには，党幹部による私的利益のための権限濫用を防止するメカニズムが必要である．一方，第2の問題を解決するためには，変化する政治的な環境に対応して，党の集合的な評価を維持し続けるための制度的な仕組みが求め

---

[8] そのことは，イギリスの政党における院内幹事を「鞭(ウィップ)」と呼ぶことに典型的にあらわれている．院内幹事は党執行部の権力を背景として議会内における議員の活動を監視し，政党の規律を維持する．なお，アメリカの大統領制における政党の規律は緩いとされるが，議会内における集合行為問題を解決する仕組みを備えているとの指摘がある．コックスとマッカビンズによると，議員による個別的な利益の追求に対して，議会内の役職配分などを通じて，政党の規律を課することにより，党としての集合的な利益を確保するという(Cox and McCubbins 1993)．

られる.

　権限の濫用を防止する手段としては,執行部を率いる党首の地位を任期制とし,選挙を用いることが考えられる.その際,有権者の範囲が問題となる.党幹部による互選は常に十分な統制力を発揮するとは限らないため,執行部の影響力が及ばない主体を選挙の有権者とする必要がある.院内政党の構成員と党員による二重のチェックは有効な手段となろう.また,党首選挙を用いる場合,選挙人の範囲を広げることによって,党の集合的な評判を守ることができる.たとえば,全国的な包括政党において,党首選挙の選挙人と一般有権者が完全に一致する仮想的な状況を考えてみよう.この場合,大統領選挙と同様,全国的な争点が中心となり,候補者は地域やセクターを超える集合的な利益をアピールせずには支持者を動員できない.したがって,有権者の範囲が広い党首選挙の導入は,党の集合的な利益を定義ないし再定義する機会の制度化を可能にすると考えられる[9].つまり,これらの問題を解決する一助として,党首選出過程の民主化を捉え直すことができる.

　すでに述べたように,近年,各国では党員投票が用いられる事例が増えてきている.ここまでの議論を踏まえると,党首選出過程の民主化とは,党の集合的な利益の確保を常に迫られるという議院内閣制に固有の制約条件を満たすためのメカニズムの1つとなっていると考えることもできよう[10].

自民党と民主党への適用

　大統領制における議員と大統領の選好の乖離と前者による後者への権限の委任は,党首選出過程の民主化がもたらす政策的帰結を理解する点で示唆に富む.そこで,国政選挙と党首選挙における候補者間の選好の違いと党員投票の頻度,

---

9) 政党の集合的利益を探る手段としては,そのほかに政治的マーケティング手法の導入が考えられる(序章1.2節を参照).

10) それでは,アクター間の目的分立の緩和をメルクマールとする,ウェストミンスター型の議院内閣制はどのような場合に実現するのであろうか.まず,全国的な争点が国政選挙で支配的な影響力を持ち,党執行部の立場が候補者の争点態度を規定する場合,党執行部と議員が共通の立場で他党(の候補者)と競合することになる.また,党執行部の制度的な権力が強い場合や党首の個人的な人気が圧倒的である場合,党執行部が議員の選好を無視できる可能性もある.つまり,国政選挙における全国的かつ支配的な争点の存在や,党執行部の権力基盤が非常に強固であることなどが必要と考えられる.

党執行部に委任される権限の強さについて，日本の文脈に置き直して簡潔に検討する．

まず，党首選挙における党員投票と国会議員の選挙制度は異なり，それぞれの候補者間には選好の違いが生じる．前小節において紹介したシュガートとハガードの議論から，大統領と議員の目標の違いをもたらす要因として，両者の選挙区の一致度を挙げられる(Shugart and Haggard *op. cit.*)．自民，民主両党の場合，党首選挙における党員投票の有権者は全国に分布しており，（票を集計する単位は都道府県であったり，全国大であったりとまちまちであるが）日本全体を1つの選挙区と考えることができる．300の地域に区切られた衆議院の小選挙区や都道府県を単位とする参議院の地方区とは範囲が異なるため，党首選挙の候補者は全国的な利益を代表する必要がある．その一方，衆議院の小選挙区や参議院の地方区の候補者が地域的な利益を無視することは難しいであろう[11]．このように異なる政策的な選好をもたらす党員投票であるが，先述のように自民党と民主党における実施頻度は同じではない．結党以来，党員投票の実施は10回を数え，とくに1990年代以降，増加傾向にある自民党に対して，民主党の実施事例は1回に過ぎない．

次いで，党執行部の権限についてはどうであろうか．とくに選挙制度改革が党の集合的な評価に与える影響については，次のように考えられる．ほかの条件を一定として，候補者中心の投票を促す中選挙区制と比較すると，衆議院の小選挙区比例代表並立制は政党中心の選挙を後押しする効果があり，候補者は個別的な利益だけではなく，党としての集合的な利益も考慮に入れなければならなくなる．したがって，党執行部に権限を委任することにより，集合的な利益を実現させる必要性が大きくなった．また，新しい選挙制度においては，党執行部が保持する公認に関する権限の重要性が高まった．たとえば，かつての中選挙区制においては，保守系無所属として出馬し，当選後，入党する自民党

---

11) 衆議院と参議院の選挙制度には比例代表が存在するが，衆議院では小選挙区との重複立候補が多く見られ，参議院は候補者中心の選挙を促進する非拘束名簿方式である．候補者の選好に対する効果としては，前者については小選挙区制の影響が強いと考えられるが，後者については判断が難しい．また，シュガートとハガードによると，大統領と議会の選挙サイクルのずれも重要である．党首選挙と国政選挙のサイクルが異なるため，両者の争点が完全には一致せず，候補者間の政策的な選好が乖離しやすい要因の1つと考えられる．

の候補者が後を絶たなかったが，小選挙区制の導入によって，その道は基本的に封じられたといえる．さらに，比例代表制の名簿を作成するに当たっても，党執行部が大きな影響力を発揮し得ることも忘れてはならない．政治資金制度の改革については，政党助成法の導入により，党執行部が使用可能な資源が増加した点も看過できない．これらの制度変化は執行部権力の増大に帰結するといえる．

なお，行政改革については，2001年の中央省庁再編による内閣府の新設，官邸機能の強化，経済財政諮問会議の設置に見られるように，首相の権限が強化された．その結果，内閣総理大臣である与党リーダーの党内に対する指導力は向上したと考えられる．一方，野党リーダーは政府の資源を利用できないため，行政改革を契機として権限を強化することもできない．したがって，自民党と民主党では党執行部の権限に非対称性が存在したといえる．

以上をまとめて考えると，自民党においては，選好の乖離をもたらす党員投票の通例化，集合的利益の重要化と執行部権力の強化，これらの現象を相互に関連するものとして理解することができる．つまり，選挙制度改革を起点として，党の集合的な評価を維持する必要性が高まり，それを実現するための権限が諸改革によって強化される一方，党員投票の定着はエージェンシー問題と集合的利益の定義問題の影響を緩和するようになった．その背景としては，国会議員が党執行部に対する権限委任の拡大を容認しただけではなく，党員が総裁選への関与を強めたことも重要である（第4章第2節）．民主党については，政府資源を利用できない野党であったことに加えて，前章までの分析で示したように，党員投票を実施する組織的な裏づけが強固ではないという違いが重要である[12]．

上記をいいかえると，自民党政権における議院内閣制の作動は大統領制のそれに近づき，党執行部と議員の間には権限の委任を伴う政策的な分業関係が成立していた可能性がある．党執行部には集合的な利益を実現するために必要な権限が与えられる一方，各議員は個別的な利益を追求するという関係である．

---

[12] 政権獲得後の民主党は2010年9月と2012年9月の代表選において党員投票を実施したが，党員数は約30万人と比較的に規模が小さく，集合的利益の定義問題を解決するに十分でなかったばかりか，政権入りした執行部権力の増大に見合ったエージェンシー問題の解決も有効にできなかった可能性がある．

また，政府の資源を利用できず，党員投票の実施も進んでいない民主党と比較すると，自民党における党執行部と議員間の政策的な分業関係はより明瞭となると考えられる．そこで，本章で検証する仮説を以下のように表せる．

- 党首選出過程の民主化が進んだ政党では，党首に集合的な利益を代表させる一方，議員は地域ないしセクターの個別的な利益を追求する

以下では，これまでの議論の妥当性を検証するため，2003年衆院選を事例として，自民，民主両党のマニフェストと候補者の選挙公約を分析する．これらの政策文書には，党執行部と候補者の政策的な立場が示されていると考えられる．小泉政権期においては，党員投票によって誕生した首相が有権者に直接の支持を求め，与党議員との激しい対立を辞さなかった．樋渡(2006)によると，首相への権限委任は自民党議員による財政支出の要求を抑え，とくに小泉政権期に財政再建へと政策の転換をもたらす一因となったという．高い支持率，権力の活用，構造改革路線の追求，いずれの点においても小泉政権は画期的であったといえよう[13]．

このことから議院内閣制の作動が大統領制や首相公選制のそれに最も近づいたと本書では考えるが，同政権期における2つの総選挙のうち，2005年総選挙を対象としない理由は2つある．まず，データの利用可能性の観点から除外せざるを得なかったこと．また，より実質的な理由としては，首相が世論の支持を背景として，自ら推進する郵政民営化を全国的な主要争点とすることに成功し，それへの反対派を党から追放するという，例外的な経緯をたどったことを挙げられる．この総選挙では，首相と議員間の目的の分立が強制的に解消されたことは明白である．一方，2003年総選挙では大統領制化の影響により，政策的な分業が予想される．

---

13) ただし，首相への権限委任がもたらされるメカニズムに関して，樋渡の説明は判然としない．前述のとおり，分業関係を議院内閣制に伴う政党規律の枠内に留める必要があることから，議員による個別的政策の過度のアピールが党の集合的な評判を傷つけないよう，党執行部は人事や政治資金を用いて統制できなければならない．しかし，その成功は必ずしも保証されているわけではない．小泉政権期の政策対応については，東京大学社会科学研究所編(2006)所収の樋渡やノーブルらの優れた研究も参照されたい．また，民主党政権期にまで射程を伸ばしたものとしては，樋渡・斉藤編(2011)がある．

第 2 節では，両党のマニフェストの作成過程を明らかにし，党首による政策のアピールがマニフェストに表現される度合いを検証する．続く第 3 節では，マニフェストと候補者の選挙公約を同一の手法を用いて分析し，両者の間における政策的な分業を検証する．

2. 2003 年総選挙におけるマニフェストの策定過程

2003 年総選挙において，初めてマニフェスト（政権公約）が作成され，頒布された．たとえば，民主党のマニフェストは 800 万部も配られたという．マニフェストはその年の日本流行語大賞を受賞するなど，大きな反響を巻き起こした．その背後には，「政局から政策へ」という日本政治の大きな変化があったといえよう（飯尾 2008）．

日本政治の文脈におけるマニフェストとは，政権担当時に実行される政党の公約であり，具体的な目標，裏づけとなる財源，達成期限が明示されているものを指すと理解されている．マニフェストに記載された個別の公約のうち，未実現のものは後のマニフェストに引き継がれる場合が多く，その点からも最初のマニフェストの影響は大きいといえる．

前節までの検討から，党首選出過程の民主化が進んでいる自民党においては，総裁選における候補者の公約が党の集合的な利益を定義し，党の政権公約の内容に大きく影響すると予想される．しかし，党員投票がほとんど実施されない民主党においては，代表選挙とマニフェストの作成は無関係に進展するはずである．つまり，党首選出過程の民主化如何が党内の政策立案過程にも影響を及ぼすと考えられる．

なお，2003 年総選挙におけるマニフェストの作成過程については，西尾・飯尾(2004)によって，かなりの程度まで明らかにされている．自民党については，当事者に対するインタビュー記録として武部(2005)もある．本節は先行研究を活用しつつ，筆者自身による関係者へのインタビューや新聞記事を適宜利用して，その過程を再検証する．

2.1. 自民党

　国政選挙に際して，自民党は従来から公約集を編纂してきた．たとえば，2007年参院選においては，マニフェスト(参院選公約)とは別に「自民党重点政策」と銘打たれた冊子が存在する(自由民主党政務調査会編 2007)．これらの公約集の作成過程は政務調査会の各部会からの積み上げが中心であり，内容も網羅的なものとなっている．2007年の重点政策は党本部がまとめたものに加えて，各ブロックと各県連からの要望が巻末に付属しており，B6版で135ページに及ぶ．表紙に「美しい国をめざして」と題し，新憲法の制定，教育の再生，安全保障の強化，行政改革を巻頭に配しているところから，当時の安倍政権のカラーをうかがい知ることができる．しかし，そのほかの内容は内政から外交までさまざまな分野を包摂しており，総花的との感を否めない．また，これらの公約集はマニフェストや候補者の選挙公報のように広く頒布されるものではなく，世間の耳目を集めるには十分ではないといえる．

　話をマニフェストの策定過程に戻すと，早くも2002年3月に，新しいタイプの公約の必要性が党内に設置された国家戦略本部による提言のなかに盛り込まれていた．その後の政権公約作りは，2003年1月の党大会において政調副会長に就任した武部勤を中心に行われることになる．マニフェストの利用は知事選挙から広がったが，武部は4月に実施された北海道知事選挙において当選を果たした高橋はるみの選対本部長を務めたことにより，マニフェスト選挙を経験することになった．

　2003年総選挙における自民党の政権公約作成過程における最大の特徴は，9月に実施された総裁選と連動したことである．6月の後半から，当時の小泉純一郎首相は「総裁選における勝者の政策が総選挙の公約になる」という趣旨の発言を繰り返すようになる．山崎派に属する武部副会長は小泉支持の立場であり，小泉首相が総裁選後に総選挙を行うことを示唆したため，2つの選挙の関連性が意識されるようになった．

　2003年7月には，政務調査会正副会長会議の構成員を委員とする政権公約検討委員会が組織され，政権公約作成のための態勢が整えられていった．しかし，具体的な作業は9月に実施される総裁戦の結果待ちであった．従来型の公

約については，9月初めを目処に各部会から要望の聴取が行われ，「自民党重点施策 2004」として取りまとめられている．

さて，2003年9月の自民党総裁選には小泉純一郎，藤井孝男，亀井静香，高村正彦の4名が立候補し，周知のとおり，小泉の再選という結果に終わった．総裁選においては，各候補者への支持を通じて総選挙の公約が選択されると小泉が主張したこともあり，政策に対する注目が集まった．主要な争点は経済政策や財政政策，道路4公団の民営化，郵政3事業の民営化などである[14]．まず，小泉は自らの構造改革路線を肯定し，プライマリー・バランスの黒字化を掲げ，財政再建路線も堅持する一方，道路4公団と郵政3事業の民営化を主張する．一方，藤井は政策の軸足を構造改革から景気回復・デフレ脱却に移すという．高速道路は国家の責任で整備すべしとの立場であり，民営化には反対である．郵政民営化についても消極的である．また，自衛隊の海外派遣に慎重であり，消費税の増税論議を先送りせずとし，小泉と対照的な立場である．亀井も緊縮財政を批判し，歳出の拡大による景気浮揚を訴える．高速道路は国民の財産であり，国土網整備は政治の責任との立場を示し，道路公団民営化には反対である．また，郵政民営化にも反対である．外交的には，アメリカに対する独自性を主張し，小泉を批判する．高村も藤井や亀井と同様に積極財政を唱え，財政再建路線を批判する．また，道路公団と郵政事業の民営化にも反対である．以上から，主要な対立軸は小泉とそのほかの候補者の間にあることが分かる．そのほかの重要争点としては地方分権改革と地域振興が挙げられるが，具体的な政策の違いについて明瞭ではなく，各候補者の主張に大きな差はない．

この総裁選の終了後，政権公約検討委員会は政権公約策定委員会と改称され，マニフェストの作成作業が本格的に進められることになった．総裁選の翌日には，小泉総裁が党の新しい執行部に対して政権公約を作成するよう指示した．武部は政調副会長に留任し，引き続き政権公約作成の任に当たることになった．具体的には，小泉と密に打ち合わせつつ，額賀福志郎政調会長の了解の下に政調を担当する党本部の職員を使い，武部が意見集約の中心となって原案が作成

---

14) 各候補者の主張に関する記述は，朝日新聞（2003年9月10日朝刊）と各候補者の所見，演説に依拠した．なお，道路4公団とは，日本道路公団，首都高速道路公団，阪神高速道路公団，本州四国連絡橋公団を指し，郵政3事業とは，郵便貯金，簡易保険，郵便を指す．

された．小泉は細かな点にまで指示を出し，詳細な読み合わせを行っていたとされ，作成過程に「政策丸投げ」というイメージは当たらないという．

10月に開催された第2回政権公約策定委員会において，政権公約の「7つの宣言」(後述)が了承され，続いて開催された第3回の同委員会においては，政権公約の素案が示された．その後，武部と各部会長との意見調整を経て，第6回の政権公約策定委員会において確定された原案を政調審議会と総務会が了承し，自民党の政権公約である「小泉改革宣言」が日の目を見ることになった(以上，西尾・飯尾，前掲論文)．

政権公約の策定作業と総裁選が連動したことは事実であるが，政権公約は総裁選における小泉の公約に直接的に依拠して作られたわけではないことに注意が必要である．繰り返しになるが，政権公約の策定作業は総裁選の前から始まっており，その際に参照された文書は党大会で採択された党運動方針と経済財政諮問会議が発表した「経済財政運営と構造改革に関する基本方針(骨太の方針)」であった．いずれの文書にも党総裁であり首相でもある小泉の理念が反映されており，結果として，政権公約と総裁選における小泉の公約との整合性が確保されたといえる．その事実は政権公約の策定作業と総裁選は関係がないということを示すわけではない．総裁選の当選者が小泉でなかった場合，それまで積み重ねられてきた政権公約の策定作業は振り出しに戻ったはずである．なぜなら，小泉とほかの候補者の主張には大きな違いがある以上，新しい総裁の意向を反映して政権公約を作り直す必要に迫られたと予想されるからである．

最後に，政権公約の内容を簡単に紹介し，小泉の公約が取り入れられているか確認する．「小泉改革宣言」と題された政権公約はA4版で46ページに及ぶ分量があり，「日本の明るい未来」(宣言1)，「国民の安全」(宣言2)，「簡素で効率的な政府」(宣言3)，「経済を活性化」(宣言4)，「国の基本を見直し」(宣言5)，「国益に沿った外交」(宣言6)，「日本を変えます」(宣言7)という7つの宣言から構成されている．内容面では，「官から民へ」(宣言3)，「デフレに勝ち抜く日本へ」(宣言4)，「行政の役割を変える」(宣言3)，「安心できる社会保障制度を」(宣言1)，「安全な国の復活」(宣言2)，「国から地方へ」(宣言3)，「信頼される国際国家の一員に」(宣言6)，「人間力を高める教育改革」(宣言5)，「新しい憲法草案をつくる」(宣言5)，「自民党が日本を変える」(宣言7)，以上10の項目にまたが

るものである[15].

　総裁選の対立争点になった政策について見ると，宣言3の「簡素で効率的な政府」の最初に郵政事業の民営化，次いで道路公団の民営化と，小泉の主張が立て続けに配されている(「官から民へ」)．郵政民営化が争点となった2005年総選挙における混乱の予兆がすでにあったといえる．また，公的部門をリストラし，公的債務を削減，2010年代初頭のプライマリー・バランスの黒字化を達成するとあり(「官から民へ」「行政の役割を変える」)，財政政策についても，小泉の公約と一致する．政権公約に記載される内容は合意争点の割合が高く，網羅的なものであるが，総裁選における対立争点については，すべて当選者の公約が反映されている点が重要である．

　以上，自民党における政権公約の策定過程について，同時期に実施された総裁選との関連に注目して説明した．政権公約が総裁選における当選者の公約と矛盾しないように作られていたのが特徴といえる．ただし，以降のマニフェストの作成過程がすべてこれに準ずるわけではない．同じ小泉総裁の下でも，2005年総選挙のマニフェストは以前のものから未実現の公約を引き継ぎ，新たに政調部会から積み上げられたものが加えられた．2003年の事例とは異なり，直前に総裁選が実施されたわけではなく，それとの連動が見られないのも当然である．とはいえ，かつての選挙公約のような単なる積み上げではなく，マニフェストに残るべき公約の取捨選択は党執行部(柳沢伯夫政調会長代理)に委ねられており，総裁の選好から離れることはなかったことを指摘しておきたい．

2.2. 民主党

　自民党との比較における民主党のマニフェスト(政権公約)作成過程の特徴は，党首選出とは関係なく進行した点である．民主党の代表選は前年の暮れ，2002年12月の鳩山由紀夫代表の辞任を受け，国会議員を有権者として実施された．その結果，菅直人が岡田克也を破って当選し，マニフェストも菅代表の下で作

[15) 項目の記載順序は自民党のホームページにおける政権公約の発表にしたがった(番号が振られている)．総裁選の対立争点を含む「官から民へ」と「行政の役割を変える」が上位に来ている点が興味深い．

成されることになった．

　民主党におけるマニフェストの歴史は2003年総選挙以前にさかのぼることができる．一部の議員には，海外調査を通じて，イギリス流のマニフェストを日本に持ち込もうとする考え方が以前からあった．2003年4月の統一地方選挙におけるマニフェスト運動の広がりもあり，総選挙においてマニフェストを提示し，選挙を戦うという戦略を民主党は試みることになった．前小節で紹介した自民党における政権公約作成の動きは民主党に触発された部分も大きい．

　その日本初を目指して作成された民主党のマニフェストであるが，2003年の初頭に枝野幸男政調会長を中心として，会長代理と副会長を含む総選挙政策準備委員会が立ち上げられ，作業が開始された．しかし，関係者が通常国会後半における有事法制への対応に忙殺されたこともあり，マニフェスト作りはそれを待つ形となった．その間，政調の事務方によって過去の選挙公約や各部門で蓄積されてきた政策文書を整理する作業が進められた．

　その一方で，江田五月参議院議員を委員長とする選対本部企画委員会が設置され，総選挙に向けた戦略や戦術が練られることになった．コンサルタント会社を活用して，世論調査を実施し，それにもとづいて菅代表のイメージを作り，マニフェストのテーマを探っていった．その結果，初夏の頃までには「つよい日本をつくる」と「安心できる社会のために」というマニフェストのコンセプトが定まり，菅代表の力強いイメージが打ち出されることになった．

　さて，政策調査会を中心とする作業に話を戻すと，総選挙政策準備委員会はマニフェスト準備委員会に衣替えして，仕切り直すことになった．総選挙が近くなると衆議院議員が多忙となるため，事務局長に参議院の福山哲郎議員，事務局次長には大塚耕平議員や松井孝治議員という布陣であった．そして，事務方によって整理された政策のなかから適切なものを選び出す一方，ネクスト・キャビネットの大臣を責任者とする各部門会議から目標と期限，財源を明示できるものを挙げてもらい，漏れがないように作業が進められた．この作業は8月上旬に予定されていた党の全国研修会を目処とするものであった．この場では地方組織の声も聞きながら，マニフェストとは何かを周知させていくことになった．

　そして，お盆休みには主要幹部が集まり，政調を中心に積み重ねられてきた

政策案と選対において行われてきたマニフェストのコンセプト作りの調整が行われたが，具体的に詰め切れないまま時間切れとなった．それから，党内における意見調整なども経ながら，9月18日には「マニフェスト第1次案」が公表され，24日の両院議員総会でも了承された．

10月5日には民主党と自由党が合併し，マニフェストにおける重点公約である「5つの約束，2つの提言」が発表された．この重点公約は当初は7項目からなるものであり，菅代表と小沢一郎自由党党首，田中康夫長野県知事の折衝によって改変されたという経緯がある．しかし，基本的には民主党の政策を自由党が受け入れることを前提とする合併であり，自由党の「日本一新11法案」の内容もすでにマニフェストに反映されていた．

さらに，仙石由人衆議院議員を委員長とする政権準備委員会で議論が進められていた政権獲得後の改革プランがマニフェストにつけ加えられ，10月17日には完成版が発表された．

上記のような作成過程を経た結果，民主党のマニフェストの冊子は「5つの約束，2つの提言」「民主党ビジョン」「新しい政府の確立に向けて」「マニフェスト」の各項目から構成されることになった．冒頭の「5つの約束，2つの提言」は「脱官僚宣言」と銘打たれた民主党の「政権政策」であり，「民主党ビジョン」はマニフェストの概要，「新しい政府の確立に向けて」は政権獲得後の改革プランにそれぞれ該当する．最後の「マニフェスト」は各論を詳述しており，「民主党ビジョン」には各論の該当箇所が示されている．

「5つの約束，2つの提言」の内容であるが，ひもつき補助金の全廃，政治資金の全面公開，道路公団廃止と高速道路無料化，国会議員定数と公務員人件費の1割削減，川辺川ダムなどの公共事業中止(以上，5つの約束)，消費税の年金目的税化，小学校30人学級の実現(以上，2つの提言)が，いずれもマニフェスト各論に明記されている．しかし，その選択基準や「ビジョン」との関係は必ずしも明確ではない．

この「約束，提言」は小沢自由党党首や田中長野県知事からの要望を菅代表が受け止めたものであり，政調を中心に下から積み上げられてきたマニフェストの作成作業とは異なる経緯で盛り込まれた性格が反映されている．2005年総選挙向けのマニフェストは「8つの約束」と「500日プラン」「マニフェスト

政策各論」，2007年参院選向けのマニフェストは「3つの約束・7つの提言」と「マニフェスト政策各論」という[16]，よりシンプルな構成になっており，最初のマニフェストの異例さが際立つ．

また，高速道路無料化は菅のイニシアティブによるものである．「ビジョン」においても冒頭で取り上げられており，代表の意向が反映されているといえる．さらに，選挙期間中には「追加マニフェスト」と「人事マニフェスト」が発表された．後者は政権を獲得した場合の閣僚名簿であり，田中長野県知事や榊原英資慶應義塾大学教授，山﨑養世氏などの民間人の登用が強調された．これも菅の強い意向によるものとされる（以上，西尾・飯尾，前掲論文）．

以上，民主党におけるマニフェストの作成過程を概観してきた．コンサルタント会社の活用によってコンセプトが作られ，菅代表（加えて小沢党首と田中知事）の意向がトップ・ダウン式に反映されることもあったが，マニフェストの本体といえる各論の作成は，むしろ政調を中心とするボトム・アップ式によるものであった．その際，作業の出発点となったのは過去の政策文書であり，少なくとも院内政党における合意にもとづいている点が重要である．

このようにして見ると，2003年総選挙のマニフェスト作りにおいて，自民党と民主党には大きな違いがあることが分かる．前述のとおり，自民党の場合，総裁選における候補者間の政策的な競合が展開され，その勝者にはマニフェスト策定への関与が認められた．政権公約は権力闘争の産物といえる．一方の民主党は，党員投票を伴う選挙によって選ばれた代表の公約がマニフェストの方向性を決定するというメカニズムを欠いていた．そのため，下からの積み上げ方式によるものが中心となったといえる．

3. 選挙公約の実証分析

第1節においては，党首選出過程の民主化がもたらす政策的なインパクトについて理論的に検討してきた．その結果，党首選出過程の民主化に伴い，党の集合的な利益を守る役割を任される執行部と個別利益を追求する議員との間に

---

16) 参院選の公約であるから，政権移行プランは含まれない．

は政策的な分業関係が発生する可能性を予想した．また，第 2 節においては，党の集合的な利益が党首選を通じて定義される場合，それはマニフェストに表現されることを示した．

本節では，党のマニフェストと議員の公約の分業関係について検証する．ここまでの議論が正しいならば，マニフェストは議員の公約よりも集合的な利益に重点を置き，議員の公約はマニフェストよりも個別的な利益に重点を置くはずである．両者の間には政策的な志向の違いが観察されなければならない．また，その傾向は党員投票の実施を通例とする政党により強くあらわれるはずである．つまり，民主党よりも自民党の方が政策的な分業関係は明瞭と予想される．

以下では，2003 年衆院選のマニフェストと候補者の選挙公報の分析を行う．ここで利用するのは，自民党と民主党を対象とする政策分野，政策内容の言及割合のデータ・セットである[17]．

3.1. マニフェストと候補者平均の比較

表 6-1 は 2003 年総選挙における自民党と民主党のマニフェストと，選挙公報に記載された両党候補者の公約をそれぞれ分析し，政策分野ごとにどれだけ言及しているか，その割合を比較したものである．

一見して分かるように，マニフェストと候補者の差は相当に大きい．2 ％ 以上の差がある分野に限定すると，自民党では，「内閣」「大蔵」「労働」「通産」についてマニフェストの方が多く，「厚生」「農水」「運輸」「建設」「政治」「その他」については候補者公約の平均の方が多い．民主党では，「内閣」「安全保障・外交」「大蔵」「労働」についてマニフェストの方が多く，「文部・科学技術」「建設」「政治」「その他」については候補者公約の平均の方が多い．また，マニフェストと候補者公約の平均の差の絶対値を取り，合計すると，自民党の方が民主党よりも大きな数値となる（54.9 ％ ＞ 42.8 ％）．すなわち，マニフェストと候補者平均の相違は，自民党の方が民主党よりも大きいといえる．

分野を構成する政策内容ごとにより細かく見る[18]．まず，自民党については

---

17) 作成方法及びコード表については，第 3 章 2.1 節と同章の補遺を参照．
18) 第 3 章の脚注 14 で説明したように，「〇〇所管事項」とされている政策内容は，当該政策分野における残余の政策内容を含むカテゴリーである．

表 6-1 2003 年総選挙におけるマニフェストと候補者公約の言及割合：政策分野別

	自民党			民主党		
	①マニフェスト	②候補者	差①-②	①マニフェスト	②候補者	差①-②
内閣	20.3%	9.6%	10.7%	14.6%	8.9%	5.7%
自治	11.7%	11.9%	−0.2%	9.9%	11.0%	−1.1%
安全保障・外交	6.4%	4.7%	1.6%	11.2%	3.9%	7.3%
大蔵	11.5%	4.3%	7.3%	8.4%	5.7%	2.8%
文部・科学技術	9.8%	9.9%	−0.1%	4.7%	6.7%	−2.0%
厚生	8.8%	13.3%	−4.5%	11.5%	12.4%	−0.8%
労働	5.5%	3.2%	2.3%	6.8%	4.5%	2.3%
農水	2.1%	4.8%	−2.7%	3.2%	3.8%	−0.6%
構造改革	0.7%	1.8%	−1.1%	0.0%	0.5%	−0.5%
通産	11.5%	6.6%	4.9%	6.5%	4.8%	1.7%
運輸	0.9%	3.1%	−2.2%	0.6%	1.1%	−0.5%
郵政	1.2%	0.5%	0.7%	1.9%	0.4%	1.6%
建設	3.1%	6.6%	−3.5%	6.5%	8.8%	−2.3%
環境	3.3%	4.2%	−1.0%	2.9%	3.2%	−0.3%
政治	0.5%	3.8%	−3.3%	5.7%	14.3%	−8.6%
その他	2.8%	11.6%	−8.9%	5.4%	10.0%	−4.7%
差①-②の絶対値の合計			54.9%			42.8%

②候補者は平均値．公約の分析対象は 47 都道府県における自民党と民主党の立候補者

(表6-2a)，「内閣」の下位カテゴリーである「行政改革」については，マニフェストが 8.6% も割いている一方，候補者による言及割合の平均値は 2.1% とはるかに及ばない．同じく「地方財政」について，マニフェストの言及割合は 2.1% であるが，候補者の平均的な言及割合は 0.6% に過ぎない．「大蔵」では，下位カテゴリーの「金融行政」への言及割合がマニフェストでは 4.8%，候補者の平均値は 0.7% に過ぎない．同じく「財政改革」ではマニフェストの 4.5% に対して，候補者の平均値は 1% である．「通産」の「規制緩和」では 1.2%分，「厚生」の「医療」では 1%分，マニフェストの方が候補者の平均値より多く割いている．しかし，同じく「厚生」の「福祉サービス」においては，マニフェストの 0.3% に対して，候補者は平均で 2.8% も言及している．同じく「年金」では 1.6%，「社会保障全般」では 1.5%，平均してマニフェストより多く割いている．この傾向は「内閣」の「景気対策」(3.5%差)，「自治」の「地域振興」(1.8%差)，「農水」の「農業振興」(2.3%差)，「運輸」の「陸運」(1.2%差)，「建設」の「道路整備」(1.9%差) など，選挙区への利益誘導と関連が深い分野でも見て取れる点が興味深い．また，「文部・科学技術」の「教育環境」

表 6-2a 2003年総選挙における自民党マニフェストと候補者公約の言及割合：政策内容別

分野	内容	マニフェスト	候補者平均	差	分野	内容	マニフェスト	候補者平均	差
内閣	情報公開	0.7%	0.0%	0.7%	大蔵	大蔵所管	0.0%	0.1%	−0.1%
	NPO	0.3%	0.5%	−0.1%	文部・科学技術	教育環境	3.6%	4.8%	−1.2%
	憲法	0.5%	0.5%	0.0%		教育内容	2.1%	2.9%	−0.8%
	人権	0.7%	0.1%	0.6%		スポーツ	0.5%	0.3%	0.2%
	社会進出	1.5%	0.7%	0.8%		文化芸術	0.9%	0.7%	0.2%
	景気対策	0.9%	4.3%	−3.5%		文化交流	0.0%	0.1%	−0.1%
	行政改革	8.6%	2.1%	6.5%		原子力	0.7%	0.0%	0.7%
	行財政改革	0.0%	0.4%	−0.4%		科技所管	1.9%	0.9%	1.0%
	内閣所管	7.1%	1.0%	6.0%		文部所管	0.2%	0.3%	−0.1%
自治	地方分権	1.7%	2.1%	−0.4%	厚生	介護	0.7%	1.5%	−0.8%
	地域振興	1.4%	3.2%	−1.8%		医療	3.6%	2.7%	1.0%
	地方財政	2.1%	0.6%	1.4%		年金	1.4%	2.9%	−1.6%
	住民投票	0.0%	0.0%	0.0%		福祉サービス	0.3%	2.8%	−2.4%
	首都機能	0.0%	0.1%	−0.1%		福祉施設	0.5%	0.6%	−0.1%
	防犯対策	3.3%	4.0%	−0.8%		地域福祉	0.0%	0.1%	−0.1%
	自治所管	3.3%	1.8%	1.5%		社会保障	0.9%	2.3%	−1.5%
安全保障・外交	日米安保	0.3%	0.2%	0.1%		保障負担	1.0%	0.2%	0.9%
	自衛隊	1.0%	0.2%	0.8%		ゴミ処理	0.0%	0.2%	−0.2%
	核軍縮	0.0%	0.1%	−0.1%		厚生所管	0.3%	0.1%	0.3%
	国際安保	0.0%	0.2%	−0.2%	農水	農業振興	0.5%	2.8%	−2.3%
	地域安保	0.0%	0.1%	−0.1%		米価	0.0%	0.0%	0.0%
	基地	0.0%	0.1%	−0.1%		食糧自給	0.3%	0.7%	−0.3%
	非軍事	1.0%	0.3%	0.7%		食品安全	0.9%	0.8%	0.0%
	国連外交	0.0%	0.1%	−0.1%		農業補償	0.0%	0.1%	−0.1%
	外務所管	3.3%	2.5%	0.7%		農業新技術	0.0%	0.1%	−0.1%
	安保他	0.7%	0.9%	−0.2%		農村生活環境	0.0%	0.1%	−0.1%
大蔵	消費税	0.2%	0.1%	0.0%		農水所管	0.3%	0.2%	0.1%
	所得税	0.2%	0.0%	0.1%	労働	雇用対策	3.5%	2.6%	0.9%
	土地税制	0.2%	0.1%	0.1%		労働時間	0.0%	0.0%	0.0%
	法人税	0.2%	0.1%	0.1%		労働支援	0.3%	0.4%	−0.2%
	税その他	0.0%	0.4%	−0.4%		育児休業	0.5%	0.1%	0.4%
	税制改革	0.9%	0.5%	0.3%		労働所管	1.2%	0.1%	1.1%
	財政改革	4.5%	1.0%	3.5%	構造改革	小泉構造改革	0.0%	1.0%	−1.0%
	融資預金	0.7%	1.1%	−0.4%		構造改革一般	0.0%	0.7%	−0.7%
	金融行政	4.8%	0.7%	4.1%		構造改革特区	0.7%	0.2%	0.5%

分野	内容	マニフェスト	候補者平均	差	分野	内容	マニフェスト	候補者平均	差
通産	規制緩和	1.7%	0.6%	1.2%	環境	公害対策	0.0%	0.1%	−0.1%
	補助金	0.0%	0.0%	0.0%		周辺環境	0.7%	1.0%	−0.3%
	新産業	0.9%	1.1%	−0.2%		地球環境	0.3%	0.6%	−0.3%
	独禁政策	0.7%	0.0%	0.7%		環境施策	1.2%	1.5%	−0.3%
	不況業種	0.0%	0.0%	0.0%		省エネ・リサイクル	0.9%	0.7%	0.1%
	経済構造	0.0%	0.4%	−0.4%		環境所管	0.2%	0.3%	−0.1%
	物価	0.0%	0.1%	−0.1%	政治	選挙制度	0.0%	0.0%	0.0%
	貿易摩擦	0.0%	0.0%	0.0%		議員定数	0.0%	0.2%	−0.2%
	新エネルギー	0.9%	0.2%	0.7%		政治倫理	0.0%	0.3%	−0.3%
	通産所管	7.4%	4.3%	3.1%		政権	0.0%	0.4%	−0.4%
運輸	陸運	0.0%	1.2%	−1.2%		党改革	0.3%	0.6%	−0.2%
	海運・港湾	0.0%	0.2%	−0.2%		国会改革	0.0%	0.0%	0.0%
	航空・空港	0.2%	0.5%	−0.4%		首相公選	0.2%	0.1%	0.1%
	観光施策	0.7%	1.1%	−0.4%		政治改革	0.0%	2.1%	−2.1%
	運輸所管	0.0%	0.1%	−0.1%	その他	生活	0.2%	0.7%	−0.5%
郵政	郵政事業	0.5%	0.1%	0.4%		社会	0.2%	1.3%	−1.2%
	通信放送	0.7%	0.4%	0.3%		高齢化	0.3%	1.7%	−1.3%
	電気政策	0.0%	0.0%	0.0%		日本	0.7%	3.4%	−2.7%
	郵政所管	0.0%	0.0%	0.0%		国家	0.3%	0.9%	−0.5%
建設	公共事業	0.5%	1.1%	−0.6%		平和	0.2%	0.4%	−0.2%
	道路整備	0.0%	1.9%	−1.9%		民主主義	0.0%	0.0%	0.0%
	公園	0.0%	0.1%	−0.1%		国際化	0.0%	0.1%	−0.1%
	住宅	0.2%	0.1%	0.1%		論理型	0.7%	0.4%	0.3%
	国土行政	0.0%	0.2%	−0.2%		非論理型	0.2%	2.7%	−2.5%
	災害対策	1.2%	1.2%	0.0%		差の絶対値の合計			84.9%
	都市計画	0.7%	1.5%	−0.8%		分析対象は自民党の小選挙区候補者			
	建設所管	0.5%	0.5%	0.0%					

では1.2%,「政治」の「政治改革」では2.1%, 平均すると候補者はマニフェストより多く割いている.

同様に民主党についても政策内容別に見ると(表6-2b),「内閣」の「行政改革」ではマニフェストの言及割合が4.4%, 候補者の平均値が2.9%であり, 自民党ほどではないが, 差が見受けられる.「安全保障・外交」の「自衛隊」への言及割合は, マニフェストが1.9%に対して, 候補者平均はわずか0.1%であ

表 6-2b 2003年総選挙における民主党マニフェストと候補者公約の言及割合：政策内容別

分野	内容	マニフェスト	候補者平均	差	分野	内容	マニフェスト	候補者平均	差
内閣	情報公開	0.2%	0.1%	0.0%	大蔵	大蔵所管	0.0%	0.1%	-0.1%
	NPO	1.1%	0.6%	0.5%	文部・科学技術	教育環境	3.2%	5.1%	-1.9%
	憲法	0.3%	0.4%	0.0%		教育内容	0.0%	0.9%	-0.9%
	人権	1.6%	0.8%	0.8%		スポーツ	0.0%	0.0%	0.0%
	社会進出	0.3%	0.4%	0.0%		文化芸術	0.0%	0.4%	-0.4%
	景気対策	2.8%	2.7%	0.1%		文化交流	0.0%	0.1%	-0.1%
	行政改革	4.4%	2.9%	1.5%		原子力	0.6%	0.0%	0.6%
	行財政改革	0.2%	0.1%	0.0%		科技所管	0.3%	0.1%	0.3%
	内閣所管	3.7%	1.0%	2.8%		文部所管	0.5%	0.1%	0.4%
自治	地方分権	1.6%	2.3%	-0.6%	厚生	介護	0.8%	0.7%	0.1%
	地域振興	0.6%	2.2%	-1.5%		医療	4.4%	1.9%	2.5%
	地方財政	2.8%	3.2%	-0.4%		年金	2.8%	4.7%	-1.9%
	住民投票	0.8%	0.2%	0.6%		福祉サービス	1.8%	1.7%	0.1%
	首都機能	0.0%	0.0%	0.0%		福祉施設	1.0%	1.1%	-0.2%
	防犯対策	2.6%	2.5%	0.1%		地域福祉	0.0%	0.1%	-0.1%
	自治所管	1.5%	0.7%	0.8%		社会保障	0.0%	1.4%	-1.4%
安全保障・外交	日米安保	1.0%	0.0%	0.9%		保障負担	0.6%	0.5%	0.1%
	自衛隊	1.9%	0.1%	1.8%		ゴミ処理	0.0%	0.0%	0.0%
	核軍縮	0.0%	0.0%	0.0%		厚生所管	0.2%	0.1%	0.0%
	国際安保	1.1%	0.4%	0.7%	農水	農業振興	0.3%	1.7%	-1.4%
	地域安保	0.2%	0.1%	0.0%		米価	0.0%	0.0%	0.0%
	基地	0.2%	0.1%	0.0%		食糧自給	0.3%	0.6%	-0.3%
	非軍事	0.6%	0.6%	0.0%		食品安全	0.8%	0.7%	0.1%
	国連外交	1.1%	0.5%	0.6%		農業補償	0.6%	0.5%	0.1%
	外務所管	3.9%	1.6%	2.3%		農業新技術	0.0%	0.0%	0.0%
	安保他	1.1%	0.3%	0.8%		農村生活環境	0.0%	0.0%	0.0%
大蔵	消費税	0.5%	0.9%	-0.4%		農水所管	1.1%	0.2%	0.9%
	所得税	0.0%	0.1%	-0.1%	労働	雇用対策	3.2%	3.3%	0.0%
	土地税制	0.0%	0.0%	0.0%		労働時間	0.0%	0.1%	-0.1%
	法人税	0.0%	0.0%	0.0%		労働支援	2.3%	0.8%	1.5%
	税その他	0.6%	0.3%	0.3%		育児休業	0.6%	0.2%	0.4%
	税制改革	0.6%	0.4%	0.3%		労働所管	0.6%	0.2%	0.5%
	財政改革	3.1%	2.0%	1.1%	構造改革	小泉構造改革	0.0%	0.1%	-0.1%
	融資預金	1.9%	1.3%	0.6%		構造改革一般	0.0%	0.3%	-0.3%
	金融行政	1.6%	0.6%	1.1%		構造改革特区	0.0%	0.1%	-0.1%

第6章 不均一な選挙区範囲が政策に及ぼす影響　215

分野	内容	マニフェスト	候補者平均	差	分野	内容	マニフェスト	候補者平均	差
通産	規制緩和	0.5%	0.4%	0.1%	環境	公害対策	0.0%	0.1%	−0.1%
	補助金	0.0%	0.0%	0.0%		周辺環境	1.0%	0.8%	0.2%
	新産業	0.5%	0.6%	−0.1%		地球環境	1.3%	0.3%	1.0%
	独禁政策	0.2%	0.0%	0.1%		環境施策	0.6%	1.3%	−0.6%
	不況業種	0.0%	0.0%	0.0%		省エネ・リサイクル	0.0%	0.5%	−0.5%
	経済構造	0.0%	0.1%	−0.1%		環境所管	0.0%	0.2%	−0.2%
	物価	0.0%	0.0%	0.0%	政治	選挙制度	0.5%	0.1%	0.4%
	貿易摩擦	0.0%	0.0%	0.0%		議員定数	1.6%	1.6%	0.0%
	新エネルギー	1.1%	0.3%	0.9%		政治倫理	2.6%	3.3%	−0.7%
	通産所管	4.2%	3.3%	1.0%		政権	0.0%	3.9%	−3.9%
運輸	陸運	0.6%	0.7%	0.0%		党改革	0.0%	0.1%	−0.1%
	海運・港湾	0.0%	0.0%	0.0%		国会改革	0.0%	0.2%	−0.2%
	航空・空港	0.0%	0.1%	−0.1%		首相公選	0.0%	0.0%	0.0%
	観光施策	0.0%	0.3%	−0.3%		政治改革	1.0%	5.1%	−4.2%
	運輸所管	0.0%	0.0%	0.0%	その他	生活	1.3%	0.9%	0.4%
郵政	郵政事業	1.3%	0.2%	1.1%		社会	2.4%	3.2%	−0.8%
	通信放送	0.6%	0.2%	0.5%		高齢化	0.0%	0.3%	−0.3%
	電気政策	0.0%	0.0%	0.0%		日本	0.0%	2.7%	−2.7%
	郵政所管	0.0%	0.0%	0.0%		国家	0.2%	0.4%	−0.2%
建設	公共事業	3.4%	3.4%	0.1%		平和	0.0%	0.4%	−0.4%
	道路整備	0.0%	0.6%	−0.6%		民主主義	0.0%	0.1%	−0.1%
	公園	0.0%	0.0%	0.0%		国際化	0.0%	0.1%	−0.1%
	住宅	0.2%	0.3%	−0.1%		論理型	0.2%	0.1%	0.1%
	国土行政	0.0%	0.1%	−0.1%		非論理型	1.3%	1.9%	−0.6%
	災害対策	0.0%	0.6%	−0.6%	差の絶対値の合計				62.6%
	都市計画	0.2%	0.6%	−0.4%	分析対象は民主党の小選挙区候補者				
	建設所管	2.8%	3.4%	−0.7%					

る．「大蔵」でも，やはり自民党と同様，「財政改革」についてマニフェストによる言及割合は3.1%，候補者平均は2%，「金融行政」についてはそれぞれ1.6%，0.6%となっている．また，「労働」の「労働支援」では1.5%，「郵政」の「郵政事業」では1.1%，「環境」の「地球環境」では1%，マニフェストによる言及割合の方が多い．反対に，「自治」の「地域振興」についてマニフェストが割いた0.6%に対して，候補者の平均値は2.2%と多い．分野では大きな

差がなかった「厚生」の下位カテゴリーを見ると,「年金」では1.9%,「社会保障全般」では1.4%, 候補者平均が多いが,「医療」については2.5%, マニフェストによる言及が多い.「農水」の「農業振興」については1.4%, 候補者の平均値が上回る. また,「文部・科学技術」の「教育環境」では1.9%,「政治」の「政治改革」では4.2%, 同じく「政権」では3.9%, 候補者は平均して多く言及している. これらについても自民党と同様といえる.

表6-1の政策分野と同様に, 政策内容についても, 差の絶対値の合計は自民党の方が民主党より大きい(84.9%>62.6%). 全体を通して見ると, マニフェストは集合財に, 候補者は私的財に重点を置いており, その傾向は自民党の方が民主党より明瞭といえる.

3.2. 主成分分析

まず, 分析の便宜上, 類似性に着目して政策を再構成した(表6-3)[19].「内閣」分野は多様な内容を含んでいるので,「内閣」(情報公開, NPO, 人権, 社会進出, 内閣所管),「憲法」「景気対策」「行財政改革」(行政改革, 行財政改革)に分割した.「自治」分野は「地方行財政」(地方分権, 地方財政, 住民投票, 首都機能, 自治所管),「地域振興」「防犯対策」に,「安全保障・外交」分野は「安全保障」(日米安保, 自衛隊, 核軍縮, 国際安保, 地域安保, 基地, 安保他)と「外交」(非軍事, 国連外交, 外務所管)に,「大蔵」分野は「税財政」(消費税, 所得税, 土地税制, 法人税, 税その他, 税制改革, 財政改革)と「金融」(融資預金, 金融行政, 大蔵所管)に,「文部・科学技術」分野は「教育」(教育環境, 教育内容, スポーツ, 文化芸術, 文化交流, 文部所管)と「科学技術」(原子力, 科技所管)に, それぞれ分けた.「厚生」は「厚生」分野に「高齢化」(「その他」分野)を加えたものである.「労働」「農林水産」「構造改革」「通産」「運輸」「郵政」「建設」「環境」「政治」は政策分野と一致させている. なお,「平和」(「その他」分野)を独立のカテゴリーとして追加した.

前小節では, マニフェストと候補者公約の平均に言及割合の違いがあること,

---

[19] 第3章の組み換えとはやや異なる点に注意が必要である. 第3章では主に賛否データを用いたため, 方向性の判断が容易となるように政策内容を組み替え,「その他」を省略する必要があったが, 本小節では割合データを用いるので, それに適した再構成となった.

表 6-3 政策分野及び政策内容の再構成

	政策項目（政策分野）
内閣	情報公開，NPO，人権，社会進出，内閣所管
憲法	憲法
景気対策	景気対策
行財政改革	行政改革，行財政改革
地方行財政	地方分権，地方財政，住民投票，首都機能，自治所管
地域振興	地域振興
防犯対策	防犯対策
安全保障	日米安保，自衛隊，核軍縮，国際安保，地域安保，基地，安保他
外交	非軍事，国連外交，外務所管
税財政	消費税，所得税，土地税制，法人税，税その他，税制改革，財政改革
金融	融資預金，金融行政，大蔵所管
教育	教育環境，教育内容，スポーツ，文化芸術，文化交流，文部所管
科学技術	原子力，科技所管
厚生	厚生（分野），高齢化
労働	労働（分野）
農林水産	農水（分野）
構造改革	構造改革（分野）
通産	通産（分野）
運輸	運輸（分野）
郵政	郵政（分野）
建設	建設（分野）
環境	環境（分野）
政治	政治（分野）
平和	平和

政策分野と政策内容については，第3章補遺のコード表を参照

前者は集合財に，後者は私的財により多く言及していることを示した．このような相違の背景には，どのような構造が存在するのであろうか．たとえば，集計レベルで見ると，自民党候補者の平均的な言及割合はマニフェストよりも「農水」「建設」が多く，「内閣」は少ない（表6-1）．しかし，個々の候補者レベルでは，前者に多く言及する候補者ほど，後者には少なく言及する，ということを示す証拠とはならない．つまり，「農水」「建設」と「内閣」に対する言及割合の違いの間には「負の相関関係」が存在するのか，検証する必要がある．

そこで，個々の候補者を単位として，上記のように再構成した政策ごとに，候補者公約の言及割合とマニフェストの言及割合との差分を取り，主成分分析にて主要な次元を抽出することを試みた[20]．その結果，各政策におけるマニフェストと候補者の相違を，両党共に11の成分にまとめることができた（表6-4）．

表中の主成分負荷量の意味であるが，プラスの政策はマニフェストよりも多く言及されると同時に，マイナスの政策はより少なく言及されると解釈すればよい．

　表6-4aの自民党から検討すると，分散の8.8%を説明する第1主成分の場合，グレーの網掛けで示した「景気対策」「安全保障」「外交」「金融」がプラス，「地域振興」「農林水産」「運輸」「建設」がマイナスの方向で，それぞれ負荷量が大きい．「憲法」「行財政改革」「税財政」「厚生」「構造改革」「平和」も＋0.2以上の負荷量を示している．政策の内容を見ると，プラスが集合財，マイナスが私的財におおむね該当するため，「集合財―私的財」の次元と考えられる．候補者単位のデータからも，私的財についての言及が多い場合，集合財についての言及は少なくなる「トレード・オフ」関係を確認できる．第2主成分は分散の6.9%を説明し，「行財政改革」「地方行財政」「税財政」がプラス，「内閣」「教育」「厚生」がマイナスの方向で負荷量が大きい．「憲法」「金融」「通産」「郵政」が＋0.2以上，「科学技術」「環境」「平和」が－0.2以下の負荷量である．やや解釈が困難であるが，「行財政改革」「地方行財政」の負荷量が0.5以上と突出して高いことから，「政府のあり方―そのほか」の次元と考えられる．分散の6.7%を説明する第3主成分に目を転ずると，「外交」「構造改革」「平和」がプラス方向，「防犯対策」「労働」「通産」がマイナス方向で負荷量が大きい．「環境」「政治」が＋0.2以上，「税財政」「金融」「厚生」が－0.2以下の負荷量である．「平和」「外交」の負荷量が大きいことから，「外交―内政」の次元と解釈しておく．以下，解釈できそうな主成分について列挙すると，第4主成分は「景気対策」「地域振興」の負荷量が大きいことから，「経済対策―そのほか」の次元[21]，第8主成分は「科学技術」「通産」がプラス，「環境」がマイナスであることから，「産業振興―環境保全」の次元，第11主成分は「構造改革」「郵政」がプラスであることから，「小泉改革―そのほか」の次元

---

20)　数学的には，候補者公約とマニフェストの言及割合の差を取ったものに主成分分析を適用した結果と，差分を取らず，候補者公約の言及割合にそのまま主成分分析を適用した結果は同一となる．ここでは説明の便宜上，前者に即して説明する．

21)　「構造改革」の解釈は難しいが，「改革なくして成長なし」というキャッチ・フレーズの文脈で考えると，景気対策の1つとして捉えることもできる．「運輸」は交通網の整備が主であり，より自然に解釈できる．

表 6-4a　マニフェストと候補者公約の相違をもたらす構造の分析 (主成分分析):自民党

	1	2	3	4	5	6	7	8	9	10	11
内閣	0.140	−0.358	−0.189	−0.396	−0.128	−0.168	0.144	0.067	−0.026	−0.080	0.155
憲法	0.236	0.275	0.042	0.066	−0.309	−0.023	−0.314	−0.281	0.244	0.459	−0.073
景気対策	0.363	−0.141	−0.146	0.573	−0.083	−0.003	−0.079	0.267	0.197	0.234	−0.028
行財政改革	0.280	0.518	0.023	0.174	0.006	−0.309	−0.172	−0.152	−0.055	0.039	−0.080
地方行財政	−0.102	0.596	0.191	−0.343	0.259	0.115	−0.236	0.145	−0.033	−0.040	0.029
地域振興	−0.441	0.100	−0.041	0.467	0.092	0.039	0.042	0.296	0.201	−0.202	0.002
防犯対策	0.191	−0.165	−0.368	−0.078	−0.330	0.343	−0.051	0.096	−0.468	0.064	0.016
安全保障	0.319	−0.018	0.029	0.223	−0.438	0.361	0.067	0.192	0.113	−0.044	−0.288
外交	0.369	−0.073	0.495	−0.098	−0.147	0.196	0.065	−0.019	−0.162	0.133	0.040
税財政	0.267	0.338	−0.225	−0.015	−0.037	0.054	0.248	−0.192	0.405	−0.450	−0.203
金融	0.335	0.252	−0.295	−0.059	−0.133	0.099	0.430	−0.161	−0.100	−0.260	0.254
教育	−0.123	−0.332	−0.006	−0.040	−0.214	−0.155	−0.474	−0.235	0.246	−0.162	0.416
科学技術	−0.016	−0.209	−0.055	−0.322	−0.060	−0.248	0.230	0.427	0.470	0.209	0.124
厚生	0.268	−0.359	−0.227	0.250	0.395	−0.115	0.061	−0.169	−0.015	0.006	−0.110
労働	0.154	−0.165	−0.365	0.099	0.442	0.007	−0.245	−0.101	−0.233	0.008	−0.036
農林水産	−0.404	−0.147	0.032	0.005	0.144	−0.087	0.404	−0.158	−0.047	0.338	−0.422
構造改革	0.246	0.073	0.346	0.411	0.258	−0.123	0.176	0.210	−0.092	−0.044	0.368
通産	−0.072	0.207	−0.335	−0.310	0.331	0.392	−0.195	0.417	0.088	0.139	−0.032
運輸	−0.649	0.086	0.114	0.340	−0.125	0.091	0.075	−0.075	−0.204	−0.056	0.127
郵政	0.098	0.262	−0.097	−0.016	0.179	0.131	0.390	−0.225	0.070	0.464	0.437
建設	−0.564	0.033	−0.032	−0.026	−0.331	0.186	0.093	−0.159	0.057	0.063	0.055
環境	0.071	−0.251	0.284	−0.198	0.301	0.213	−0.004	−0.381	0.240	−0.078	−0.178
政治	0.116	0.128	0.229	−0.225	−0.171	−0.582	0.078	0.220	−0.274	−0.045	−0.210
平和	0.217	−0.222	0.644	−0.039	0.134	0.365	0.030	0.089	0.038	−0.108	0.037
説明された分散 (%)	8.8	6.9	6.7	6.6	6.0	5.4	5.1	5.0	4.6	4.4	4.3

網掛け部分は主成分負荷量が±0.3 以上

と考えられなくはない[22]．残りの第5，6，7，9，10の各主成分は解釈が難しい．

　民主党については，表6-4bのとおりである．分散の9.5%を説明する第1主成分の場合，「景気対策」「労働」「農林水産」「通産」「環境」「平和」がプラス，「行財政改革」「建設」「政治」がマイナス（「地域振興」「安全保障」「外交」「科学技術」が＋0.2以上，「教育」が－0.2以下の負荷量）と，解釈が難しい次元が出現している．第2主成分は分散の6.9%を説明し，「憲法」「税財政」がプラス，「地域振興」「農林水産」「運輸」「環境」がマイナスの負荷量を示している．「景気対策」「安全保障」「構造改革」が＋0.2以上，「教育」が－0.2以下の負荷量であるが，自民党の第1主成分と同様，「集合財―私的財」の次元と考えられる．分散の6.6%を説明する第3主成分を見ると，「安全保障」「外交」の負荷量が大きくプラス，「景気対策」「労働」がマイナスの負荷量，0.2を閾値とすると，さらに「憲法」「運輸」「環境」「平和」(正)，「金融」「厚生」「通産」(負)を考慮に入れる必要がある．自民党の第3主成分と同様，この主成分もおおむね「外交―内政」の次元を表しているとしよう．そのほか，「構造改革」「郵政」がプラス，「環境」がマイナスの負荷量を示す第11主成分は，自民党と同様，「小泉改革―そのほか」の次元と考えられる．残念ながら，第4，5，6，7，8，9，10の各主成分は解釈が難しい．

3.3. 回帰分析

　では，上記の分析で明らかになったマニフェストと候補者公約の違いの背景にある構造は，どのような要因によってもたらされるのであろうか．本章の仮説によると，マニフェストに集合財のアピールを任せる一方，各候補者は個別の事情にしたがって政策を主張すると考えられる．そこで，主成分分析から得られる主成分得点を従属変数，候補者の各種属性を独立変数とする回帰分析（OLS）によってモデルを推定する．主成分得点とは，前小節で抽出された11の主成分ごとに，表6-3の各政策を合成したものである．たとえば，第1主成分得点が高い自民党の候補者は集合財に関する政策を多く言及し，この得点が

---

[22]　「教育」の負荷量もプラスであり，この政策を考え合わせると，解釈は難しくなる．また，「農林水産」の負荷量は大きくマイナスであり，そのほかの政策は曖昧である．

表 6-4b マニフェストと候補者公約の相違をもたらす構造の分析(主成分分析):民主党

	1	2	3	4	5	6	7	8	9	10	11
内閣	0.069	0.064	0.118	0.178	0.012	−0.387	0.177	0.306	−0.641	−0.138	0.014
憲法	0.189	0.498	0.277	0.004	−0.239	0.154	−0.094	−0.334	−0.305	−0.033	0.181
景気対策	0.408	0.237	−0.302	−0.247	0.247	0.223	0.083	0.286	0.088	0.004	−0.007
行財政改革	−0.519	−0.019	0.091	0.052	0.111	0.230	0.188	0.164	0.066	0.185	−0.177
地方行財政	−0.139	−0.091	0.095	−0.234	−0.197	0.249	0.436	0.451	0.240	−0.376	0.112
地域振興	0.224	−0.463	−0.012	−0.184	−0.282	−0.079	0.389	−0.111	−0.101	−0.043	0.263
防犯対策	−0.082	0.177	−0.076	0.595	0.167	−0.219	0.157	0.093	0.145	−0.319	0.064
安全保障	0.265	0.286	0.678	−0.020	0.013	0.027	0.245	−0.110	0.132	0.088	0.004
外交	0.261	0.192	0.545	0.049	0.240	−0.134	0.004	0.129	0.112	0.156	−0.238
税財政	0.099	0.565	−0.071	−0.362	−0.108	0.280	0.115	−0.190	−0.021	−0.035	−0.101
金融	0.148	0.007	−0.246	0.239	0.368	−0.104	−0.358	−0.328	−0.045	0.178	0.037
教育	−0.222	−0.247	0.190	0.270	0.120	0.384	−0.333	0.181	−0.133	0.052	0.170
科学技術	0.208	−0.029	−0.001	−0.106	0.636	0.211	−0.158	0.019	−0.090	−0.204	0.159
厚生	0.192	0.157	−0.236	0.582	−0.171	0.196	0.015	0.078	0.094	0.258	0.074
労働	0.494	0.028	−0.314	0.047	−0.306	0.018	−0.155	0.276	−0.119	0.361	0.030
農林水産	0.399	−0.404	0.022	−0.069	−0.207	0.069	−0.205	−0.222	0.287	0.021	0.027
構造改革	−0.162	0.209	0.172	0.001	−0.137	−0.182	−0.353	0.012	0.116	−0.202	0.614
通産	0.498	−0.081	−0.258	0.048	0.260	0.011	−0.072	−0.282	0.048	−0.424	−0.079
運輸	0.077	−0.433	0.211	−0.017	0.138	0.100	0.343	−0.231	−0.200	0.208	0.250
郵政	0.053	−0.018	0.101	−0.235	0.443	−0.100	−0.070	0.188	0.161	0.358	0.365
建設	−0.490	−0.151	0.143	0.226	0.020	0.374	−0.060	−0.312	−0.003	−0.054	−0.121
環境	0.316	−0.364	0.299	−0.134	0.012	0.025	−0.309	0.152	−0.260	−0.130	−0.342
政治	−0.548	0.038	−0.179	−0.383	0.082	−0.538	−0.129	−0.166	0.032	0.114	−0.094
平和	0.317	−0.137	0.276	0.233	−0.104	−0.357	−0.023	0.002	0.401	−0.023	−0.110
説明された分散(%)	9.5	6.9	6.6	6.2	5.8	5.6	5.1	5.0	4.5	4.3	4.2

網掛け部分は主成分負荷量が±0.3以上

低い候補者は私的財に関する政策を多く言及していると解釈できる．

モデルに投入する独立変数は以下のとおりである．「年齢」「当選回数」「得票率」「第1次産業比率」に加え，「新人」「中央官僚経験」「地方政治家経験」「閣僚経験」「小泉支持派閥」「民主党」の各変数は該当を1，非該当を0とするダミー変数である．なお，「当選回数」は2003年総選挙に立候補した時点の数字，「第1次産業比率」は選挙区別に就業人口割合を計算したもの，「小泉支持派閥」は2003年9月の総裁選で小泉純一郎を支持した森派，旧加藤派，山崎派，河野グループの所属議員とそのほかで分けている．当然，自民党候補者のモデルのみに投入される．「民主党」は，初当選時に民主党を党派として届け出ていた候補者とそのほかである．こちらは民主党候補者のモデルのみに投入される．データの出所であるが，「第1次産業比率」は2000年国勢調査，「小泉支持派閥」は国会便覧，そのほかは朝日新聞記事である．

まず，自民党の分析結果から検討する（表6-5a）．「集合財—私的財」次元を表す第1主成分得点を従属変数とするモデルであるが，「新人」「中央官僚経験」「第1次産業比率」の3変数が有意である．調整済みのR2乗は0.120であり，ほかの10モデルのいずれよりも高い説明力となっている．表中に記載はないが，変数間の影響力の大小を比較するために，標準化係数を示す．「新人」は−0.184，「中央官僚経験」は−0.170，「第1次産業比率」は−0.320であるから，選挙区の社会経済属性を表す「第1次産業比率」が最も大きな影響を及ぼしている．符号はすべてマイナスであるから，ほかの変数を一定とすると，新人の候補者や中央官僚の経験がある候補者，選挙区内の農林漁業従事者が多い候補者は私的財を多く，集合財を少なく言及する傾向がある．未だ強い支持を受けていないと考えられる新人候補や農村部から出馬する候補が私的財により重点を置くのは首肯できるが，官僚出身者については意外な感もある．「中央とのパイプ役」を強調した結果であろうか．次いで，「政府のあり方—そのほか」を表す第2主成分得点を説明するモデルであるが，有意な変数は「中央官僚経験」のみであり[23]，調整済みのR2乗も0.003と，ほとんど説明できていない．符号はプラスであるから，官僚出身者は行財政に多くを割いていると

---

[23] 標準化係数は0.151である．

表 6-5a　マニフェストと候補者公約の相違をもたらす構造の説明（OLS）：自民党

主成分得点	1	2	3	4	5	6	7	8	9	10	11
（定数）	0.829	0.957	−0.180	0.250	0.451	0.503	−0.904	−0.541	−0.786	−0.921	−0.513
	(0.624)	(0.660)	(0.600)	(0.664)	(0.656)	(0.626)	(0.608)	(0.648)	(0.661)	(0.638)	(0.627)
年齢	−0.002	−0.010	0.002	−0.003	0.002	−0.006	0.017*	0.008	0.013	−0.003	0.001
	(0.009)	(0.010)	(0.009)	(0.010)	(0.010)	(0.009)	(0.009)	(0.009)	(0.010)	(0.009)	(0.009)
新人	−0.581**	−0.302	0.757***	0.011	0.123	0.371	0.075	−0.054	−0.490*	0.114	0.457*
	(0.237)	(0.251)	(0.228)	(0.253)	(0.250)	(0.238)	(0.232)	(0.247)	(0.251)	(0.243)	(0.239)
当選回数	−0.068	0.016	−0.004	0.060	−0.012	0.155***	−0.054	0.029	−0.022	0.051	0.045
	(0.043)	(0.045)	(0.041)	(0.046)	(0.045)	(0.043)	(0.042)	(0.044)	(0.045)	(0.044)	(0.043)
中央官僚経験	−0.479**	0.423*	−0.317	0.168	−0.460**	0.069	−0.377*	−0.351*	−0.238	0.384*	−0.026
	(0.204)	(0.216)	(0.196)	(0.217)	(0.215)	(0.205)	(0.199)	(0.212)	(0.216)	(0.209)	(0.205)
地方政治家経験	−0.170	0.276	−0.181	−0.089	−0.246	−0.173	−0.227	−0.139	−0.351*	0.359**	0.002
	(0.169)	(0.179)	(0.163)	(0.180)	(0.178)	(0.170)	(0.165)	(0.176)	(0.179)	(0.173)	(0.170)
閣僚経験	0.270	0.171	−0.068	−0.185	−0.121	−0.426*	0.050	−0.084	0.049	−0.104	−0.358
	(0.232)	(0.245)	(0.223)	(0.247)	(0.244)	(0.232)	(0.226)	(0.240)	(0.245)	(0.237)	(0.233)
小泉支持派閥	0.052	0.098	0.090	0.034	−0.109	0.195	−0.128	0.153	−0.044	0.306**	0.075
	(0.140)	(0.148)	(0.134)	(0.149)	(0.147)	(0.140)	(0.136)	(0.145)	(0.148)	(0.143)	(0.141)
得票率	−0.038	−1.224	0.183	−0.610	−1.022	−1.536**	0.179	0.083	0.624	1.013	1.048
	(0.739)	(0.782)	(0.711)	(0.787)	(0.778)	(0.742)	(0.721)	(0.768)	(0.783)	(0.756)	(0.743)
第1次産業比率	−5.965***	−0.343	−0.107	0.553	4.215***	1.687	3.961***	−0.384	0.682	3.086**	−4.299***
	(1.358)	(1.436)	(1.306)	(1.446)	(1.429)	(1.363)	(1.324)	(1.410)	(1.438)	(1.389)	(1.366)
調整済み R2 乗	0.120	0.003	0.037	−0.027	0.027	0.069	0.048	−0.001	0.039	0.063	0.034

括弧内は標準誤差．***：p＜0.01，**：p＜0.05，*：p＜0.1．「新人」「中央官僚経験」「地方政治家経験」はダミー変数．「当選回数」は立候補時点．「小泉支持派閥」は2003年9月の総裁選で小泉を支持した森派，山崎派，旧加藤派，河野グループの所属議員．「第1次産業比率」は選挙区別の従業人口割合（2000年国勢調査）

解釈できる.「外交—内政」次元の第3主成分得点のモデルにおいては,「新人」のみが有意である[24].調整済みのR2乗は0.037と,第2主成分得点のモデルよりも高いが,よく当てはまるとはいいがたい.符号はプラスであるから,新人候補は外交マターに多く言及するといえる.「経済対策—そのほか」の第4主成分得点のモデルでは,有意な変数がなく,調整済みR2乗はマイナスであり,全く説明できていない.「産業振興—環境保全」の第8主成分得点のモデルでは,「中央官僚経験」のみ有意かつマイナスの係数を示しており[25],官僚出身者はより環境保全を訴えると解釈できる.しかし,このモデルの調整済みR2乗もマイナスであり,説明力がない.「小泉改革—そのほか」の第11主成分得点のモデルでは,「新人」「第1次産業比率」が有意であり,調整済みR2乗は0.034である.「新人」の符号はプラスであるから,新人候補は小泉改革に多くを割き,「第1次産業比率」の符号はマイナスであるから,農村選挙区の候補は小泉改革に充てる割合は少ないことになる.小選挙区制導入によって公認をめぐる党執行部の権力が拡大し,新人候補は党執行部の方針に従順となり,農村部は構造改革や郵政民営化による負の影響を多く受けるためと考えられる.標準化係数は0.151と－0.240であり,「第1次産業比率」の影響の方が大きい.なお,主成分分析の結果をうまく解釈できなかった各次元のモデルについては,表を参照されたい.

　民主党については,表6-5bのとおりである.「集合財—私的財」次元を表す第2主成分得点を従属変数とするモデルにおいて,有意な変数は「地方政治家経験」と「第1次産業比率」,調整済みのR2乗は0.095である.標準化係数は「地方政治家経験」が－0.140,「第1次産業比率」は－0.311であり,自民党と同様,選挙区の社会経済属性の影響がより大きい.符号はマイナスであるから,ほかの変数を一定とすると,地方政治家の経験がある候補者,選挙区内に農林漁業従業者が多い候補者は私的財を多く,集合財を少なく言及する傾向がある.選挙区との結びつきがより強いと考えられる地方政治家出身の候補や,選挙区が農村部である候補が,私的財により重点を置くのは自然と考えられる.

　「外交—内政」を表す第3主成分得点を説明するモデルは,有意な変数がな

---

24) 標準化係数は0.261である.
25) 標準化係数は－0.128である.

表 6-5b　マニフェストと候補者公約の相違をもたらす構造の説明 (OLS)：民主党

主成分得点	1	2	3	4	5	6	7	8	9	10	11
(定数)	0.030	0.321	−0.439	1.078	0.538	−0.231	0.058	−0.343	−0.300	−0.797	0.277
	(0.696)	(0.589)	(0.735)	(0.685)	(0.690)	(0.685)	(0.673)	(0.675)	(0.664)	(0.670)	(0.694)
年齢	0.001	−0.004	0.004	0.002	−0.002	−0.005	0.001	−0.006	−0.007	0.005	−0.015*
	(0.009)	(0.007)	(0.009)	(0.009)	(0.009)	(0.009)	(0.008)	(0.009)	(0.008)	(0.008)	(0.009)
新人	−0.210	−0.060	0.087	−0.414**	0.099	−0.056	−0.521**	0.248	0.461**	−0.122	0.202
	(0.209)	(0.177)	(0.220)	(0.206)	(0.207)	(0.205)	(0.202)	(0.203)	(0.199)	(0.201)	(0.208)
当選回数	0.077	−0.037	0.050	−0.080	0.020	0.012	−0.079	0.069	−0.002	0.156***	0.104*
	(0.061)	(0.051)	(0.064)	(0.060)	(0.060)	(0.060)	(0.059)	(0.059)	(0.058)	(0.058)	(0.061)
中央官僚経験	−0.013	−0.132	−0.044	0.403	−0.447*	0.096	−0.238	−0.025	0.487*	−0.283	0.209
	(0.266)	(0.225)	(0.281)	(0.262)	(0.264)	(0.262)	(0.257)	(0.258)	(0.254)	(0.256)	(0.266)
地方政治家経験	−0.132	−0.280*	0.161	0.203	0.024	0.145	0.033	0.115	−0.309*	0.267	0.209
	(0.175)	(0.148)	(0.185)	(0.172)	(0.173)	(0.172)	(0.169)	(0.170)	(0.167)	(0.168)	(0.174)
閣僚経験	−1.157***	−0.202	−0.307	0.356	−0.139	0.203	0.553	0.020	0.049	−1.436***	0.143
	(0.439)	(0.372)	(0.464)	(0.432)	(0.435)	(0.432)	(0.424)	(0.426)	(0.419)	(0.423)	(0.438)
民主党	0.407*	−0.134	0.076	0.003	−0.351	−0.149	0.039	0.231	−0.546**	0.706***	0.027
	(0.224)	(0.189)	(0.236)	(0.220)	(0.222)	(0.220)	(0.216)	(0.217)	(0.213)	(0.215)	(0.223)
得票率	−0.931	0.919	0.334	−1.739*	−0.030	0.989	0.576	0.627	1.695*	−0.048	0.077
	(0.994)	(0.841)	(1.049)	(0.979)	(0.986)	(0.978)	(0.961)	(0.964)	(0.948)	(0.957)	(0.991)
第 1 次産業比率	3.369**	−6.139***	−2.399	−3.653**	−3.540**	1.252	−1.138	−0.479	3.403**	−0.929	1.632
	(1.654)	(1.399)	(1.746)	(1.628)	(1.640)	(1.626)	(1.598)	(1.604)	(1.577)	(1.592)	(1.649)
調整済み R2 乗	0.033	0.095	−0.025	0.051	0.014	−0.021	0.003	−0.011	0.096	0.079	0.000

括弧内は標準誤差.　***：p＜0.01，**：p＜0.05，*：p＜0.1.「新人」「中央官僚経験」「地方政治家経験」「閣僚経験」はダミー変数.「当選回数」は立候補時点.「民主党」は初当選時の党派が民主党の候補者.「第 1 次産業比率」は選挙区別の従業人口割合 (2000 年国勢調査)

く,調整済み R2 乗も −0.025 と全く説明できていない.「小泉改革―そのほか」次元の第 11 主成分得点のモデルにおいては,「年齢」「当選回数」の両変数が有意である[26].しかし,調整済みの R2 乗は 0.000 と,このモデルも説明力がない.

むすび

第 2 部では,党首選出過程の民主化が引き起こす選挙制度不均一問題について考察してきた.本章では,その政策的な帰結について考察し,実証的に検証した.すなわち,一国を単位とする党首選挙の党員投票と分割された選挙区で行われる議会の選挙とでは,地理的な範囲が異なるため,それぞれの候補者の選好も異なるはずである.議会選挙の候補者が地元利益を重視しなければならない場合,それは顕著になると考えられる.理論的な検討によると,党の集合的な利益を守る権限を執行部に委任することにより,議員は個別的な利益の追求に専念することが可能となり,両者の間で政策的な分業が図られるようになる.この分業関係は党首選出過程の民主化が進んでいる自民党の方が民主党よりも明確であると予想される.

まず,2003 年総選挙に際してのマニフェストの作成過程を検証し,総裁選と連動することによって党執行部の意向がマニフェストの内容に影響を及ぼした自民党と,ボトム・アップのプロセスと中心とする民主党という違いを明らかにした.

その上で,政党の集合的な評価に貢献する選挙アピールと,候補者個人の個別的な評価を高める選挙アピールのバランスを検証した.マニフェストと候補者の選挙公報を分析した結果,政党のマニフェストと候補者の政策立場の平均には,集合財と私的財の分業関係が存在すること,党員投票によって党首を選ぶ慣行が定着しつつある自民党においては,民主党に比べて,この分業関係がより明確であることが確かめられた.

また,候補者単位のデータ・セットの多変量解析によって,マニフェストと

---

26) 標準化係数は順に −0.161,0.235 である.

候補者公約の相違の背景には構造が存在することが分かった.「集合財―私的財」の次元は,自民党の場合,最も説明力が大きく,民主党の場合は 2 番目となる.

さらに,主成分得点を従属変数とする回帰分析によって,マニフェストと候補者公約の相違に影響を与える要因を次元ごとに探った.「集合財―私的財」次元については,自民,民主両党共に,第 1 次産業従業者の人口割合が高い選挙区から出馬した候補者ほど,マニフェストと比較して,私的財を多く言及する傾向が判明した.

以上から,2003 年総選挙の分析に限定されるが,本章の予想をおおむね裏づける結果が得られたといえる.とくに自民党において顕著な分業関係の裏を返すと,党としての政策的な凝集性が欠けているともいえる.第 1 部の分析と軌を一にしている点が重要である.ただし,このような分業関係が明らかとなるのは,本章の第 1 節で指摘したメカニズムが十全に発揮される場合であることを留保しておく.2003 年の自民党総裁選と総選挙は特筆すべき事例かもしれず,党執行部の規律が瞬間的に極大化した 2005 年の郵政解散では分業関係の縮小が予想される.また,マニフェスト型の選挙が定着することにより,全国的な争点の影響が強くなれば,選挙制度の不均一性から生じる選好の相違も緩和されるかもしれない.したがって,ほかの国政選挙についても検証が必要であろう.いずれにしろ,首相と議員の関係は類型化と精緻化が可能であり,今後の課題としたい.

補論　イスラエルの首相公選制

最後に，世界で唯一首相公選制を用いていたイスラエルの経験を紹介する（以下，Hazan 1996；Hazan and Diskin 2000；Hazan and Rahat 2000；池田 2001；Diskin and Hazan 2002；浜中 2005）．イスラエルの首相公選制は 1992 年に導入され，1996 年，1999 年，2001 年と 3 回実施された後，廃止された．イスラエルの国会（クネセト）の選挙は比例代表制を用いて実施されるが，その名簿の第 1 位に登載された候補者に首相選挙の被選挙権が与えられ，有効投票の過半数を獲得した者が当選者となる．原則として，首相選挙とクネセト議員選挙は同時に行われる．クネセトは絶対過半数の賛成によって首相を不信任できるが，その場合はクネセトも解散となる．また，クネセトは定数の 3 分の 2 の賛成によって首相を罷免できる．その場合は首相選挙が単独で実施される（被選挙権はクネセトに議席を持つ者に限られる）．一方，首相は大統領の承認を得て，クネセトを解散できる．この場合はクネセト議員選挙と首相選挙が同時に行われる．

イスラエルの首相公選制が導入された背景には，比例代表制の効果によって政党の破片化が進んだクネセトを，2 大政党を中心に再編する目論見があったといえる．当選の可能性がある首相候補者を擁立できる政党は左右の 2 大政党のみであり，首相選挙の候補者の所属政党とクネセト議員選挙の投票先となる政党は一致すると考えられたからである．しかしながら，この目論見は現実によって裏切られた．有権者は首相選挙では国益を基準として投票する一方，クネセトの選挙では個別的な利害を優先させる分割投票を行使し，クネセトにおける小党分立状況には拍車がかかってしまった[27]．依然として議院内閣制の枠

---

27) 1996 年と 1999 年のクネセト議員選挙に際して実施された有権者調査の結果を比較すると，投票理由として，「政党の外交政策や国防政策を支持するから」という回答が減少する一方，「自らを代表する政党だから」という回答が増加している（Hazan and Diskin 2000, Table 5）．また，首相公選制の導入により，有権者は政府を選択する機会を議会の選挙のほかに得たため，議会の選挙においては自らの選好に忠実な誠実投票をするようになったという（浜中 2005）．先述のシュガートとキャリーの説明によると，大統領と議会の選挙が同時に行われる場合，前者における全国的な争点の影響が後者に及ぶとされるが，イスラエルにおいては分割投票によってその期待が裏切られたといえる．

内で政権を運営しなければならない首相の困難は極まり，この制度は放棄されることになった．

　このイスラエルの経験は，本章の議論にも示唆的である．議会の選挙制度が全国大の比例代表制であっても，それぞれ有権者の信任に依拠する首相と議員に対しては異なるマンデートが与えられ，結果として両者に政策的な分業関係を強いた．この関係はイスラエルにおいては破綻してしまったが，政党内で機能する擬似的な首相公選制とも呼べる党員投票には持続可能性があるのかもしれない．なぜなら，イスラエルの首相は連立与党をコントロールする有効な手段を持たなかったのに対して，自民党の総裁は公認権や政治資金の配分などを通じて党内規律を維持できるからである．しかし，首相が議員をバイパスして直接的に有権者に支持される仕組みは議院内閣制と相性がよくない場合があることを記憶に留めておく必要があろう[28]．

---

28)　首相公選制への賛否については，弘文堂編集部(2001)や大石他編(2002)がまとまっている．そのほかに，問題点を指摘するものとして，加藤(2003, 132-136)を参照．

終章　選挙制度改革の可能性と限界

　　　……この研究を通してわたしは選挙制度の効果を予測し，長きにわたって「条件の分析」にかかわってきたが，それはつまり，特定の憲法［constitution，筆者注］の改革——主要なものも含め——が意図された効果を「起こし」そう（もしくはそうでない）であるような条件を特定することであった．

サルトーリ（2000, 219；原典は Sartori 1996）

はじめに

　本書は主に自民党と民主党を対象として，一国内における異なるレベルの垂直的な選挙制度不均一問題を検証してきた．第1部では，国政と地方政治の選挙区定数の不均一が政党の組織と政策に及ぼす影響を分析した．第1章では，衆議院と地方議会の選挙制度の違い，双方の政治家を結ぶ組織的な紐帯について先行研究を踏まえて検討し，地方政治の固有性を確認した．続く第2章では，岩手県釜石市議会を事例として，保守系政治家間の紐帯はインフォーマルな系列関係が中心となること，地方議会の大選挙区制が政党組織の発達を抑制してきたことを検証により明らかにした．第3章では，選挙制度不均一を数理的なモデルとして一般化し，衆議院小選挙区における候補者の政策位置が系列関係を経由する地方議会の大選挙区制からの影響により収斂しない場合があることを数理的に証明した．さらに，候補者公約データを用いてモデルを計量的に検証した．
　第2部では，国政選挙と党首選挙の選挙区規模の不均一がもたらされる原因とその影響について分析した．第4章では，党首選出過程における党員投票の定着について，先行研究にもとづいて議論し，選挙制度改革の影響を指摘した．

また，自民党と民主党の党首選出過程の比較を通じて，前者においては競争的な党員投票が常態化し，選挙制度不均一が生じていることを確認した．第5章では，前章を踏まえ，両党の組織が変容したことを計量的に検証し，自民党にはより大きな変化がもたらされたことを示した．第6章では，選挙制度不均一の政策的帰結について，先行研究に依拠して検討した．その上で，マニフェストと議員の選挙公約を比較し，集合的な利益は前者に，個別的な利害は後者に反映されるという分業関係が自民党ではより明瞭であることを計量的に検証した．

異なる選挙制度を用いなければ，異なる選挙職を選ぶことはできない以上，選挙制度不均一の発生は避けられない．したがって，制度研究の課題は不均一性を解消することよりも，不均一性の存在を前提にして，制度的影響の交錯を解明することになるであろう[1]．

いずれにせよ，制度工学自体の可能性と限界について，改めて論じておく必要があるように思われる．制度工学とは，「何らかの目的を達成するための制度改革」と定義できる．2大政党間の政権交代や政策中心の選挙の実現を目指すとされた，1994年の選挙制度改革はそれに該当すると考えられる．期待される結果が得られなかった場合や，逆に想定外の作用や副作用があった場合，制度工学の観点からは，その改革はうまくいっていないという評価を下さざるを得ない．つまり，制度改革の「効果」があらわれていないという批判が可能である．また，制度改革の「目的の妥当性」も再検討を免れない．たとえば，小選挙区制の導入による2大政党化の促進は，多くの死票を生じさせるため，民意を十分に反映していないという問題点を指摘するのは容易である．さらには，「テクノクラティックであり，反民主的である」という連想から，工学的なアプローチ自体も批判の対象となり得る．

---

[1] 仮に，これらの制度不均一は部分的にでも解決されるべきものとするならば，どのような手だてが考えられるのであろうか．まず，第1部の不均一性を解消する方法としては，国会と地方議会の選挙区定数を一致させる，あるいは国会議員と地方議会議員の系列関係を解消させる，などが考えられる．また，第2部の不均一性については，国会の選挙制度として全国大の比例代表制を用いる，あるいは党首選挙と国政選挙の違いをなくすため，党首選挙には党員投票を用いないなどの制度的な工夫をすぐに思いつく．すると，これらの改革自体の是非，改革同士の整合性など，問われるべき点が新たに生じる．さらに，改革自体が政治的なモーメントを帯び，山口二郎が指摘する「改革の競り上げ」も起こり得る（山口2004他）．制度改革の不具合が新たな制度改革を求める状況を作り出すといえる．

近年における代表的な選挙制度改革批判として，まずは吉田(2009)を挙げておこう．同書の焦点はもっぱらタイトルにある「2大政党制」にあり，政治工学の目的に対する批判が主である．一方，制度改革が政策中心の選挙を実現できておらず，未だに政治腐敗の根絶に至っていないことを指摘する点は改革の効果に注目しており，有識者や政治家主導ではなく，有権者の選択による改革の必要性を主張する点は工学的な手法の問題性を強調しているようにも読める．また，村上(2010)は1980年代以降の日本における実証的な政治学の興隆を批判的に振り返りつつ，吉田以上に辛辣な筆致で工学的な手法を「ニヒリズム」として捉える．ここでも，政党政治の背後にはそれを支える政治文化があり，制度改革によって簡単に変えられないという効果の限界に関する指摘を見出せる．振り返ってみると，これらは石川他(1991)や小林(1994)によってすでに指摘されていた論点であることに気づかされる(効果の検証を除く)．彼らは「民意の代表性」に重点を置く必要性を主張しており，有権者の関与が不十分なまま，制度改革が進められることに危惧を表明していたのである．

選挙制度改革を始めとする政治改革全体を批判的に振り返るものとして，山口(2012，とくに第5章)も挙げておかねばならない．それによると，2009年の政権交代に至る政治改革の歴史においては，「政治主導」に見られるような統治形式に関心が傾斜し，(経済政策や社会政策のような)実体的政策との関連が看過されてきたという．また，中北(2012)は「マニフェストを軸とする市場競争型デモクラシーの行き詰り」の理由として，有権者のマス・メディア依存によるイメージ選挙の流布と衆参の「ねじれ国会」を挙げる．その上で，競争的な要素に傾斜し過ぎた日本の政党政治において参加の要素を強めることを主張する．

選挙制度改革の成果であった政権交代への幻滅が広がる中，これらの指摘が真剣に受け止められるのは当然である[2]．しかし，制度工学を総体として批判

---

2) 筆者は日本の政治改革の目的と現在までの成果に対しておおむね肯定的であることを付言しておきたい．曽根(2005)は政治改革を擁護する立場から，「民意の反映」という原理よりも「選挙で政府を作る」という原理を優先したのが改革の趣旨であり，それは政治的な覚悟を伴うものであったという(同論文，31)．同様の指摘をするものとしては，堀江(1993)や加藤(2003)がある．後者の第2章と加藤編訳(1998)においては，諸学説の整理を通じて主張が補強されている点にも注目したい．政治改革は統治形式に関心を偏らせがちであったかもしれないが，それは自民党一党優位支配における政権交代の欠如を克服するという，すぐれて批判的，実践的な運動だったのである．

しようとする余り，複数の側面を渾然一体に扱ってしまっている感は否めない．また，統治形式に対する関心の偏りには批判の余地があるかもしれないが，制度研究の進展を妨げるものであってはならないはずである[3]．

そこで，本章では論点を切り分けて，とくに制度改革の効果に関する研究としての側面を再検討することにしたい．もし我々がこうした研究の蓄積を十二分にしていない段階にあるならば，そもそも改革の目的が達せられるのかどうかも分からず，目的の妥当性を論じることの意義は減じられてしまう．また，研究成果の利用は「有識者や政治家」によるトップ・ダウンのアプローチに限られるものではなく，一般有権者の判断に資するように利用できるはずである．政治家が改革の効果を都合よく歪曲して喧伝することを防ぐためにも，研究を進める必要がある．制度工学的なアプローチに不備があるからといって，「たらいの水と一緒に赤子まで流す」べきでないことには異論が少ないであろう．

以下では，まず選挙制度改革の効果が自民党と民主党とで非対称に及んでいること，その原因が選挙制度不均一問題にあり，それは想定されざる効果をもたらしたことを述べた上で，現代日本政治を理解する上での意義を改めて説明する（第1節）．次いで，制度工学的なアプローチ一般について，研究上の可能性と限界について論じる（第2節以降）．制度工学に伴う理論的な障害を乗り越えるための工夫を示す一方，依然として存在する検証の困難さ，政治という領域の固有性と改革の方向性を最後に指摘する．知的な謙虚さに裏打ちされた探求と実践の重要性を提示して，本書の結論に代える．

1. 選挙制度改革における予測の難しさ

本書では自民党と民主党の組織的な特徴を対比させつつ，比較的に大きな地

---

[3] 筆者は日本の政党政治を「制度改革の効果」のみから理解しようとしてきたわけでは決してない．別稿では，民主党がいかなる意味で自民党とは異なる政治的な選択肢になり得ているか明らかにするために，「小選挙区制に対する政治家の合理的な対応」という視点だけでは不十分であり，政党の地方組織や有権者との関連まで含めて，その組織と政策を理解する必要があることを主張している（上神・堤 2011）．中北（2012）の現状分析におおむね異論がなく，処方箋としての党内民主主義の活性化にも同意する．ただし，比例代表制の導入が参加民主主義を促進するとの同書の見解はにわかには首肯しがたい．とくに連立政権の形成と運営はエリート主導のもの以外にはなり得ないのではないかと考えるからである．

方組織を抱える前者が2つの垂直的な選挙制度不均一問題に直面することを説明してきた．これらは自民党にとっての「ハンディキャップ」といえる．選挙制度の不均一性は選挙制度改革において十分に検討されてこなかったので，この改革との関係を中心に2009年9月の総選挙における自民党の歴史的敗北を論じることから始めたい．

　繰り返しになるが，選挙制度改革の背後にある理屈を簡潔に表現すると次のようになろう．中選挙区制では1つの選挙区から複数の当選者が出るため，単独過半数の議席の獲得を目指す，自民党のように規模の大きな政党は，複数の候補者を擁立する必要に迫られる．その結果，同一政党の候補者間の競争は政党単位ではなく候補者単位のものとなり，政党の政策よりも候補者の選挙区サービスをめぐるものとなってしまう．当選者が1名である小選挙区制を導入すれば，このような問題を解決できるはずである．また，野党にとっても，中選挙区制では単独で同一選挙区に複数の候補者を擁立することが困難であるだけではなく，複数の政党間の選挙協力も難しくなるため，野党勢力の結集は容易ではなく，政権交代が起きにくい状況となってしまう（曽根2005；飯尾2007, 187-201）．このような状況も，小選挙区制の導入によって打開できるものと考えられた．

　結果的には，自民党に対抗する勢力が民主党に結集し，2009年総選挙では政権交代が実現した．また，2003年総選挙における民主党のマニフェスト導入をきっかけに，ある程度までは政策中心の選挙に向けた動きが前進したと考えられる．したがって，改革の目的は達せられたようにも思われたが，2012年総選挙で民主党は議席を大きく減らし，政権を失った．政治改革の帰結に対する有権者の評価は厳しいものとなったが，そのすべてが予想の範囲内であったわけではない．

1.1. 不均一な選挙制度がもたらす非対称的な効果

　政権交代可能な2大政党制，政党が主体となる政策中心の選挙というテーゼは，自民党長期政権における政策不在，候補者中心の選挙に対するアンチテーゼとして掲げられてきた側面が強く，とくに1980年代後半以降の政治改革運動における中心的なテーマであった．こうした時代の要請に応えようとしたの

が民主党であり,いいかえると,このような「大義」を味方につけることにより,民主党は政治的な正統性を獲得してきたといえる.

　それでは,なぜ民主党はこのようなテーゼを掲げ,マニフェストに依拠するさまざまな政策を実施しようとしたのであろうか.マニフェストを策定し,それを実施していくためには,政策的な凝集性の高い政党の存在が求められるはずである.逆説的であるが,民主党はさまざまな政党出身の政治家を内包しており,利益の多様性を指摘されることも多い(上神・堤編 2011).消費税の増税やTPP(環太平洋パートナーシップ)協定の交渉参加をめぐって,党内の対立が激化し,党が分裂もした.しかし,選挙を重ねることによって初当選時から民主党の議員が増えており,出身の違いは相対化されつつある.さらに重要なことに,利益の多様性は組織構成(とそれに付随する選挙制度不均一問題)に根を持つものではない.消費税やTPPについていえば,選挙基盤の弱い1年生議員を中心に,不人気であるから反対を表明していたに過ぎず,世論(と彼らが解釈するもの)の動向次第では態度がどうにでも変わったはずである.つまり,民主党内における政策対立は構造的なものではない.選挙制度不均一に起因する,異なる選好を持つアクターを内部に抱える自民党と比べると,民主党の方が新たな政治の仕組みに適応しやすかったと考えられる.

　選挙制度不均一以外の要因としては,政党に対する忠誠の衰退と選挙運動技術の発展を挙げることができる.このような変化は,確固とした党組織を持たない民主党の不利を小さくしたといえる.党員や活動家に依存する伝統的で労働集約的な選挙運動に代わり,世論調査やマス・メディアを駆使する資本集約的な選挙運動が主流になったことも重要である(こうした技術の変化に焦点を当てた類型論の典型としては,専門職的選挙政党モデルが挙げられる).民主党のメディア戦略について論じる紙幅は残されていないが,発達した党組織を持たない民主党にも利用可能な手段が存在するという意味において,状況が改善されたといえよう.

　序章で説明したように,大衆政党から包括政党,専門職的選挙政党,カルテル政党へという政党組織の変容を指摘する発展論的な立場によると,党員や活動家から構成される院外組織は弱体化の一途をたどるはずである.この点は無党派層の増大を指摘する政党脱編成論とも軌を一にしており,政党支持と政党

組織の衰退は実証研究によっても裏づけられている(Dalton and Wattenberg eds. 2000). したがって，自民党と民主党の組織力の格差は長期的には縮小すると予想され，2009年総選挙における自民党の敗北を組織力の衰退の結果と考えることもできる．市町村合併による地方議会の定数削減の影響も否定できない(斉藤2010)．自民党が民主党の組織モデルに近づくことにより，自民党における選挙制度不均一の影響が軽減される可能性もある．

本書は自民党と民主党の組織的特徴の違いに注目してきたが，この見地に立つことにより，政治改革という日本固有の要因と政党組織の衰退という各国共通の要因が，双方とも自民党よりも民主党に有利に働いたと考えられる．歴史の後知恵によると，このような変化は起こるべくして起こったように思える．しかし，従来の議論において，改革の非対称的な効果は見過ごされてきたポイントのように思われる．

1.2. 現代日本政治を理解する上での意義

長年，政権交代可能な政党制が希求されてきたことから，(少なくとも当初)民主党を中心とする連立政権の成立は好意的に評価されていた．しかし，選挙制度不均一とそれがもたらす影響に注目してきた本書の視点からは，いくつかの問題点も見えてくる．そこで，この新しい政治の仕組みにおいて，上記の自民党と民主党の違いが持つ意味についても検討しておく．

まず，政治の本質が「主体の複数性と政治的統合」にあるならば(佐々木2009)，民主党はその任に耐えられるのか楽観を許さない．自民党は官僚制を含む各種のネットワークを利用して，多様な利益を党内に包摂することにより，政党の本来的任務の1つである利益集約機能を果たそうとしてきたといえる．一方の民主党はどうであろうか．その組織的な特徴から，党内における主体の複数性が選挙制度と結びつかないため，これらを統合するために必要な政治的負荷は必ずしも大きくない．しかし，政権の座にあっては，なお社会に存在するさまざまな利益を統合する必要があり，むき出しの権力に訴えることになりはしないかという危惧をぬぐえない．

また，民主党が政権交代に至る過程で主張してきた新しい政治の仕組みの核心は有権者による選挙を通じた権力の創出と統制であり，有権者自身による統

治よりも代表者の選出を重視するシュンペーターやダウンズの構想する民主主義に近い(Schumpeter 1950,邦訳の第22章；Downs 1957)．とくに後者の前提条件は容易に識別される政策的なアイデンティティーを確立している政党の存在である．政治家達が党内で異なる主張をするようでは，有権者は曖昧でまとまりのない政策間の選択を迫られることになってしまう．そこで，政党は極めて強力な政策規律を発揮するか，政治的統合の必要性自体が小さくなるように，党内における多様性を回避する必要がある．つまり，選挙を通じた民主主義が党内における「非民主主義」によって支えられるという逆説が生じてしまう．

　この問題は「拒否権プレイヤー」をめぐる議論を援用して，異なる観点から考察することができる．政策決定において拒否権を持つアクター(拒否権プレイヤー)の数が多く，それらの間の政策的な距離が遠いほど，政策を現状維持から動かすことは難しい．つまり，政策は安定的となる．反対に，拒否権プレイヤーの数が少ない場合は，政策的な革新が容易となり，予測可能性は低下するであろう(Tsebelis 2002)．党内アクターには拒否権があると想定するならば，自民党の組織は政治に停滞ないし安定を，民主党の組織は革新ないし不安定を，それぞれもたらしやすい．いいかえると，自民党内における利益の集約は長く険しい道のりとなるが，妥協点を見出すことに成功した場合，それは広範なアクターの利益を包摂する頑強なものとなる．これを変更するためには，2005年総選挙に見られたような巨大な政治的エネルギーが必要かもしれない．一方，民主党では利益の集約が迅速であるかもしれないが，そもそも多様な利益が反映されていないのかもしれない．このように振り返ってみると，自民党政権における政策的な停滞には同党の組織的な性格が反映されていると考えられ，民主党政権における過去との断絶の強調には単なるレトリック以上の背景があったのではないか．しかし，自民党の組織が衰退すると，利益集約のあり方は民主党のそれに近づくであろう．

　以上，垂直的な選挙制度不均一問題の観点から，自民，民主両政権の統治スタイルを考察してみた．その当否は読者諸賢の判断に任せるしかないが，かつての選挙制度改革をめぐる議論において，こうした点まで見通しがついていたとはいいがたい[4]．選挙制度改革のように，多くの主体が関わり，さまざまな議論を巻き起こした大事業においても，当初は想定すらされなかった要因によ

って，その結果が予想どおりではないということが起こり得る[5]．つまり，制度工学には固有の困難がつきまとう．本書を閉じるに当たり，研究を進める上での理論的な可能性と限界を論じることにする．

2. 制度研究の可能性

本章の冒頭で，サルトーリによる研究からの一節を引用した．本書の目的の1つは，それと同様に，制度改革の効果をめぐる議論の前提条件を探ることにあった．複数の制度からの影響が相互に干渉し合う理論的な可能性に注目して，政党政治における選挙制度不均一問題として定式化し，検証を試みた．

本書は，制度の影響を認めつつも工学的なアプローチの限界を指摘する点で，広く参照されているPierson(2004)や，邦語では立法過程における制度的な帰結を分析した福元(2007)，制度論に関するスタンダードな教科書といえる建林・曽我・待鳥(2008)の立場に同意するものである．建林らによると，制度はアクターによる合理的な選択の産物であり，その均衡から外れる制度を導入してもうまくいかない，制度はほかの制度とも相互に関係するため，特定の制度を変更しても期待された効果は生じないといった可能性があり，このような制度工学には困難が伴うという(同書, 53-54)．福元は，公式な制度の目標をアクターが迂回すること，制度にはそのほかの制度との相互作用があること，制度は内生的に変化することの3点を挙げている(序章)．あとの2点は建林らの指摘を先取りしている．とくに2番目の点は本書の主要なテーマであった．また，これから検討する点とも重なるが，制度には複数の事前に予期されない効果があるかもしれず，アクターは短期的な視野しか持たないかもしれないし，時間の経過によってアクターの選好が変化することも考慮しなければならない(Pierson 2004, Chapter 4)．

限界の指摘からさらに進んで，制度改革の効果に関する理論的な予測と検証

---

4) 当時，自民党政治改革委員会の委員長であった後藤田正晴によると，参議院の選挙制度改革にも着手するつもりであったという(佐々木編 1999, 93)．しかし，党内の異論により，この構想は実現せず，地方議会の選挙制度は意識すらされなかったのが真相であろう．

5) Bowler(2006)によると，選挙制度改革の帰結には不確実性とコストが伴うため，改革自体が起こりにくいと考えられるという．

を目的とする企てに対する否定的な立場も存在する．実のところ，本章冒頭の引用には，次のような一節が続く．

> エルスターによれば，それらはすべて，許されない，かつ／または向こう見ずなことであるに違いない．しかしわたしは，制度的な［因果関係の］帰結主義(consequentialism)と予測性に対するエルスターの議論は度を過ぎており，きわめて誤っていると考える(サルトーリ 2000, 219)．

　ここで挙げられている「エルスター」とは，科学哲学や合理的選択理論，分析的マルクス主義に関する研究で知られる，ヤン・エルスターのことである．そこで，本節では「帰結主義にもとづく制度改革」に対する彼の批判を検討する．帰結主義にもとづく制度改革とは，確実性（あるいは数量化された確率）を伴う予測にもとづく制度改革のことであり，エルスターはこのような企てに実現可能性があるとは思っていない．

　サルトーリはエルスターの疑念を一蹴しているが，エルスターがこのように考える理由を検討しておくことは重要であると思われる．そこで，本節では彼の論点を逐一見ていくことにする．その上で，制度研究に際して留意すべきポイントとして，むしろ積極的に位置づけることにしたい．また，選挙制度の研究においては，（そのように意図されたとは考えられないが）エルスターが提起した論点に沿って研究が進められてきたことも示す．したがって，本節では制度工学の理論的な可能性について論を進めることになる．

2.1. ヤン・エルスターによる問題提起

　なぜエルスターは制度改革の帰結に関する研究に対して，批判的な眼差しを向けるのであろうか．本小節では，Elster(1988a)を参照しつつ，制度の効果を理解する際に見落とされやすい，4つの区別を挙げる．すなわち，局所と大域の結果，部分的な効果と純効果，短期と長期の結果，移行期の効果と安定期の効果，である．

　制度改革の帰結を評価するためには，局所ではなく大域の結果を，部分的ではなく総体としての効果を，短期ではなく長期の結果を，移行期ではなく安定

期の効果を,それぞれ検証する必要がある.しかし,人間の能力には限界があるので,局所的で短期的な帰結,部分的な効果や移行期の効果に関心を集中しがちである.

エルスターによると,アレクシス・ド・トクヴィルによる,アメリカにおける民主主義についての有名な評価はこれらの区別に敏感であったという[6].そこで,適宜,エルスターによるトクヴィル理解を引用しながら,これらの区別を紹介する.

局所と大域の結果

まず,エルスターは制度改革の結果を局所的なものと大域的なものに分ける(local versus global consequences).曰く,ある推定が分析上のある1つの単位では真であるとしても,すべての単位で真であるとは限らない(合成の誤謬).反対に,すべての単位に適用される場合は真であるとしても,ある1つの単位に別々に限定的に適用される場合は妥当するとは限らない(分割の誤謬).

合成の誤謬の例として,エルスターはある研究を引き合いに出して,増税の効果を説明する.個々のビジネスマンにとっては,商品に対する税金の増加はコストの増加と同じであるから,その分を価格に転嫁するべく試みるであろう.しかし,総体で見ると,増税は需要の減退を通じて価格の低下を導く.したがって,局所の効果(価格上昇)と大域の効果(価格低下)は逆方向の因果の連鎖をたどることになる.

分割の誤謬の例としては,トクヴィルによる徴兵制の議論を挙げて,説明している.すなわち,民主的な政府が徴兵制度をうまく運用できるのは,それがすべての市民に同時に適用されるからである.抵抗を引き起こすのは負担の重さではなく,(特定の市民を兵役から免除したりしなかったりする)不公平である.つまり,徴兵制は大域的には効果的に運用できるとしても,局所的には運用できないことを示している.

---

6) 最新の日本語訳としては『アメリカのデモクラシー』(松本礼二訳,岩波書店)がある.そのほかに,宇野(2007)などを参照した.

部分的な効果と純効果

エルスターによると，制度的な変化の結果を探る際，1つの因果の連鎖に集中し過ぎて，独立変数から従属変数に至る経路が複数存在する可能性を忘れてしまいがちである．また，たとえ因果の連鎖は1つしかなくても，その効果がそれ自体を(部分的に)帳消しにするような対抗措置を呼び寄せるかもしれない．いずれの場合でも，部分的な効果ではなく，(それらをトータルした)純効果が重要であるという(partial effects versus net effects)．

再び，トクヴィルの議論を参考にして説明しよう．曰く，貴族政と比較すると，人々の絆の範囲は民主政において拡大するが，それぞれの絆は弱いものとなる．したがって，部分的な効果ではなく純効果を見なくては，民主政が社会における相互作用の強さに与える影響を理解することはできない．

また，民主政における宗教の必要性をめぐる有名な議論をこの文脈に置き直してみよう．トクヴィル曰く，政治的な自由は宗教からの独立をもたらさない．それは逆説的であるが，人間の自由とは無制限のものではなく，自ずから一定の制限を必要とするという，彼の自由観にもとづいている．何らの信念を持たない者はしたがわなくてはならず，自由である者は信仰しなければならないのである．つまり，自由とは野放図なものではなく，一定範囲への制限を必要とするという意味において，民主政には宗教が埋め込まれている．ここでも，制度変化の純効果を見ることが重要といえる．

短期と長期の結果

さらに，エルスターは制度改革の短期と長期の結果を識別する必要を説く(short-term versus long-term consequences)．

トクヴィルによると，貴族政や絶対君主政においては，今すぐに，政府が資源を意のままに調達することができるが，それは民主政の政府にとって難しいことである．しかし，長期的には，民主政は社会における真の力を増大させることができる．反対に，中央集権は資源の増大を阻害するという．したがって，長期で見ると，貴族政の政府よりも民主政の政府の方がより多くの資源を調達できることになろう．

これと関連して，民主政の政府は重税を課す傾向にあるとの批判に対しては，

確かに絶対君主政と比較すると，その傾向を否定できないと認める．しかし，専制政治は収奪するよりも生産させないことにより人々を破滅させるのに対し，自由は奪うよりも多くを生産する．したがって，そのような国では，人々の資源は税金よりも早く成長するという．ここでも，民主政の短期(課税)と長期(経済成長)の結果が区別された上，比較考量されている．

移行期の効果と安定期の効果

エルスターによると，上で説明した短期の結果と，制度変化に伴う一時的な効果を区別する必要がある．すなわち，制度を導入する際の移行期の効果と，制度が存在している安定期の効果の違いである(transitional effects versus steady-state effects)．

政治的な結社の自由がもたらす効果を例にして，トクヴィルの議論を説明しよう．曰く，歴史を振り返ると，ある一時点において，政治結社が国家の秩序を乱し，産業を麻痺させることを証明するのは容易である．しかし，人間の生活を総体として考えると，政治結社の自由が市民の福祉や落ち着きをもたらすことも容易に証明できるという．思われているほど，政治結社は公共の平和にとって危険ではなく，しばらく国家を揺さぶった後は安定をもたらしさえすると議論する．ここでは，結社の自由を導入する際の一時的な効果と，制度が存在している安定期の効果が区別されているのである．

民主化と平等化は社会にさまざまな混乱(信念の変化，市民間の敵意，野心，道徳の低下，社会的な不安定，経済的な破滅)をもたらすが，安定した民主政はこれらとは無縁である．トクヴィルは民主政に対する無条件の擁護者ではなかったが，民主政を「ゴーイング・コンサーン」として評価する必要を指摘しているのである．

小括

以上，エルスターによる制度改革の帰結に関する類型論を見てきた．容易に想像できるように，人間の能力は有限であるから，一般的な均衡，すなわち，大域に及ぶ，総体としての，長期的な，安定期の均衡を予想することは難しい(global net long-term steady-state equilibrium)．トクヴィルのような非凡な思

想家は措くとして.

　しかし，エルスターのように予想一般を難しいと考えるか，それとも，そのようなものとして，部分的な予想の積み重ねに活路を見出すかで，研究の進路は大きく異なるように思われる[7].

　人間の予測能力と社会改良のあり方について考える際には，カール・ポパーによる「歴史主義」批判を想起すべきであろう(Popper 1957). それによると，マルクス主義に代表される「歴史主義」(の自然主義的主張)は，歴史の趨勢に過ぎないものを(それ故にいつでも反転し得るものを)，普遍的な法則と取り違えているという．人間の予測能力に対して過剰な信頼を寄せているという点で，歴史主義者はエルスターとは対極的であるが，双方とも極端な立場といわざるを得ない[8]. 人間の予想能力に対して，否定的ないし肯定的な，確たる信念を持ち得ない場合，いずれかの断定的な立場を取るべきではないのであろう．

　この問題は人間理性の範囲に関するものであり，ハイエクによるデカルト流の合理主義批判など，哲学の領域に属すると思われる[9]. したがって，これ以上，本書では議論する準備も紙幅もないが，少なくともエルスターの論点は制度改革の効果を議論する上で有益な視点を提供していると考えられる．つまり，我々が制度改革の効果を予想する上で，それは全体に当てはまるといえるか，部分的な効果に焦点を当て過ぎていないか，長期的な帰結を考慮しているか，制度の移行期と安定期の効果を峻別できているか，といった「チェック・ポイント」の役割を果たし得る．

　実際に選挙制度改革をめぐる議論を振り返ると，意図せざるものではあるが，これらの論点への配慮が研究の進展に重要な貢献をしてきたことが分かる．次小節では，それらの例をいくつか挙げる．

---

7) エルスターは「ピースミール・エンジニアリング」に対しても否定的である(Elster 1988b, 309).

8) エルスター自身は分析的マルクス主義者として知られており，ポパーが批判するような古典的マルクス主義者ではない．合理的選択理論なども活用しながら，マルクスとエンゲルスの提示した問題を論理的かつ明晰的に分析することを目指す立場であり，場合によってはマルクスを徹底的に批判することも辞さない(Elster 1999 を翻訳した染谷による解説を参照).

9) ハイエク(1986a)所収の第1章から第3章や，同(1986b)における指摘(60, 102-104)，同(1987)における指摘(54-55, 203-204)などを参照．

2.2. 制度研究に対する留意点

　選挙制度の効果に関する言明として最もよく知られているのは，「小選挙区制は2大政党制をもたらす」という「デュベルジェの法則」であろう（Duverger 1951）．

　よく知られているように，デュベルジェは機械的効果と心理的効果に分けて，選挙制度と政党制の関係を論じた．前者の効果は，小選挙区制では当選者が1名であるから，最多得票を競う有力政党の候補者以外は自動的に淘汰されるというものである．後者の効果は，自らの票を死票としないために，有権者は当選可能性が高くない政党の候補者への投票を避けたいと思うから，有力政党の候補者に得票が集中するというものである[10]．いずれの効果を通じても，小選挙区制の導入によって2大政党制への傾向が促進されることになる．

　この法則を受けて，選挙制度と政党制に関する議論が数多く蓄積されてきた．以下では，とくに近年における研究の展開を取り上げる．これらの新しい研究動向が，実は意図せざる形で，エルスターのチェック・ポイントに沿っていることを示す．そこで，4つの論点に対応して，政党集約，連動効果，独立変数と従属変数，学習を検討する．それぞれについて網羅的なレビューを行う紙幅はないので，簡潔に述べる．

局所と大域の結果：政党集約

　デュベルジェの法則を注意深く検討すると，そこには論理の飛躍があることに気づかされる．すなわち，機械的効果も心理的効果も各選挙区における候補者間競争を念頭に置いて説明されている．その説明に依拠して，政党制への影響を直接的に導き出すわけであるが，各選挙区レベルにおける2大有力候補者への得票集中と全国レベルにおける2大政党化とは，本来，分けて考えられるべきものである（河野 2002, 146-147）．なぜなら，各選挙区における2大有力候

---

10) 数学的な証明については，Palfrey(1989)を参照．3政党競合のモデルでデュベルジェ均衡がもたらされない例外として，有権者が政党を同じようにしか評価できないケース，1つの圧倒的に人気がある政党と2つの同じように不人気な政党が存在するケースを挙げている．さらに重要なことに，モデルを均衡に導く有権者の合理的な期待は所与のものではなく，過去の選挙結果や世論調査，メディア報道などを通じてダイナミックに形成される側面を指摘している．

補者の所属政党と全国レベルの2大政党が一致する保証はないからである.

　各選挙区において地域政党の候補者が有力である国を想定してみよう.この場合,選挙区レベルでは2大有力候補者への得票集中が見られても,全国レベルでは地域政党が分立し,2大政党化は進まないことになろう.実は,デュベルジェ自身もこの問題に気づいており,単純多数1回投票制度の下では,全国レベルで多党制が成立していても,選挙区レベルでは2党制が形成されることを指摘している(邦訳,245-247).古くはRae(1971, 92-96)にもあるとおり,専門家には既知の事実であるが,一般に流布した「法則」では,こうした慎重な考慮の痕跡は消し去られているようである.

　この問題は一般的に政党集約 party aggregation と呼ばれ,注目を集めてきた研究テーマである(代表的なものとしては,Cox 1997, Part IV; Chhibber and Kollman 2004 など).この研究における主要なトピックの1つは,政党制の全国化を左右する要因を探ることである.中央と地方の政府間関係や社会的亀裂の如何が説明要因の有力候補であることは容易に想像できよう[11].

　さて,この政党集約をめぐる議論であるが,エルスターが指摘する「局所と大域」の区別に類似することに気づかれた読者諸賢も多いだろう.デュベルジェの法則は,小選挙区における2大有力候補者間の競争がもたらされる,局所的なメカニズムとして理解されるべきである.ローカルでそれぞれ成立する2大政党制(各選挙区)がグローバルな政党制(全国)にどのような影響を及ぼすか,あるいはその逆はどうなのか.前小節の説明では市場メカニズムが局所と大域の結果を結んでいたが,ここでも同様の論理の解明と検証が求められることになる.(川人 2004, 第6章; Moenius and Kasuya 2004; Asaba 2008 など)[12].

部分的な効果と純効果:連動効果

　近年,小選挙区制と比例代表制をさまざまな方法で組み合わせた,いわゆる混合選挙制度を採用する国が増えている.日本の小選挙区比例代表並立制もそのなかの1つである.デュベルジェの法則は小選挙区制の効果に関するもので

---

[11] 前掲の Sartori(1996)によると,各小選挙区における2大有力候補者の党派が全国的な2大政党制と一致するには,政党制が「構築的」でなくてはならないという(邦訳,第3章).

[12] 川人論文の初出は1997年(「選挙制度と政党制——日本における5つの選挙制度の比較分析」『レヴァイアサン』20号,58-83).

あったが，この混合選挙制度の普及によって，選挙制度の研究は理論的な革新を求められるようになった．

混合選挙制度の効果を論じる際の焦点は，複数の異なる選挙制度のメカニズムがどのように関連しているのかを明らかにすることである（各国比較については，Shugart and Wattenberg eds. 2001; Ferrara, Herron, and Nishikawa 2005 など，日本の事例については，水崎・森 1998；鈴木 1999；リード 2003；西川 2003；川人 2004，第9章など）[13]．この制度と制度の相互作用を，とくに連動効果 contamination effects と呼ぶことが多いようである．たとえば，日本の小選挙区比例代表並立制においては，小選挙区と比例代表の重複立候補が認められている．小選挙区で落選しても比例代表で救済される可能性があるため，たとえ有力候補者でなくても，小選挙区から必ず退出しなくてはならない道理はない．比例代表の議席が惜敗率の多寡によって配分される場合，小選挙区での落選が決定的な候補者ほど，選挙活動にむしろ勤しむであろう．また，非有力政党が小選挙区に候補者をあえて擁立し，比例代表に向けた集票活動に当たらせることも理に適っている．このような政党や候補者の選挙戦略は有権者の投票行動にも影響を及ぼすと考えられる．つまり，比例代表制の存在によって，小選挙区制の機械的効果も心理的効果も弱められるであろう．逆に，小選挙区における2大政党制化が比例代表における有権者の投票行動に影響を与えることも考えられる．2009年総選挙では，比例代表においても2大政党への得票集中が見られた（川人他 2011, 150-154）．

再び，エルスターの指摘を参照すると，連動効果に関する研究がチェック・ポイントをクリアしていることが分かる．ここでのチェック・ポイントは，「部分効果と純効果」の区別である．従来の研究手法にしたがえば，混合選挙制度を構成する小選挙区の部分と比例代表の部分を別々のものとして，相互作用を想定せずに議論するしかなかった．それぞれの制度が政党や政治家，有権者といったアクターに及ぼす影響を部分的に論じていたに過ぎない．つまり，ほかの制度からの影響を一定として *ceteris paribus*，小選挙区制なり比例代表制の影響を議論していたのである．しかし，連動効果という視点を導入するこ

---

13) 川人論文の初出は2002年（「選挙協力・戦略投票・政治資金——2000年総選挙の分析」『選挙研究』17号，58-70）．

とにより，制度間の相互作用という新たな因果関係を含む混合選挙制度の総体としての効果を議論できるようになったといえる．

本書が提起した選挙制度不均一問題も，一国内の選挙制度の効果を総体として理解することの重要性と，レベルの異なる選挙制度間の相互作用を考慮に入れることの必要性を主張する点で，制度の純効果を重視するエルスターの立場と同じである（ただし，小選挙区比例代表並立制に伴う連動効果については十分に考慮しておらず，今後の課題としたい）．

短期と長期の結果：独立変数と従属変数

これまでの議論は選挙制度の効果に関するものであった．つまり，選挙制度は独立変数であり，従属変数である政党や政治家，有権者の行動に影響を及ぼすものとして扱われてきた．しかし，このような見方は物事の片面しか捉えていない．なぜなら，制度は従属変数でもあり，さまざまなアクターによって維持されたり，改変されたりする存在でもあるからである．

したがって，制度研究は「制度がもたらす均衡」と「均衡としての制度」の区別をつけなければならない[14]．前者は制度が外生的にもたらす均衡のことであり，制度は独立変数として捉えられる．それに対して，後者は内生的にもたらされる均衡としての制度を指し，制度は従属変数としての位置づけである．

再び，デュベルジェの法則に戻ろう．小選挙区制は2大政党制をもたらすとされるが，2大政党制が小選挙区制を好む側面もあるはずである．なぜなら，2大政党にとって，獲得した票の割合以上の議席を得られる可能性がある小選挙区制は都合のよい制度であり，（そのほかの条件を一定とすると）変更する誘因はないからである．多数派である2大政党が選挙制度の変更を望まなければ，選挙制度改革は困難であろう．つまり，アクター間に有利や不利を作り出すことによって権力関係に影響を及ぼしたり，アクター自体の選好を変えたりするという意味において，選挙制度は中立的な存在ではない．この制度には経路依存性があるといえよう（河野 2002, 150）．濱本（2009）は，日本の事例を用いて，

---

14) シェプスリーは「選好がもたらす均衡 preference-induced equilibrium」の不安定性に対して，「制度がもたらす均衡 structure-induced equilibrium」の安定性を指摘する．また，制度自体は内生的に選択される「均衡制度 equilibrium institutions」であり，不安定性を免れているという（Shepsle 1986）．

上記の素朴な議論をより精緻に検証し，おおむね肯定的な結果を得ている．選挙制度を従属変数とする研究の好例である[15]．

さて，ここまでの議論をチェック・ポイントとつき合わせると，「短期と長期の結果」の区別にも対応することが分かる．短期の結果とは，選挙制度がアクターの行動に及ぼす，即時的な影響のことである．制度均衡をもたらす力に該当する．長期の結果とは，選挙制度が特定のアクターを相対的に有利（ないし不利）な立場に置き，権力関係を作り替えるという時間を要する過程を経ることにより，自らを持続させる力を獲得することである．こちらは均衡制度に関係する．

このように短期と長期の結果を峻別することにより，独立変数としての選挙制度から，従属変数としての選挙制度へと，研究のアプローチを転換することができる．なぜ選挙制度が維持されたり，改革されたりするのか，説明する必要に気づかされるであろう．

移行期の効果と安定期の効果：学習

Reed (1990) は日本の事例を検討することにより，デュベルジェの法則を一般化し，各選挙区における最適な候補者数が「定数プラス1」であることを突き止めた（数学的な証明については，Cox 1994）．たとえば，小選挙区であれば，定数1であるから2名，いわゆる中選挙区であれば，定数2なら3名，定数3なら4名，定数4なら5名，といった具合である．前述の用語を借りると，制度均衡が存在すること，そして，実際に候補者数がその均衡に落ち着くことを明らかにした．比較政治学的に重要なインプリケーションを持つ研究といえる．しかし，ここでの主要な関心は「定数プラス1」ではなく，リードが提起したもう1つのトピックにある．

それは，予想される均衡があるとして，どのようにそこへ到達するのか，ということである．日本の中選挙区制の事例では，おおよその均衡の到達までに数十年という長い時間が必要であった．本書の第2章は岩手県釜石市議会の事

---

[15] 選挙制度には経路依存性があるとはいえ，制度変化が起こらないわけではない．Bawn (1993) や Kohno (1997, Chapter 3) による制度選択（の可能性）の研究を参照すると，制度に対する政党・政治家の選好は制度がもたらすであろう議席獲得上の有利・不利だけではなく，当時の政治状況によっても影響を受けるという．これらも選挙制度を従属変数とする研究である．

例を扱っているが,同様に均衡に至るまでには長い時間が必要であった(図2-8参照).もし合理的選択理論が想定するように,人間の行動が合理的な計算にもとづくのなら,短期間に均衡へと到達するはずである.しかし,現実にはそうでない以上,別の説明が求められる.それが,学習(learning)である.曰く,このゲームのプレイヤーは試行錯誤を経て,ルールを学ぶことによって,最適な戦略を採用できるようになる.構造と行動を結ぶものは学習であって,合理性ではないとされる.

中選挙区制における政党と候補者の適応プロセスについては,すでに川人(2004,第4章)によって,得票率の分析からも明らかにされている[16].1958年から1986年に至る総選挙の分析結果によると,候補者の得票率は選挙区の定数と有力候補者数によって説明される部分が大きいが,政党の得票率は選挙区の社会経済的な特性によって左右されてきた.たとえば,自民党の得票率は都市化の影響を受けてきたが,(定数も考慮して)「適正」な自党候補者数に調整することにより,候補者の得票率を保つことに成功するようになったと理解できる.この問題はSNTVにおける最適な候補者擁立戦略として研究の蓄積があるが,Cox and Niou(1994)が明らかにしたように,自民党は過剰公認の失敗を時系列的に減らしてきた.その原因として,主流派閥の候補者や現職の候補者が優先される派閥間調整の定着を挙げられる(Cox and Rosenbluth 1994).

以上から,制度の効果を予想し,検証するためには,移行期と安定期に分ける必要がある.これが最後のチェック・ポイントである.均衡に至るまでが移行期であるならば,均衡にある状態が安定期ということになる.制度の帰結を評価する場合には,それが移行期にあるのか,それとも安定期にあるのか,という点に注意する必要がある.この点が曖昧であると,トクヴィルが指摘するように,評価を誤ることになろう.

小括

以上,エルスターの「チェック・ポイント」を用いることにより,制度工学にも可能性が残されていることを示した.しかし,それは1つ1つのチェッ

[16) 同論文の初出は1987年(「中選挙区制における得票率の分布」『北大法学論集』38巻2号,341-404).

ク・ポイントをクリアしていく，個別的な知的営みの集合体のようなものに留まる．それはすべての点を同時に克服する野心的な試みではないし，人間理性の限界を考えると，そうであってはならないのかもしれない．しかし，人間理性の限界を強調する余り，このような企てをすべて放棄してしまっては元も子もない．手探りで前に進んでいくしかないため，その歩みは漸進的であり，到達能力には自ずと限界がある．我々はそれを受け入れるべきであろう[17]．

むすび

これまで議論してきたように，制度改革の帰結について，理論的な予想を精緻化することは不可能ではない．しかし，仮説を立てることと，それを実証することは別のことである．依然として検証作業が残されたままであり，そこには社会科学に固有の問題が存在する．また，政治の領域においては，制度間の不均一性が発生しやすい可能性も否定できない．それらを踏まえた上で，どのような改革が考えられるのであろうか．簡潔に検討して本書を閉じる．

まず，自然科学とは異なり，社会科学では実験を行うことが難しいとしばしばいわれる[18]．すなわち，自然科学のように対照実験を用いて，そのほかの条

---

17) この点に関連する最新の業績として，Giannetti and Grofman eds.(2011)を参照．同書の第6章によると，同じ時期に類似の選挙制度改革を行ったにもかかわらず，日本とイタリアでは長期的な影響が異なる理由を探求した結果，そもそも狭義の選挙制度改革の効果（選挙区レベルにおける2大有力候補者への得票集中）は実現しており，それ以上の「期待」は過剰なものであるという．なぜなら，制度改革は合理性にのみもとづいて行われたわけではなく，制度の効果は一見するとささいな規定によって左右されることがある．また，クライエンテリズムの残存や選挙競争の激化という制度外の要因によっても政党政治は影響を受けるからである．

これらについては，エルスターのチェック・ポイントとも矛盾しないように思われる．2大有力候補者への得票集中に関する指摘は局所と大域の効果の区別に対応するし，ささいな規定については，制度の総体である純効果に注目すべきという主張と理解できる．また，クライエンテリズムと選挙競争の激化について，日本の事例を念頭に当てはめると，前者は中選挙区制の下で保守系候補者が開発していった選挙戦略そのものであり，古い制度の長期的かつ安定期の効果ともいえる．小選挙区制における候補者の選挙戦略は移行期にあり，それが確立するまで，かつての慣行が持続するのかもしれない．後者は2大政党化をもたらした小選挙区制に原因を求めることが可能であり，因果は直接的ではないが，制度の総体としての効果であることは否定できないように思われる．

18) 非常に単純化された設定の下では，コンピュータを用いたシミュレーションによる実験が可能である．デュベルジェの法則に関しては，定数が大きくなるほど，得票最大化を目指さない政党も生き残り得ることを中村他(2007)は示している．

件を完全にコントロールしつつ,説明要因と被説明要因の関係を調べることは,現実社会ではほとんど不可能である.上記の議論も,多かれ少なかれ,「そのほかの条件を一定として」という但し書きを実現することの難しさとも関係している[19].検証作業におけるさまざまな障害を小さくするために,リサーチ・デザインの精緻化が意識されるようになり,政治学研究においてもさまざまな方法論の教科書が用いられるようになって久しい.しかし,どこまで行っても,自然科学のそれのような厳密な検証は望むべくもない[20].

次に,制度間の不均一性が発生する原因は,これまで述べてきたような人間

---

[19] 再び,デュヴェルジェの法則を例に検討する.まず,局所と大域の結果の区別について考えてみよう.上記の政党集約の議論においては,選挙区レベル(局所)と全国レベル(大域)を識別することの重要性を指摘している.すでに述べたように,両者における政党(候補者)間競争は異なる可能性があり,それを左右する要因としては,中央と地方の政府間関係や社会的亀裂のあり方などが考えられる.したがって,選挙制度が全国レベルの政党制に及ぼす効果を検証したい場合には,これらの背景要因からの影響を一定としなければならない.背景要因が異なる国々を比較しても,政党集約のレベルがまちまちとなるため,制度の帰結を正確に測定することはできないからである.

部分的な効果と純効果についても同様である.混合選挙制度を構成する,小選挙区制ないし比例代表制の効果をそれぞれ検証したい場合,ほかの選挙制度からの連動効果を考慮に入れなければならない.そこで,ほかの制度との干渉以外の影響を一定にできるよう,コントロール変数を含むデータが必要となる.それを入手できない場合,部分的な効果,総体としての純効果,それぞれの大きさを明らかにすることもできない.厳密な意味での実験手法を適用するならば,そのほかの条件をすべて等しくして,小選挙区制,比例代表制,混合選挙制度,それぞれの効果を比較する必要がある.

選挙制度を独立変数から従属変数へと捉え直すことにより,短期と長期の結果を識別しようとする研究については,どうであろうか.選挙制度がアクターの選好やアクター間の権力関係を変えるため,長期的には,これらのアクターによって選挙制度が支えられるようになると考えられるが,その検証も容易ではない.なぜなら,選好や権力関係は選挙制度以外のさまざまな要因によっても左右されるはずであり,これらを精密に特定し,測定することは難しいと考えられるからである.

最後に,移行期の効果と安定期の効果について検討しよう.アクターによる学習は試行錯誤の賜物であり,選挙制度への適応には時間が必要となるので,移行期の効果と安定期の効果を識別しなければならない.たとえば,特定の選挙制度における候補者数が予想される均衡(定数プラス1)に落ち着くには,数回の選挙を通じて,政党や政治家が学習しなければならないとされる.しかし,上記と同じく,時間の経過に伴って,そのほかの条件も変化していくはずであり,ここでも厳密な意味での検証はできない.また,そもそも,いつの時点をもって安定期に入ったと判断するのかも難しい.

[20] このことを積極的に評価することもできる.恐らく,このような仮説検証の精緻化における限界は,人間の自由と密接に関係している.人間の行動を予想して,その確からしさを検証する作業には不完全性が伴うからこそ,工学的なアプローチによる人間の操作には限界が伴い,人間の自由が担保されることになる.本章で縷々述べてきた,制度工学の困難には,このような肯定的な側面もあるといえよう.

能力の限界だけとは考えられない．経済の領域における諸制度の間には，むしろ相互の補完性があることが明らかとなってきている(序章の脚注5)．たとえば，長期的な雇用慣行と安定的な資金供給の仕組みの組み合わせを想起されたい．制度変化の影響を探求する上で明らかにしなければならない点の1つは，政治と経済の領域には制度間の関係に違いがあるのか，もし違いがあるとするならば，それをもたらす要因は何か，ということである．また，政治的な制度にはさまざまなものがあり，公式の制度だけではなく，政党内の組織などを含むと考える立場もある．Krauss and Pekkanen(2011)によると，自民党の後援会や派閥，政務調査会といった組織の間には相互補完性が存在するという．政治の領域では制度的な均一性に濃淡が生じているとしたら，その理由はどのようなものなのか，そのメカニズムを一般化することができるのか，新たな問いが残されることになる．いずれにせよ，序章の冒頭で用いた比喩に倣うと，残された「コインの片面」，すなわちアクターによる制度選択の結果である「均衡制度」(本章脚注14)に注目しなければならない．今後の課題としたい．

　最後に，ささやかではあるが，本書なりの改革の方向性を示してみたい．制度改革に際して部分的な改善を試行錯誤しながら積み重ねることが許されるならば，すぐにも「抜本的な改革」が必要という話にはならないはずである．しかし，政権交代に対する幻滅の広がりもあり，中選挙区制の復活や比例代表制の全面的な導入など，衆議院の選挙制度を大幅に変更するよう求める声が上がっている．現代日本の政党政治が置かれている文脈を踏まえた上で予想される効果を慎重に検討する必要があるはずだが，果たしてこれらの議論は前節のチェック・ポイントをクリアしているといえるのだろうか．大きな影響を及ぼし得るが，不確実性を伴う改革に拙速は禁物である．より身近で分かりやすいが，手つかずの課題に目を向けてもよいのではないか．

　本章の冒頭において，選挙制度の不均一性は解消されるべきものというより，避けられないものであると述べた．そうであるならば，多様な利益を党内に取り込むための装置として，現行制度における不均一性をむしろ肯定的に捉え直す覚悟が求められる[21]．すなわち利益の表出と集約の機能を強化するという，本質的ではあるが，今日の政党にとって荷の重い課題に取り組まなくてはならない．既存の政党組織の衰退を押し止めるだけではなく，新しいメンバーシッ

プのあり方を模索するために，サポーターの登録と政党交付金の配分をリンクさせるなどの制度的工夫はもっと検討されてよい(中北 2009)．多様な利益を集約する党内統治のあり方についても同様である．とくに政党公約の策定過程の改革は急務といえる．選挙の直前になって他党の動向を横目で見ながら急ごしらえするのではなく，常日頃からより多くのアクターを参加させつつ準備しておく方が好ましい．党大会などの最高の議決機関で承認を受けることも必要であろう．

政党側の組織改革のみならず，有権者側の政治参加を促す改革にも取り組まなくてはならない．たとえば，選挙運動に関する公職選挙法の規定は見直しが必要である．国政報告会などの名目で公示前に選挙運動が行われているのは周知の事実であるが，過度に厳しい規制により，公式の選挙期間中は情報に対するアクセスがむしろ制限されるという看過できない矛盾も生じている．また，未来の有権者に対する政治教育についても見直しが必要である．政治的な中立性の要請との折り合いをつけられず，日本の学校では現実の政治的問題を取り上げることが避けられてきた．この点，ドイツにおける政治教育の取り組みは我々の参考になるはずである(近藤 2005)．生徒が政党の公約を調べて発表し，模擬投票を行うなど，より実践的な政治教育の試みも一部では始まっている(杉浦 2008)[22]．

1990 年代以降の日本の政党政治を改めて振り返ってみると，小選挙区制によって権力の担い手を生み出し，マニフェストを通じて統制するという仕組みに向かってきたといえる．2009 年と 2012 年の総選挙においては，政党公約の提示，単独で過半数の議席を獲得する政党の出現，選挙を通じた政権交代のどれも観察することができた．選挙制度改革が一定の成果を見せつつも，期待の裏返しとして大きな失望をもたらしていることも事実である．政党と有権者の

---

21) 選挙制度の不均一性は規律の弛緩と政策的な停滞を自民党にもたらしてきた要因の 1 つであるが，一党優位という競争なき民主主義がそれを許してきた側面も否定できない．直近の 2012 年総選挙においては，明らかに不人気の与党は政権を失い，(いわゆる第 3 極の攻勢にもかかわらず)政権運営の責任を負うべき新たな多数派が誕生し，一般の有権者を名宛人とする政党公約を事前に示さない政党はなかった．このような政党間競争の活性化はむしろ好都合といえる．

22) 2012 年総選挙において，29 校 5,759 名の生徒が模擬投票を行った．参議院議員選挙においては，神奈川県立の高等学校で全県的な取り組みが行われている(模擬選挙推進ネットワーク・山崎武昭氏談)．

つながりを回復していくことが先決であり，幸か不幸か，この課題に取り組む余地はまだ多く残されている．

　以上，本書は選挙制度不均一問題を通じて，現代日本における政党政治の理解と制度改革の評価を試みてきた．とくに本章では選挙制度改革の意図せざる帰結，研究上の可能性と限界について議論してきた．制度工学的な発想を擁護しつつ，それへの過剰な信頼を戒めることにより，研究と実践の歩みを着実なものにできるように思われる．過度の楽観も悲観もしない，知的な謙虚さと強靭さが求められるのではないだろうか．

参照文献

日本語

青木昌彦・奥野正寛(編) 1996,『経済システムの比較制度分析』東京大学出版会.
浅野正彦 1998,「国政選挙における地方政治家の選挙動員——『亥年現象』の謎」『選挙研究』7 号, 120-129.
浅羽祐樹 2009,「選挙制度の影響」山田真裕・飯田健(編)『投票行動研究のフロンティア』おうふう, 233-257.
荒木俊夫 1994,『投票行動の政治学——保守化と革新政党』北海道大学図書刊行会.
飯尾潤 2007,『日本の統治構造——官僚内閣制から議院内閣制へ』中公新書.
飯尾潤 2008,『政局から政策へ——日本政治の成熟と転換』NTT 出版.
池田明史 2001,「イスラエルに於ける首相公選制度——導入と蹉跌」首相公選制度を考える懇談会(第 5 回)資料.
池田謙一 2004,「2001 年参議院選挙と『小泉効果』」『選挙研究』19 号, 29-50.
池田謙一 2007,『政治のリアリティと社会心理——平成小泉政治のダイナミックス』木鐸社.
石川真澄 1995,『戦後政治史』岩波新書.
石川真澄 2004,『戦後政治史(新版)』岩波新書.
石川真澄・鷲野忠雄・渡辺治・水島朝穂 1991,『日本の政治はどうかわる——小選挙区比例代表制』労働旬報社.
伊藤惇夫 2008,『民主党——野望と野合のメカニズム』新潮新書.
井上義比古 1992,「国会議員と地方議員の相互依存力学——代議士系列の実証研究」『レヴァイアサン』10 号, 133-155.
上神貴佳 2007,「『『大統領化現象』がもたらす政策的帰結の予備的考察——2003 年総選挙における自民, 民主両党の公約分析」日本公共政策学会報告論文.
上神貴佳 2008a,「政界再編と地方政治——岩手県釜石市議会を事例として」『社会科学研究』59 巻 3・4 合併号, 39-80.
上神貴佳 2008b,『地方政治家の肖像——2006 年岩手県釜石市議会議員インタビュー記録』東京大学社会科学研究所研究シリーズ No. 31.
上神貴佳 2008c,「党首選出過程の民主化——自民党と民主党の比較検討」『年報政治学』2008-I, 220-240.

上神貴佳 2009,「2009 年墨田区議会議員調査 No. 2──西原文隆議長インタビュー記録」未刊行記録.

上神貴佳 2010,「選挙制度改革と自民党総裁選出過程の変容──リーダーシップを生み出す構造と個性の相克」『選挙研究』26 巻 1 号, 26-37.

上神貴佳 2011,「中央・地方間における選挙制度不均一問題の検討」日本政治学会報告論文.

上神貴佳・清水大昌 2007,「不均一な選挙制度における空間競争モデル」『レヴァイアサン』40 号, 255-272.

上神貴佳・堤英敬(編) 2011,『民主党の組織と政策──結党から政権交代まで』東洋経済新報社.

内山融 2007,『小泉政権──「パトスの首相」は何を変えたのか』中公新書.

宇野重規 2007,『トクヴィル──平等と不平等の理論家』講談社.

宇野重規 2010,『〈私〉時代のデモクラシー』岩波新書.

大石眞・久保文明・佐々木毅・山口二郎(編) 2002,『首相公選を考える──その可能性と問題点』中公新書.

大下尚一・有賀貞・志邨晃佑・平野孝(編) 1989,『史料が語るアメリカ──メイフラワーから包括通商法まで 1584-1988』有斐閣.

大嶽秀夫 2003,『日本型ポピュリズム──政治への期待と幻滅』中公新書.

大嶽秀夫 2006,『小泉純一郎 ポピュリズムの研究──その戦略と手法』東洋経済新報社.

大谷明夫 1984,「現代釜石地域政治構造分析のための釜石社会政治年表覚書」『東北経済』76 号, 118-192.

大村華子 2012,『日本のマクロ政体──現代日本における政治代表の動態分析』木鐸社.

岡義達 1958,「統治機構の再編成(政党と政党政治)」岡義武(編)『現代日本の政治過程』岩波書店, 69-109.

岡山大学地方自治研究会(編) 1985,『市町村議会議員調査報告──岡山と神奈川の比較』岡山大学地方自治研究会.

加藤秀治郎(編訳) 1998,『選挙制度の思想と理論』芦書房.

加藤秀治郎 2003,『日本の選挙──何を変えれば政治が変わるのか』中公新書.

加藤秀治郎 2008,「選挙研究と日本政治の改革──ポパーの漸進的社会工学に導かれて」『選挙研究』23 号, 50-56.

蒲島郁夫 2001,「小泉政権登場で日本政治は何と訣別したか」『中央公論』2001 年 10 月号, 118-129.

蒲島郁夫・今井亮佑 2001,「2000 年総選挙──党首評価と投票行動」『選挙研究』16 号,

5-17.
川人貞史 2004,『選挙制度と政党システム』木鐸社.
川人貞史・吉野孝・平野浩・加藤淳子 2011,『現代の政党と選挙(新版)』有斐閣.
河村和徳 2008,『現代日本の地方選挙と住民意識』慶應義塾大学出版会.
岸本一男・蒲島郁夫 1997,「合理的選択理論から見た日本の政党システム」『レヴァイアサン』20号, 84-100.
北岡伸一 1990,「包括政党の合理化——70年代の自民党」『国際化時代の政治指導』中央公論社, 146-267.
北岡伸一 1995,『自民党——政権党の38年』読売新聞社.
北原鉄也 1983,「地方政治家における政治化とその社会経済的背景(下)——愛媛県下市町村会議員調査」『都市問題研究』388号, 110-131.
久慈力・横田一 1996,『政治が歪める公共事業——小沢一郎ゼネコン政治の構造』緑風出版.
河野勝 1991,「自民党——組織理論からの検討」『レヴァイアサン』9号, 32-54.
河野勝 2002,『制度』東京大学出版会.
弘文堂編集部 2001,『いま,「首相公選」を考える』弘文堂.
小林良彰 1994,『選挙制度——民主主義再生のために』丸善ライブラリー.
小宮京 2010,『自由民主党の誕生——総裁公選と組織政党論』木鐸社.
近藤孝弘 2005,『ドイツの政治教育——成熟した民主社会への課題』岩波書店.
斉藤淳 2010,『自民党長期政権の政治経済学——利益誘導政治の自己矛盾』勁草書房.
佐々木毅 2009,『政治の精神』岩波新書.
佐々木毅(編) 1999,『政治改革1800日の真実』講談社
佐々木毅・吉田慎一・谷口将紀・山本修嗣(編) 1999,『代議士とカネ——政治資金全国調査報告』朝日選書.
佐藤誠三郎・松崎哲久 1986,『自民党政権』中央公論社.
塩田潮 2007,『民主党の研究』平凡社新書.
品田裕 1998,「選挙公約政策データについて」『神戸法学雑誌』48巻2号, 541-572.
品田裕 2002,「政党配置——候補者公約による析出」樋渡展洋・三浦まり(編)『流動期の日本政治——「失われた十年」の政治学的検証』東京大学出版会, 51-72.
品田裕 2006,「国会議員の社会的支持基盤とのつながり」村松岐夫・久米郁男(編)『日本政治 変動の30年——政治家・官僚・団体調査に見る構造変容』東洋経済新報社, 95-117.
清水真人 2005,『官邸主導——小泉純一郎の革命』日本経済新聞社.
自由民主党 1977,『党改革(党近代化)に関する提案資料集』自由民主党.

自由民主党政務調査会(編) 2007,『解説・自民党重点政策〈2007〉』自由民主党.
白糸裕輝 2008,「小泉政権期のシニオリティ・ルールと派閥」東大法・第7期蒲島郁夫ゼミ(編)『小泉政権の研究』木鐸社, 141-160.
新川敏光・井戸正伸・宮本太郎・眞柄秀子 2004,『比較政治経済学』有斐閣アルマ.
スカラピノ, ロバート・A, 升味準之輔 1962,『現代日本の政党と政治』岩波書店.
菅原琢 2009,「自民党政治自壊の構造と過程」御厨貴(編)『変貌する日本政治——90年代以後「変革の時代」を読みとく』勁草書房, 13-42.
杉浦真理 2008,『主権者を育てる模擬投票——新しいシティズンシップ教育をめざして』きょういくネット.
鈴木基史 1999,「衆議院新選挙制度における戦略的投票と政党システム」『レヴァイアサン』25号, 32-51.
砂原庸介 2011a,『地方政府の民主主義——財政資源の制約と地方政府の政策選択』有斐閣.
砂原庸介 2011b,「政党システムの分析における地方と新党」『選挙研究』27巻1号, 43-56.
砂原庸介 2012,「マルチレベル選挙の中の都道府県議会議員」『レヴァイアサン』51号, 93-113.
盛山和夫 1995,『制度論の構図』創文社.
曽我謙悟・待鳥聡史 2007,『日本の地方政治——二元代表制政府の政策選択』名古屋大学出版会.
曽根泰教 2005,「衆議院選挙制度改革の評価」『選挙研究』20号, 19-34.
枡正夫 1967,「地方政党の構造と機能」日本政治学会(編)『現代日本の政党と官僚——保守合同以後』(年報政治学)岩波書店.
竹中治堅 2006,『首相支配——日本政治の変貌』中公新書.
武部勤 2005,「政治主導で作成した政権与党のマニフェスト」『法律文化』2005年8月号, 8-11.
立花隆 1976,『田中角栄研究・全記録』講談社.
橘民義(編) 2008,『民主党10年史』第一書林.
建林正彦 2004,『議員行動の政治経済学——自民党支配の制度分析』有斐閣.
建林正彦 2012,「マルチレベルの政治制度ミックスと政党組織」『レヴァイアサン』51号, 64-92.
建林正彦・曽我謙悟・待鳥聡史 2008,『比較政治制度論』有斐閣.
田中善一郎 1986,『自民党のドラマツルギー——総裁選出と派閥』東京大学出版会.
谷聖美 1987,「市町村議会議員の対国会議員関係——保守系議員に力点をおいて」『岡

山大学法学会雑誌』36巻3・4合併号，385-457.
谷口尚子 2005，『現代日本の投票行動』慶應義塾大学出版会．
谷口将紀 2004，『現代日本の選挙政治――選挙制度改革を検証する』東京大学出版会．
谷口将紀 2006，「衆議院議員の政策位置」『日本政治研究』3巻1号，90-108.
辻陽 2008，「政界再編と地方議会会派――『系列』は生きているのか」『選挙研究』24巻1号，16-31.
津田由美子 2000，「ベルギー」馬場康雄・平島健司（編）『ヨーロッパ政治ハンドブック』東京大学出版会，183-196.
堤英敬 2002，「選挙制度改革と候補者の政策公約――小選挙区比例代表並立制導入と候補者の選挙戦略」『香川法学』22巻2号，90-120.
堤英敬・上神貴佳 2007，「2003年総選挙における候補者レベル公約と政党の利益集約機能」『社会科学研究』58巻5・6合併号，33-48.
東京市政調査会研究部 1996，『都市議員の研究――全国市・区議会議員アンケート調査報告書』東京市政調査会．
東京大学社会科学研究所（編）2006，『「失われた10年」を超えて［Ⅱ］――小泉改革への時代』東京大学出版会．
中北浩爾 2009，「政権選択のその先へ――市場競争化する政党デモクラシー」『世界』2009年9月号，109-117.
中北浩爾 2012，『現代日本の政党デモクラシー』岩波新書．
中村悦大・茶本悠介・村田忠彦 2007，「中選挙区制下での選挙競争を理解する――シミュレーションによるひとつの検討」河野勝・西條辰義（編）『社会科学の実験アプローチ』勁草書房，85-114.
名取良太 2006，「国と地方のリンケージ――県議選の結果は衆院選の得票構造をどの程度規定するのか」大都市圏選挙調査班『大都市圏における選挙・政党・政策――大阪都市圏を中心に』関西大学法学研究所，29-51.
成廣孝 2009，「マルチ・レヴェル状況におけるサブ・ナショナル・レヴェルの選挙――スコットランドの場合」日本比較政治学会報告論文．
西尾勝・飯尾潤 2004，「〈検証〉03秋，マニフェストはこう作られた」『中央公論』2004年5月号，114-125.
西川美砂 2003，「2001年参院選における政党システムへの選挙制度の影響」『選挙研究』18号，12-25.
西川美砂 2007，「国際データによる選挙制度不均一仮説の検証」『社会科学研究』58巻5・6合併号，85-105.
ハイエク，F・A．田中真晴・田中秀夫（編訳）1986a，『市場・知識・自由――自由主義

の経済思想』ミネルヴァ書房.
ハイエク, F・A. 気賀健三・古賀勝次郎(訳) 1986b,『ハイエク全集第5巻　自由の条件Ⅰ』春秋社.
ハイエク, F・A. 気賀健三・古賀勝次郎(訳) 1987,『ハイエク全集第7巻　自由の条件Ⅲ』春秋社.
朴喆熙 2000,『代議士のつくられ方——小選挙区の選挙戦略』文春新書.
間登志夫 1984,「選挙運動」政治・法意識研究班『地方議員の態度と行動——大阪府自治体議員に関する調査報告』関西大学経済・政治研究所「調査と資料」51号, 67-77.
浜中新吾 2005,「首相公選制下における分裂投票——誠実投票インセンティブ仮説の検証」『選挙研究』20号, 178-190.
濱本真輔 2009,「小選挙区比例代表並立制の存立基盤——3回の議員調査の結果から」『年報政治学』2009-Ⅰ, 232-256.
濱本真輔 2010,「二元代表の関係性——選挙・議会レベルからの検討」辻中豊・伊藤修一郎(編)『ローカル・ガバナンス——地方政府と市民社会』木鐸社, 147-166.
日野愛郎 2009,「マルチレベル選挙における投票行動——ベルギーにおける『二次的選挙』モデルの再検証」日本比較政治学会報告論文.
広瀬道貞 1993,『補助金と政権党』朝日文庫.
樋渡展洋 2006,「小泉改革の条件——政策連合の弛緩と政策過程の変容」『レヴァイアサン』39号, 100-144.
樋渡展洋・斉藤淳(編) 2011,『政党政治の混迷と政権交代』東京大学出版会.
福元健太郎 2007,『立法の制度と過程』木鐸社.
星野潔 2007,「市民の政治意識, 政治参加行動と地域政治」研究チーム「地域計画の社会学的研究」(編)『地域社会の変動と社会計画』(中央大学社会科学研究所研究報告25号), 127-189.
堀内勇作・名取良太 2007,「二大政党制の実現を阻害する地方レベルの選挙制度」『社会科学研究』58巻5・6合併号, 21-32.
堀江湛 1993,「政治システムと選挙制度——議院内閣制と望ましい選挙制度」堀江湛(編)『政治改革と選挙制度』芦書房, 13-58.
前田幸男 2006,「大都市住民と選挙」東京市政調査会(編)『大都市のあゆみ』東京市政調査会, 249-275.
前田幸男 2007,「選挙制度の非一貫性と投票判断基準」『社会科学研究』58巻5・6合併号, 67-83.
升味準之輔 1958,「政治過程の変貌」岡義武(編)『現代日本の政治過程』岩波書店, 317-386.

升味準之輔 1967,「自由民主党の組織と機能」日本政治学会(編)『現代日本の政党と官僚——保守合同以後』(年報政治学)岩波書店, 34-77.

升味準之輔 1985,『現代政治——1955年以後(上)』東京大学出版会.

升味準之輔 1988,『日本政治史4——占領改革, 自民党支配』東京大学出版会.

御厨貴(編) 2003,『歴代首相物語』新書館.

御厨貴 2006,『ニヒリズムの宰相——小泉純一郎論』PHP新書.

水崎節文 1981,「衆議院総選挙における地域偏重的得票の計量分析試論」『岐阜大学教養部研究報告』17号, 27-42.

水崎節文 1982,「得票の地域偏重より見た選挙区特性」『岐阜大学教養部研究報告』18号, 13-38.

水崎節文・森裕城 1998,「投票データからみた並立制のメカニズム」『選挙研究』13号, 50-59.

三宅一郎 1989,『投票行動』東京大学出版会.

村上信一郎 2010,「一党優位体制の崩壊」山口二郎(編)『民主党政権は何をなすべきか——政治学からの提言』岩波書店, 20-35.

村上泰亮 1984,『新中間大衆の時代——戦後日本の解剖学』中央公論社.

村松岐夫 1988,『地方自治』東京大学出版会.

村松岐夫 2010,『政官スクラム型リーダーシップの崩壊』東洋経済新報社.

村松岐夫・伊藤光利 1980,「市町村会議員の政治化と地域社会の社会経済的特質——京都府市町村会議員調査(1)」『法学論叢』107巻3号, 83-101.

村松岐夫・伊藤光利 1986,『地方議員の研究——「日本的政治風土」の主役たち』日本経済新聞社.

森脇俊雅 1984,「地方議員と選挙」黒田展之(編)『現代日本の地方政治家——地方議員の背景と行動』法律文化社, 69-95.

山川雄巳・藤山征秀 1977,「後援会・支持団体・所属団体」三宅一郎・福島徳寿郎・村松岐夫(編)『都市政治家の行動と意見』京都大学人文科学研究所調査報告31号, 219-251.

山口二郎 2004,『戦後政治の崩壊——デモクラシーはどこへゆくか』岩波新書.

山口二郎 2012,『政権交代とは何だったのか』岩波新書.

山田真裕 1992,「選挙地盤と得票の動態——橋本富美三郎と額賀福志郎を中心に」『筑波法政』15号, 355-396.

山田真裕 1997,「農村型選挙区における政界再編および選挙制度改革の影響——茨城新二区, 額賀福志郎を例として」大嶽秀夫(編)『政界再編の研究——新選挙制度による総選挙』有斐閣, 113-142.

山田真裕 2007,「保守支配と議員間関係――町内2派対立の事例研究」『社会科学研究』58巻5・6合併号, 49-66.

吉田徹 2009,『二大政党制批判論――もうひとつのデモクラシーへ』光文社新書.

依田博 1980,「地方議員と選挙過程――京都府市町村会議員調査(2)」『京都大学法学論叢』107巻5号, 76-95.

李甲允 1992,「衆議院選挙での政党の得票数と議席数――公認候補者数と票の配分に関する政党の効率性と選挙区間定数不均衡の効果」『レヴァイアサン』10号, 109-131.

リード, スティーブン・R 2003,「並立制における小選挙区候補者の比例代表得票率への影響」『選挙研究』18号, 5-11.

若田恭二 1981,『現代日本の政治と風土』ミネルヴァ書房.

若田恭二 1982,「選挙と議員」政治・法意識研究班『都市議員の態度と行動――大阪府自治体議員に関する調査報告』関西大学経済・政治研究所「調査と資料」47号, 93-109.

渡辺恒雄 1958,『派閥――保守党の解剖』弘文堂.

外国語

Achen, Christopher H. 1990, "What Does 'Explained Variance' Explain?: Reply," *Political Analysis* 2: 173-184.

Aldrich, John H. 1983, "A Downsian Spatial Model with Party Activism," *American Political Science Review* 77: 974-990.

Aldrich, John H., and Michael D. McGinnis 1989, "A Model of Party Constraints on Optimal Candidate Positions," *Mathematical and Computer Modelling* 1/2: 437-450.

Ansolabehere, Stephen, and James M. Snyder, Jr. 2000, "Valence Politics and Equilibrium in Spatial Election Models," *Public Choice* 103: 327-336.

Ansolabehere, Stephen, James M. Snyder, Jr. and Charles Stewart III. 2001, "Candidate Positioning in US House Elections," *American Journal of Political Science* 45: 136-159.

Aranson, Peter H., and Peter C. Ordeshook 1972, "Spatial Strategies for Sequential Elections," In Richard G. Niemi and Herbert F. Weisberg eds., *Probability Models of Collective Decision Making*, Charles E. Merrill Publishing Company, 298-331.

Asaba, Yuki 2008, "Three-tier Model of Linkage Failure in Duverger's Law: Regionalism in Korean Parliamentary Elections in Comparative Perspectives," *Japanese Journal of Electoral Studies* 23: 112-126.

Bawn, Kathleen 1993, "The Logic of Institutional Preferences: German Electoral Law as a Social Choice Outcome," *American Journal of Political Science* 37: 965-989.

Black, Duncan 1958, *The Theory of Committees and Elections*, Cambridge University Press.
Bowler, Shaun 2006, "Electoral Systems," In R. A. W. Rhodes, Sarah A. Binder and Bert A. Rockman eds., *The Oxford Handbook of Political Institutions*, Oxford University Press, 577-594.
Cain, Bruce, John Ferejohn and Morris Fiorina 1987, *The Personal Vote: Constituency Service and Electoral Independence*, Harvard University Press.
Calvert, Randall L. 1985, "Robustness of the Multidimensional Voting Model: Candidate Motivations, Uncertainty, and Convergence," *American Journal of Political Science* 29: 69-95.
Carey, John M., and Matthew Soberg Shugart 1995, "Incentives to Cultivate a Personal Vote: A Rank Ordering of Electoral Formulas," *Electoral Studies* 14: 417-439.
Cheng, Tun-Jen, and Stephan Haggard 2001, "Democracy and Deficits in Taiwan: The Politics of Fiscal Policy 1986-1996," In Stephan Haggard and Mathew D. McCubbins eds., *Presidents, Parliaments, and Policy*, Cambridge University Press, 183-225.
Chhibber, Pradeep K., and Ken Kollman 2004, *The Formation of National Party System: Federalism and Party Competition in Canada, Great Britain, India, and the United States*, Princeton University Press.
Cox, Gary W. 1987, *The Efficient Secret: The Cabinet and the Development of Political Parties in Victorian England*, Cambridge University Press.
Cox, Gary W. 1990, "Centripetal and Centrifugal Incentives in Electoral Systems," *American Journal of Political Science* 34: 903-935.
Cox, Gary W. 1994, "Strategic Voting Equilibria under the Single Nontransferable Vote," *American Political Science Review* 88: 608-621.
Cox, Gary W. 1997, *Making Votes Count: Strategic Coordination in the World's Electoral Systems*, Cambridge University Press.
Cox, Gary W., and Mathew D. McCubbins 1993, *Legislative Leviathan: Party Government in the House*, University of California Press.
Cox, Gary W., and Mathew D. McCubbins 2001, "The Institutional Determinants of Economic Policy Outcomes," In Stephan Haggard and Mathew D. McCubbins eds., *Presidents, Parliaments, and Policy*, Cambridge University Press, 21-63.
Cox, Gary W., and Emerson Niou 1994, "Seat Bonuses under the Single Nontransferable Vote System: Evidence from Japan and Taiwan," *Comparative Politics* 26: 221-236.
Cox, Gary W., and Frances Rosenbluth 1994, "Reducing Nomination Errors: Factional

Competition and Party Strategy in Japan," *Electoral Studies* 13: 4-16.

Crisp, Brian F., Maria C. Escobar-Lemmon, Bradford S. Jones, Mark P. Jones and Michelle M. Taylor-Robinson 2004, "Vote-Seeking Incentives and Legislative Representation in Six Presidential Democracies," *The Journal of Politics* 66: 823-846.

Curtis, Gerald L. 1971, *Election Campaigning, Japanese Style*, Columbia University Press. ジェラルド・L・カーティス. 山岡清二(訳) 1983, 『代議士の誕生──日本式選挙運動の研究(新版)』サイマル出版会.

Dahl, Robert A. 1971, *Polyarchy: Participation and Opposition*, Yale University Press. ロバート・A・ダール. 高畠通敏・前田脩(訳). 1981. 『ポリアーキー』三一書房.

Dalton, Russell J., and Martin P. Wattenberg eds. 2000, *Parties without Partisans: Political Change in Advanced Industrial Democracies*, Oxford University Press.

De Winter, Lieven 1993, "The Selection of Party Presidents in Belgium," *European Journal of Political Research* 24: 233-256.

Deschouwer, Kris 2006, "Political Parties as Multi-Level Organizations," In Richard S. Katz and William Crotty eds., *Handbook of Party Politics*, Sage, 291-300.

Diskin, Abraham, and Reuven Y. Hazan 2002, "The 2001 Prime Ministerial Election in Israel," *Electoral Studies* 21: 659-664.

Downs, Anthony 1957, *An Economic Theory of Democracy*, Harper & Row. アンソニー・ダウンズ. 古田精司(監訳) 1980, 『民主主義の経済理論』成文堂.

Duverger, Maurice 1951, *Les Partis Politiques*, Libraire Armand Colin. モーリス・デュベルジェ. 岡野加穂留(訳) 1970, 『政党社会学──現代政党の組織と活動』潮出版社.

Eaton, B. Curtis, and Richard G. Lipsey 1975, "The Principle of Minimum Differentiation Reconsidered: Some New Developments in the Theory of Spatial Competition," *Review of Economic Studies* 42: 27-49.

Ehrhardt, Geroge 2006, "Factional Influence on the 2001 LDP Primaries: A Quantitative Analysis," *Japanese Journal of Political Science* 7: 59-69.

Eldersveld, Samuel J. 1964, *Political Parties: A Behavioral Analysis*, Rand McNally.

Elster, Jon 1988a, "Consequences of Constitutional Choice: Reflections on Tocqueville," In Jon Elster and Rune Slagstad eds., *Constitutionalism and Democracy*, Cambridge University Press, 81-101.

Elster, Jon 1988b, "Arguments for Constitutional Choice: Reflections on the Transition to Socialism," In Jon Elster and Rune Slagstad eds., *Constitutionalism and Democracy*, Cambridge University Press, 303-323.

Elster, Jon 1999, *Strong Feelings: Emotion, Addiction, and Human Behavior*, MIT Press.

ヤン・エルスター. 染谷昌義(訳) 2008, 『合理性を圧倒する感情』勁草書房.
Ferrara, Federico, Erik S. Herron and Misa Nishikawa 2005, *Mixed Electoral Systems: Contamination and Its Consequences*, Palgrave Macmillan.
Fiorina, Morris P. 1981, *Retrospective Voting in American National Elections*, Yale University Press.
Foster, James J. 1982, "Ghost-Hunting: Local Party Organization in Japan," *Asian Survey* 22: 843-852.
Geddes, Barbara 1994, *Politician's Dilemma: Building State Capacity in Latin America*, University of California Press.
Giannetti, Daniela, and Bernard Grofman eds. 2011, *A Natural Experiment on Electoral Law Reform: Evaluating the Long Run Consequences of 1990s Electoral Reform in Italy and Japan*, Springer.
Goldstein, Seth 2002, "Party Leaders, Power and Change," *Party Politics* 8: 327-348.
Greif, Avner 2006, *Institutions and the Path to the Modern Economy: Lessons from Medieval Trade*, Cambridge University Press. アブナー・グライフ. 岡崎哲二・神取道宏 (監訳) 2009, 『比較歴史制度分析』NTT出版.
Groseclose, Tim 2001, "A Model of Candidate Location When One Candidate Has a Valence Advantage," *American Journal of Political Science* 45: 862-886.
Haggard, Stephan, and Gregory W. Noble 2001, "Power Politics: Elections and Electricity Regulation in Taiwan," In Stephan Haggard and Mathew D. McCubbins eds., *Presidents, Parliaments, and Policy*, Cambridge University Press, 256-290.
Haggard, Stephan, and Mathew D. McCubbins eds. 2001, *Presidents, Parliaments, and Policy*, Cambridge University Press.
Hall, Peter A., and David Soskice eds. 2001, *Varieties of Capitalism: The Institutional Foundations of Comparative Advantage*, Oxford University Press.
Hazan, Reuven Y. 1996, "Presidential Parliamentarism: Direct Popular Election of the Prime Minister, Israel's New Electoral and Political System," *Electoral Studies* 15: 21-37.
Hazan, Reuven Y., and Abraham Diskin 2000, "The 1999 Knesset and Prime Ministerial Elections in Israel," *Electoral Studies* 19: 628-637.
Hazan, Reuven Y., and Gideon Rahat 2000, "Representation, Electoral Reform, and Democracy: Theoretical and Empirical Lessons from the 1996 Elections in Israel," *Comparative Political Studies* 33: 1310-1336.
Hopkin, Jonathan, and Caterina Paolucci 1999, "The Business Firm Model of Party Or-

ganization: Cases from Spain and Italy," *European Journal of Political Research* 35: 307-339.

Hotelling, Harold 1929, "Stability in Competition," *Economic Journal* 39: 41-57.

Katz, Richard S., and Peter Mair 1995, "Changing Models of Party Organization and Party Democracy: The Emergence of the Cartel Party," *Party Politics* 1: 5-28.

Key, V. O., Jr. 1964, *Politics, Parties, and Pressure Groups*, 5th ed. T. Y. Crowell.

Kirchheimer, Otto 1966, "The Transformation of the Western European Party Systems," In Joseph LaPalombara and Myron Weiner eds., *Political Parties and Political Development*, Princeton University Press, 177-200.

Kittilson, Miki Caul, and Susan E. Scarrow 2003, "Political Parties and the Rhetoric and Realities of Democratization," In Bruce E. Cain, Russell J. Dalton and Susan Scarrow eds., *Democracy Transformed?: Expanding Political Opportunities in Advanced Industrial Democracies*, Oxford University Press, 59-80.

Kohno, Masaru 1997, *Japan's Postwar Party Politics*, Princeton University Press.

Köllner, Patrick 2002, "Upper House Elections in Japan and the Power of the 'Organized Vote'," *Japanese Journal of Political Science* 3: 113-137.

Krauss, Ellis S., and Robert J. Pekkanen 2011, *The Rise and Fall of Japan's LDP: Political Party Organizations as Historical Institutions*, Cornell University Press.

Krouwel, André 2006, "Party Models," In Richard S. Katz and William Crotty eds. *Handbook of Party Politics*. Sage, 249-269.

Laakso, Markku, and Rein Taagepera 1979, "Effective Number of Parties: A Measure with Applications to Western Europe," *Comparative Political Studies* 12: 3-27.

Lago, Ignacio, and José Ramón Montero 2009, "Coordination between Electoral Arenas in Multilevel Countries," *European Journal of Political Research* 48: 176-203.

LeDuc, Lawrence 2001, "Democratizing Party Leadership Selection," *Party Politics* 7: 323-341.

Lijphart, Arend, ed. 1992, *Parliamentary versus Presidential Government*, Oxford University Press.

Lijphart, Arend, and Carlos H. Waisman eds. 1996, *Institutional Design in New Democracies: Eastern Europe and Latin America*, Westview Press.

Lijphart, Arend, Rafael Lopez Pintor and Yasunori Sone 1986, "The Limited Vote and the Single Nontransferable Vote: Lessons from the Japanese and Spanish Examples," In Bernard Grofman and Arend Lijphart eds., *Electoral Laws and Their Political Consequences*, Agathon Press, 154-169.

Macdonald, Stuart Elaine, and George Rabinowitz 1998, "Solving the Paradox of Nonconvergence: Valence, Position, and Direction in Democratic Politics," *Electoral Studies* 17: 281-300.

Michels, Robert 1957, *Zur Soziologie des Parteiwesens in der modernen Democratie: Untersuchungen über die Oligarchischen Tendenzen des Gruppenlebens*, Neudruck der zweiten Auflage, Hersg. von Werner Conze. Alfred Kröner Verlag. ロベルト・ミヘルス．広瀬英彦(訳) 1975,『政党政治の社会学』ダイヤモンド社．

Moe, Terry M., and Michael Caldwell 1994, "The Institutional Foundations of Democratic Government: A Comparison of Presidential and Parliamentary Systems," *Journal of Institutional and Theoretical Economics* 150: 171-195.

Moenius, Johannes, and Yuko Kasuya 2004, "Measuring Party Linkage across Districts: Some Party System Inflation Indices and Their Properties," *Party Politics* 10: 543-564.

Moon, Woojin 2004, "Party Activists, Campaign Resources, and Candidate Position Taking: Theory, Tests, and Applications," *British Journal of Political Science* 34: 611-633.

Nielson, Daniel L., and Matthew Soberg Shugart 1999, "Constitutional Change in Colombia: Policy Adjustment Through Institutional Reform," *Comparative Political Studies* 32: 313-341.

Norris, Pippa 2004, *Electoral Engineering: Voting Rules and Political Behavior*, Cambridge University Press.

Palfrey, Thomas R. 1989, "A Mathematical Proof of Duverger's Law," In Peter C. Ordeshook ed., *Models of Strategic Choice in Politics*, University of Michigan Press, 69-91.

Panebianco, Angelo 1982, *Modelli di partito: Organizzazione e potere nei partiti politici*. Il Mulino. アンジェロ・パーネビアンコ．村上信一郎(訳) 2005,『政党——組織と権力』ミネルヴァ書房．

Park, MyoungHo 2003, "Sub-National Sources of Multipartism in Parliamentary Elections: Evidence from Korea," *Party Politics* 9: 503-522.

Pennings, Paul, and Reuven Y. Hazan 2001, "Democratizing Candidate Selection: Causes and Consequences," *Party Politics* 7: 267-275.

Pierson, Paul 2004, *Politics in Time: History, Institutions, and Social Analysis*, Princeton University Press. ポール・ピアソン．粕谷祐子(監訳) 2010,『ポリティクス・イン・タイム——歴史・制度・社会分析』勁草書房．

Poguntke, Thomas, and Paul Webb 2005, "The Presidentialization of Politics in Democratic Societies: A Framework for Analysis," In Thomas Poguntke and Paul Webb eds., *The Presidentialization of Politics: A Comparative Study of Modern Democracies*, Oxford

University Press, 1-25.

Poguntke, Thomas, and Paul Webb eds. 2005, *The Presidentialization of Politics: A Comparative Study of Modern Democracies*, Oxford University Press.

Popper, Karl R. 1957, *The Poverty of Historicism*, Routledge & Kegan Paul. カール・R・ポパー．久野収・市井三郎(訳) 1961，『歴史主義の貧困――社会科学の方法と実践』中央公論社．

Putnam, Robert D. 1988, "Diplomacy and Domestic Politics: The Logic of Two-Level Games," *International Organization* 42: 427-460.

Rae, Douglas W. 1971, *The Political Consequences of Electoral Laws*, Yale University Press.

Ramseyer, J. Mark, and Frances McCall Rosenbluth 1993, *Japan's Political Marketplace*, Harvard University Press. M・ラムザイヤー／F・ローゼンブルース．加藤寛(監訳)・川野辺裕幸・細野助博(訳) 1995，『日本政治の経済学――政権政党の合理的選択』弘文堂．

Reed, Steven R. 1990, "Structure and Behavior: Extending Duverger's Law to the Japanese Case," *British Journal of Political Science* 20: 335-356.

Sartori, Giovanni 1976, *Parties and Party Systems: A Framework for Analysis*, Cambridge University Press. G・サルトーリ．岡沢憲芙・川野秀之(訳) 1992，『現代政党学――政党システム論の分析枠組み』早稲田大学出版部．

Sartori, Giovanni 1996, *Comparative Constitutional Engineering: An Inquiry into Structures, Incentives and Outcomes*, 2nd ed., Macmillan. ジョヴァンニ・サルトーリ．岡沢憲芙(監訳)・工藤裕子(訳) 2000，『比較政治学――構造・動機・結果』早稲田大学出版部．

Scarrow, Susan E. 1996, *Parties and Their Members: Organizing for Victory in Britain and Germany,* Oxford University Press.

Scarrow, Susan E. 1999, "Parties and the Expansion of Direct Democracy: Who Benefits?" *Party Politics* 5: 341-362.

Scheiner, Ethan 2006, *Democracy Without Competition in Japan: Opposition Failure in a One-Party Dominant State*, Cambridge University Press.

Schofield, Norman 2005, "A Valence Model of Political Competition in Britain: 1992-1997," *Electoral Studies* 24: 347-370.

Schumpeter, Joseph A. 1950, *Capitalism, Socialism, and Democracy*, 3rd ed., George Allen & Unwin. シュムペーター．中山伊知郎・東畑精一(訳) 1995，『資本主義・社会主義・民主主義(新装版)』東洋経済新報社．

Seyd, Patrick, Paul Whiteley and Jon Parry 1996, *Labour and Conservative Party Members 1990-92: Social Characteristics, Political Attitudes and Activities*, Dartmouth Publishing Company.

Shefter, Martin 1994, *Political Parties and the State: The American Political Experience*, Princeton University Press.

Shepsle, Kenneth A. 1986, "Institutional Equilibrium and Equilibrium Institutions," In Herbert F. Weisberg ed., *Political Science: The Science of Politics*, Agathon Press, 51-81.

Shugart, Matthew Soberg, and John M. Carey 1992, *Presidents and Assemblies: Constitutional Design and Electoral Dynamics*, Cambridge University Press.

Shugart, Matthew Soberg, and Martin P. Wattenberg eds. 2001, *Mixed-Member Electoral Systems: The Best of Both Worlds?* Oxford University Press.

Shugart, Matthew Soberg, and Stephan Haggard 2001, "Institutions and Public Policy in Presidential Systems," In Stephan Haggard and Mathew D. McCubbins eds., *Presidents, Parliaments, and Policy*, Cambridge University Press, 64-102.

Stokes, Donald E. 1963, "Spatial Models of Party Competition," *American Political Science Review* 57: 368-377.

Thayer, Nathaniel B. 1969, *How the Conservatives Rule Japan*, Princeton University Press. N・B・セイヤー. 小林克巳(訳) 1968,『自民党』雪華社.

Tsebelis, George 1991, *Nested Games: Rational Choice in Comparative Politics*, University of California Press.

Tsebelis, George 2002, *Veto Players: How Political Institutions Work*, Princeton University Press. ジョージ・ツェベリス. 真柄秀子・井戸正伸(監訳) 2009,『拒否権プレイヤー——政治制度はいかに作動するか』早稲田大学出版部.

Tsurutani, Taketsugu 1980, "The LDP in Transition?: Mass Membership Participation in Party Leadership Selection," *Asian Survey* 20: 844-859.

Weber, Max 1919, *Politik als Beruf*, マックス・ヴェーバー. 脇圭平(訳) 1980,『職業としての政治』岩波文庫.

Zielonka, Jan ed. 2001, *Institutional Engineering*, Oxford University Press.

謝辞

　本書は筆者が東京大学に提出した博士論文を改訂したものである．出版に際して，まずはご指導いただいた先生方にお礼を申し上げたい．筆者は政党の組織や政策，政治制度との関係を主要な研究対象としてきた．これらのテーマを選択する上で，大学院生時代に佐々木毅先生のご指導を仰いだことは極めて重要であった．今日なお，佐々木先生は筆者の導きの星である．佐々木先生が東京大学総長に就任されて以後，指導教官をお引き受け下さったのが樋渡展洋先生である．そもそも学部学生時代に樋渡先生のご高著と出会わなければ，筆者が研究の道に進むことはなかったかもしれない．同じく学部学生の頃，進路に悩んでいた筆者の相談に乗って下さったのが，当時の指導教官，内山融先生である．また，大学院のゼミを通じて，科学的なリサーチ・デザインや計量的な分析手法といった作法をご教示くださったのが，蒲島郁夫先生である．こうして振り返ってみると，筆者はよき指導者に恵まれ，実に幸運であったといえる．

　また，博士論文の審査にあたっては，川人貞史先生，樋渡先生，飯田敬輔先生，石川健治先生，谷口将紀先生にご担当いただいた．とくに，谷口先生には紹介教員の労をとっていただき，原稿に丁寧なコメントを頂戴するなど，大いにお世話になった．大学院進学以来のご厚情にお礼を申し上げる．先生方からお寄せいただいた大変有益なご意見は，筆者の力の及ぶ限り，改訂作業に反映させるよう努力したが，なお及ばない点は今後の課題としたい．

　本書が扱う選挙制度不均一というテーマ自体は，文部科学省科学研究費補助金の助成を得て進められた共同研究から生まれた．本書では，その概要を第1章1.3節で紹介し，成果の一部を第3章に収録している．この共同研究は，東京大学社会科学研究所の全所的プロジェクト（「失われた10年？——90年代日本をとらえなおす」）の一部として企画され，幅広い参加者を得て，平成16年度から3年間にわたって実施された．研究課題名は以下のとおりである．

『選挙制度改革の実証的評価——「選挙制度不均一仮説」と政策対抗的な政党制の条件』(基盤研究(B),課題番号 16330023)

この共同研究には,筆者のほかに,樋渡先生,グレゴリー・ノーブル先生,平野浩先生,山田真裕先生,前田幸男先生,堤英敬先生,名取良太先生,今井亮祐先生,海外からは堀内勇作先生,西川美砂先生にご参加いただいた.科研費の研究組織には加わっていただいていないが,清水大昌先生のご助力も得た.そもそも選挙制度の不均一性に注目する必要性を指摘されたのは堀内先生である.このアイディアは共同研究を導く基本的なテーマとなり,それなくしては本書も成立しなかったといえる.なお,上神・清水(2007)と堤・上神(2007)は,清水先生,堤先生との共同研究の成果である.再掲をお許し下さった両先生にも心より感謝したい.

これに続く東京大学社会科学研究所の全所的プロジェクトとして「希望学」に参加し,2006年には岩手県釜石市議会を調査する貴重な機会に恵まれた.この共同研究の成果は第2章に収録されている.希望学プロジェクトでは玄田有史先生,中村尚史先生,宇野重規先生にお世話になった.

また,釜石市議会議員調査に引き続き,2009年には東京都墨田区議会議員に対しても同様の調査を実施することができた.取りまとめの最中であるので,一部でしかないが,その成果は本書にも反映されている.本調査は筆者が単独で行っているものであり,平成20年度から3ヵ年の計画で,科研費の助成を受けた.研究課題名は次のとおりである.

『地方議会選挙における党派性の決定要因』(若手研究(B),課題番号 20730092)

本書の第4章と第5章の執筆に際しては,平成23年度より継続中である,下記の科研費の助成を受けている研究の成果も一部反映させた.

『自民党総裁選出過程の研究——2000年代の変化を中心に』(若手研究(B),課題番号 23730142)

すでにお名前を挙げた先生以外にも，御厨貴先生，飯尾潤先生，松本正生先生には理論的ないし方法論的に多くを負っている．浅羽祐樹先生からは，原稿に対して適切なコメントもいただいた．

筆者の研究者としての自己形成過程において，大学院在学中における先輩・同輩・後輩との関係は決定的であった．すべてのお名前を挙げることができないのが誠に残念であるが，「空井研」のメンバーのみなさん，今村祥子さん，打越綾子さん，庄司香さん，中溝和弥さん，成廣孝さんに心から感謝する．

本書は高知大学経済学会の出版助成を得て，高知大学経済学会研究叢書第10号として刊行される．筆者の勤務先である高知大学人文学部という恵まれた環境なくして存在し得なかったものである．学部長の吉尾寛先生，学科長の中川香代先生を始めとする同僚の先生方にもお礼を申し上げる．また，本書の刊行に際しては，東京大学出版会編集部の斉藤美潮氏に大変お世話になった．学術論文が書籍となる過程で，その輪郭がはっきりとしたものになったのは，ひとえに斉藤氏のおかげである．

このように本書は関係各位との共同作業の賜物といえる．改めてお礼を申し上げるとともに，本書におけるすべての瑕疵は筆者の責任であることを申し添えておく．最後になるが，家族に対する謝辞を述べることをお許しいただきたい．筆者の博士課程進学後すぐに亡くなった父，積年の病と闘った母，長きにわたりともに介護に奔走した弟，そして筆者の新しい家族である妻と娘に本書を捧げる．

上神貴佳

初出一覧

　本書は，筆者が新たに書き下ろしたものに加えて，すでに発表した論文のいくつかを再構成したものから構成されている．それらの初出については，以下のとおりである．

学術誌掲載論文
　　上神貴佳・清水大昌　2007,「不均一な選挙制度における空間競争モデル」『レヴァイアサン』40 号，255-272.
　　堤英敬・上神貴佳　2007,「2003 年総選挙における候補者レベル公約と政党の利益集約機能」『社会科学研究』58 巻 5・6 合併号，33-48.
　　上神貴佳　2008,「政界再編と地方政治──岩手県釜石市議会を事例として」『社会科学研究』59 巻 3・4 合併号，39-80.
　　上神貴佳　2008,「党首選出過程の民主化──自民党と民主党の比較検討」『年報政治学』2008-Ⅰ，220-240.
　　上神貴佳　2010,「選挙制度改革と自民党総裁選出過程の変容──リーダーシップを生み出す構造と個性の相克」『選挙研究』26 巻 1 号，26-37.

学会報告論文
　　上神貴佳・清水大昌　2005,「選挙制度の不均一性──数理的アプローチ」日本政治学会報告論文．
　　堤英敬・上神貴佳　2005,「2003 年総選挙における候補者レベル公約と政党の利益集約機能」日本政治学会報告論文．
　　上神貴佳　2007,「『大統領化現象』がもたらす政策的帰結の予備的考察──2003 年総選挙における自民，民主両党の公約分析」日本公共政策学会報告論文．
　　上神貴佳　2007,「党首選出過程の民主化──自民党と民主党の比較検討」

日本政治学会報告論文.

上神貴佳 2008,「自民党総裁選出過程の民主化——時系列的な比較分析」日本比較政治学会報告論文.

上神貴佳 2011,「中央・地方間における選挙制度不均一問題の検討」日本政治学会報告論文.

Uekami, Takayoshi, and Daisuke Shimizu 2006, "The Consistency of Electoral Systems: A Theoretical Review and Hypotheses," Paper presented at the World Congress of the International Political Science Association.

Tsutsumi, Hidenori, and Takayoshi Uekami 2006, "Party Policy Coherence in Japan: Evidence from 2003 Candidate-Level Electoral Platform," Paper presented at the World Congress of the International Political Science Association.

人名索引

あ行

浅野正彦　42
浅羽祐樹　8, 246
アルドリッチ（John H. Aldrich）　97
飯尾潤　2, 202, 235
池田謙一　143
石川真澄　42, 233
伊藤光利　57, 89
今井亮佑　143
ウェッブ（Paul Webb）　132, 196
エルスター（Jon Elster）　240
オードシュック（Peter C. Ordeshook）　97
岡義達　18
小沢一郎　25, 60, 208

か行

カーティス（Gerald L. Curtis）　23, 38
カッツ（Richard S. Katz）　14
加藤秀治郎　4, 233
蒲島郁夫　143
川人貞史　2, 246, 250
菅直人　24, 151, 182, 206
キー（V. O. Key, Jr.）　7
北岡伸一　20
キャリー（John M. Carey）　2, 191
キルヒハイマー（Otto Kirchheimer）　13
クラウス（Ellis S. Krauss）　253
クリスプ（Brian F. Crisp）　194
ゲッディス（Barbara Geddes）　191
小泉純一郎　149, 170, 179, 201, 203
河野勝　1, 245, 248
コックス（Gary W. Cox）　4, 94, 193, 197, 246, 250
小林良彰　233
コルマン（Ken Kollman）　4, 246

さ行

斉藤淳　21, 237
佐々木毅　237
佐藤誠三郎　20
サルトーリ（Giovanni Sartori）　1, 231

シェプスリー（Kenneth A. Shepsle）　3, 248
品田裕　107
シャイナー（Ethan Scheiner）　47, 57
シュガート（Matthew Soberg Shugart）　2, 4, 190, 194, 199, 247,
シュンペーター（Joseph A. Schumpeter）　238
スカラピノ（Robert A. Scalapino）　18
スキャロー（Susan E. Scarrow）　134, 184
砂原庸介　188
セイヤー（Nathaniel B. Thayer）　20
曽我謙悟　194, 239
曽根泰教　2, 233, 235

た行

ダール（Robert A. Dahl）　141
ダウンズ（Anthony Downs）　96, 238
竹中治堅　142
建林正彦　4, 21, 59, 96, 239
田中善一郎　136
谷聖美　41, 80
谷口将紀　23, 33, 40, 71, 106, 144
ダルトン（Russell J. Dalton）　237
チッバー（Pradeep K. Chhibber）　4, 246
ツェベリス（George Tsebelis）　4, 238
堤英敬　106, 118, 234, 236
デュベルジェ（Maurice Duverger）　12, 245
トクヴィル（Alexis de Tocqueville）　241
ドショウワー（Kris Deschouwer）　7

な行

中北浩爾　24, 233, 254
名取良太　39, 42
西尾勝　202
西川美砂　4, 35, 43, 247
ノーブル（Gregory W. Noble）　191

は行

パーネビアンコ（Angelo Panebianco）　13
ハイエク（Friedrich August von Hayek）　244
ハガード（Stephan Haggard）　190, 194, 199
鳩山由紀夫　24, 151, 182
濱本真輔　248

ピアソン(Paul Pierson) 239
樋渡展洋 201
福元健太郎 239
ペッカネン(Robert J. Pekkanen) 253
ポグントケ(Thomas Poguntke) 132, 196
堀内勇作 42
堀江湛 233
ポパー(Karl R. Popper) 244

ま 行

前田幸男 43
升味準之輔 18
待鳥聡史 194, 239
マッカビンズ(Mathew D. McCubbins) 193
三木武夫 136
水崎節文 85, 247
ミヘルス(Robert Michels) 12
村上信一郎 233
村上泰亮 19

村松岐夫 17, 38, 57, 89
メーア(Peter Mair) 14
モー(Terry M. Moe) 190

や 行

山口二郎 233
山田真裕 23, 39, 43, 85, 144
吉田徹 233

ら 行

ライプハート(Arend Lijphart) 1, 131
ラムザイヤー(J. Mark Ramseyer) 21
リード(Steven R. Reed) 83, 247, 249
ローゼンブルース(Frances McCall Rosenbluth) 21, 250

わ 行

ワッテンバーグ(Martin P. Wattenberg) 4, 237, 247

事項索引

あ 行

亥年現象　42
ウェストミンスター型　198
M＋1法則　28, 83, 99, 249

か 行

寡頭制の鉄則　12
カルテル政党　14
幹部政党　12, 24
企業政党　15
拒否権プレイヤー　238
均衡制度　3, 248
系列　22, 38, 78
後援会　22, 38, 100
公約データ　107, 210

さ 行

執政制度　131
地盤　85
自民党の院外組織　21, 38, 137, 158
集合行為問題　197
政策次元　217
政策的な凝集性　108
政策動員　98, 114
政策投票　48
政治資金データ　71
政党集約　4, 245
政党組織の類型論　7
政党脱編成　13, 236

制度間の相互関係　4, 239, 253
制度均衡　3, 248
制度工学（constitutional engineering）　1, 232
選挙制度改革の効果　2, 142, 235
選挙制度の垂直的な不均一性　5, 26, 36, 199
選挙制度の水平的な不均一性　5
専門職的選挙政党　12, 24
組織動員　98, 114

た 行

大衆政党　12, 24
大統領制化現象　132, 196
地域的な棲み分け　85
地方政治の党派性　44, 61
中位投票者定理　3, 28, 96
デュベルジェの法則　3, 28, 245
党首選出過程の競争性　141, 167
党首選出過程の包括性　141, 158
党内における垂直的な統合　9, 16

は 行

包括政党　12, 24
本人・代理人関係（プリンシパル・エージェント関係）　21, 192

ま 行

マニフェスト　202, 210

ら 行

連動効果　4, 246

著者略歴
1973 年　東京都生まれ.
2002 年　東京大学大学院法学政治学研究科博士課程単位取得満期
　　　　退学.
　　　　東京大学社会科学研究所助手等を経て,
現　在　高知大学人文学部准教授.

主要著書
『希望学 3　希望をつなぐ――釜石からみた地域社会の未来』共著,
　東京大学出版会, 2009 年
『民主党の組織と政策――結党から政権交代まで』共編, 東洋経済
　新報社, 2011 年
『政治学』共著, 東京大学出版会, 2012 年

政党政治と不均一な選挙制度

国政・地方政治・党首選出過程

2013 年 6 月 10 日　初　版

［検印廃止］

著　者　上神貴佳

発行所　一般財団法人　東京大学出版会

　　　　代表者　渡辺　浩
　　　　113-8654　東京都文京区本郷 7-3-1 東大構内
　　　　http://www.utp.or.jp/
　　　　電話 03-3811-8814　Fax 03-3812-6958
　　　　振替 00160-6-59964

印刷所　株式会社平文社
製本所　誠製本株式会社

Ⓒ2013 Takayoshi Uekami
ISBN 978-4-13-036248-1　Printed in Japan

JCOPY 〈(社)出版者著作権管理機構　委託出版物〉
本書の無断複写は著作権法上での例外を除き禁じられています. 複写される場合は, そのつど事前に, (社)出版者著作権管理機構(電話 03-3513-6969, FAX 03-3513-6979, e-mail: info@jcopy.or.jp)の許諾を得てください.

川人貞史著	日本の国会制度と政党政治	A5・4400円
谷口将紀著	現代日本の選挙政治	A5・4000円
加藤淳子著	税制改革と官僚制	A5・6000円
樋渡・斉藤編	政党政治の混迷と政権交代	A5・4500円
田中善一郎著	日本の総選挙 1946-2003	A5・5800円
樋渡・三浦編	流動期の日本政治	A5・4800円
三宅一郎著	投票行動［現代政治学叢書5］	4 6・2600円
草野厚著	政策過程分析入門 第2版	A5・2800円
小林良彰著	現代日本の政治過程	A5・3200円
佐々木毅著	政治学講義 第2版	A5・2800円
川出・谷口編	政治学	A5・2200円

ここに表示された価格は本体価格です．ご購入の際には消費税が加算されますのでご了承下さい．